임베디드 OS 개발 프로젝트

KB179902

임베디드 OS 개발 프로젝트: ARM 기반 펌웨어/RTOS의 원리와 구조

초판 1쇄 발행 2019년 12월 24일 **2쇄 발행** 2023년 1월 26일 **지은이** 이만우 **펴낸이** 한기성 **펴낸곳** (주)도서출판인사이트 **편집** 백주옥 **제작·관리** 이유현, 박미경 **용지** 월드페이퍼 **인쇄·제본** 에스제이피앤비 **후가공** 에이스코팅, 이레금박 **등록번호** 제2002-000049호 **등록일자** 2002년 2월 19일 **주소** 서울시 마포구 연남로5길 19-5 **전화** 02-322-5143 **팩스** 02-3143-5579 **이메일** insight@insightbook.co.kr **ISBN** 978-89-6626-254-0 책값은 뒤표지에 있습니다. 잘못 만들어진 책은 바꾸어 드립니다. 이 책의 정오표는 https://blog.insightbook.co.kr에서 확인하실 수 있습니다.

프로그래밍 인사이트

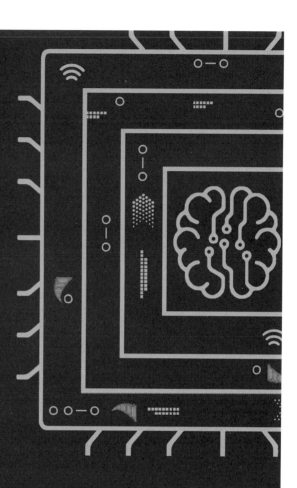

임베디드 OS 개발 프로젝트

ARM 기반 펌웨어/RTOS의 원리와 구조

이만우 지음

인사이트

차례

지은이의 글

2009년 저는 임베디드 운영체제를 주제로 《도전! 임베디드 OS 만들기》라는 책을 썼습니다. 그 후로 10년 넘게 여전히 활발하게 업계에서 펌웨어를 만들면서 살고 있습니다. 경력이 10년 넘게 쌓이면서 제가 10년 전에 만들었던 임베디드 운영체제를 더 이해하기 쉽고 간단하게 만드는 방법을 터득하게 되었습니다. 경력과 노하우가 쌓인 것이지요. 그래서 개인 프로젝트 삼아 퇴근 후에 짬짬이 새로운 임베디드 운영체제를 만들고 나빌로스라고 이름을 붙였습니다. 그러면서 자신에게 동기부여도 할 겸 이 책의 원고도 썼습니다. 나빌로스를 만들면서 실시간으로 책을 쓰기 시작했습니다. 책에서 UART를 설명하고 있을 때 저도 UART를 만들었고, 마찬가지로 책에서 스케줄링을 설명하고 있을 때 스케줄링 코드를 짜고 있었습니다. 독자 여러분이 책을 읽으면서 마치 제가 옆에서 같이 코드를 짜며 설명하고 있는 듯한 느낌을 받길 바라며 책을 썼습니다.

임베디드 소프트웨어 혹은 펌웨어를 만드는 것은 생각보다 쉽습니다. 다만 첫 줄을 코딩하기까지 알아야 하고 준비해야 할 것이 많아서 진입장벽이 높다고 느낄 뿐이지요. 이 책은 펌웨어 개발 과정을 점진적으로 확대해 가며 설명하고 있으며, 최종적인 목표인 실시간 운영체제를 만들어 가는 과정을 보여 줍니다. 임베디드 소프트웨어를 만드는 과정을 이 책과 함께 한 번 따라 하고 나면 다른 임베디드 소프트웨어를 개발하게 되더라도 시작을 어떻게 해야 할지 알 수 있을 것입니다.

이 책으로 운영체제에 대한 기본 지식도 쌓을 수 있습니다. 임베디드 운영체제를 개발하면서 운영체제의 핵심 기능을 설계하고 구현해 볼 수 있기 때문입니다. 책에서 다루는 운영체제 관련 이론만 해도 컴퓨터 공학 학부 전공에서 배우는 운영체제 이론의 절반 정도는 됩니다. 운영체제 수업을 이 책을 읽고나서 듣는다면 아마 훨씬 이해하기 쉬울 것입니다.

개인 프로젝트를 진행하면서 책을 쓰는 일은 저 자신에게 많은 동기부여가 되었습니다. 혼자 하는 프로젝트다 보니 중간에 자칫 흥미를 잃을 수도 있는데, 책을 쓰면서 진행하니 흥미를 잃지 않고 진행할 수 있었습니다. 또한 코드는 두세 줄이지만 설명하는 글은 서너 페이지가 될 때도 있었는데, 이렇게 많은 의미가 함축된 코드를 작성했다는 것에 스스로 뿌듯해하며 책을 써 내려갔습니다. 꽤 즐거운 작업이었습니다.

책을 쓰는 동안 절 먹여주고 입혀주고 키워주신 사랑하는 아내 윤아에게 제가 담을 수 있는 모든 감정을 담아 감사와 사랑하는 마음을 전합니다. 그리고 원고 쓴다고 밤에 재워주다 말고 도망간 아빠를 이해해 준 사랑하는 딸 다인이에게도 고맙고, 사랑한다고 말하고 싶습니다.

십 년이 지나도 잊지 않고 제게 원고를 제안해 주시고 제 원고를 흔쾌히 받아주신 인사이트 출판사와 한기성 대표님께 감사를 전합니다. 저는 인사이트 출판사를 좋아합니다. 지금도 그렇고 학생 때도 그렇고 인사이트 출판사에서 출간한 책으로 많은 공부를 했습니다. 그 인사이트 출판사에서 책을 내는 저자 중 한 명이라는 사실이 너무 자랑스럽습니다. 끝으로 생업이 바쁘다는 핑계 아닌 핑계로 항상 늦은 피드백에 고생하신 인사이트 출판사 관계자분들께도 감사의 마음을 전합니다.

2019년 11월
쌀쌀한 산호세의 늦가을 밤에
이만우

시작하기 전에

우리는 평상시 거의 의식하지 않지만 우리 주변에는 어디든 임베디드 시스템이 있습니다. 여러분이 컴퓨터 앞에 앉아 있다면 키보드, 마우스, 모니터가 앞에 있을 것입니다. 이들은 각각 독립된 임베디드 시스템입니다. 만약 거실에 있다면 TV, 스피커, 시계라는 독립된 임베디드 시스템이 있을 것입니다. 주방에 한번가 볼까요? 냉장고, 전자레인지라는 임베디드 시스템이 있습니다. 만약 가스레인지 대신 전기레인지가 있다면 이것도 임베디드 시스템입니다. 임베디드 시스템은 컴퓨터의 일종입니다. 따라서 하드웨어와 소프트웨어로 이루어져 있습니다. 임베디드 시스템의 소프트웨어를 펌웨어라고 따로 부르기도 합니다.

큰 틀에서 펌웨어를 개발하는 것은 우리가 윈도우나 리눅스에서 소프트웨어를 개발하는 것과 크게 다르지 않습니다. 다만 임베디드 시스템이라는 제한된 환경에서 동작하는 소프트웨어를 개발해야 하기 때문에 범용 OS에서 개발하는 것보다 조금 더 많은 것을 알아야 합니다. 쉽게 말해서 OS가 알아서 해주는 많은 것들을 직접 해야 한다는 말입니다. 그리고 때로는 OS 자체를 직접 만들어야 할 때도 있습니다. 그럼 OS를 직접 만들려면 어떤 기술이 필요할까요?

- 개발 환경 설정
- 컴파일러에 대한 이해
- 링커에 대한 이해
- 부트로더에 대한 이해
- 레지스터 사용에 대한 이해
- 인터럽트 처리
- 메모리 관리
- 주변장치 제어
- 멀티코어 동기화
- 멀티코어 간 메시지 처리

큰 범주만 적어도 열 개나 되는군요. 이 외에도 더 많은 기술들을 알아야 합니다. 요즘에는 앞에 나열한 기술들을 몰라도 펌웨어를 개발할 수 있는 임베디드 개발 키트도 판매되고 있습니다. 물론 그런 개발 키트를 사용해도 됩니다. 그런 개발 키트들이 팔리는 이유는 앞서 나열한 기술들이 어렵기 때문입니다. 개발 키트는 어려운 부분을 숨기고 정해진 하드웨어와 정해진 툴을 사용하여 자동으로 생성해서 쉬워 보이게 만든 것이지요. 취미로 할 때는 딱 좋습니다. 그러나 공부로 할 때는 적당하지 않다고 생각합니다. 실제 임베디드 소프트웨어 개발 프로젝트는 매번 다른 하드웨어를 타깃으로 진행되기 때문입니다. 신제품 개발 프로젝트라면 하드웨어조차도 세상에 단 하나뿐입니다. 그럴 때 필요한 기본 기술이 없으면 아예 시작조차 못하겠지요. 이 책은 바로 이 기본 기술을 설명합니다. 아무것도 없는 상태에서 어떻게 펌웨어를 만드는지 설명하는 책입니다.

저는 이 책에서 펌웨어 개발 과정을 점진적으로 확대해 가며 설명하려고 합니다. 목표는 실시간 운영체제, 즉 RTOS(Real Time Operating System)를 만드는 것입니다. RTOS를 만드는 과정은 임베디드 소프트웨어 개발 프로젝트에 대한 모든 절차를 설명하기에 가장 적당한 예제라고 생각합니다. 단순히 주변장치를 제어하는 정도만 하는 연습용 펌웨어가 아닌 ARM 아키텍처와 운영체제 이론에 대한 전반적인 이해를 필요로 하는, 적당히 복잡하고 쓸만한 펌웨어를 공부하면서 만들 수 있습니다. RTOS를 만들면서 여러분은 임베디드 소프트웨어를 만드는 완전한 절차를 공부할 수 있습니다. 어떤 일을 할 때 그 일이 돌아가는 순서를 안다는 것은 매우 중요합니다. 저는 그 순서를 알려드리겠습니다.

임베디드 마이크로프로세서 시장은 ARM이 거의 장악하고 있습니다. 그래서 저도 이 책에서 ARM을 다루었습니다. ARM 기반으로 펌웨어를 개발할 것이고, 그 과정에서 책의 내용을 설명하는 중간에 ARM에 대해 필요한 설명을 해놓았습니다. 그리고 책의 뒷부분에 부록으로 이 책을 이해하는 데 필요한 ARM 아키텍처에 대한 설명을 정리해 놓았습니다. 책을 읽으면서 중간중간 부록을 참고하는 것도 좋고, 부록을 먼저 읽는 것도 좋습니다. 어쨌든 반드시 부록을 읽어보기 바랍니다.

펌웨어를 개발할 때 알아야 할 것들이 더 많긴 하지만, 펌웨어도 소프트웨어이므로 개발 과정 자체는 일반적인 소프트웨어와 같습니다. 코드를 타이핑하고 컴파일해서 실행 파일을 만들어 실행하는 것입니다. 각각의 과정이 조금 다를 뿐이지요. 예를 들어 코드를 타이핑할 때 표준 라이브러리 함수를 사용할 수 없을지도 모릅니다. 그럴 때는 직접 만들어 써야 합니다. 컴파일할 때는 크로스 컴파일 환경을 모두 작업해 줘야 합니다. 실행 파일도 윈도우나 리눅스에서는 실행되지 않습니다. 이 책을 모두 읽고 이 책에서 설명하는 내용을 모두 이해하고 나면 일반적인 소프트웨어 개발과 어떤 점이 다르고 어떤 점이 같은지 알 수 있을 것입니다.

정리하면, 이 책으로 여러분은 임베디드 소프트웨어 개발에 대한 기본적인 환경 설정부터 디버깅 및 실행, 테스트에 이르는 지식을 얻을 수 있습니다. 그리고 ARM 프로세서와 타깃 SoC의 하드웨어 지식을 얻을 수 있습니다. 여기서 말하는 하드웨어 지식이라는 것은 전기 신호나 로직 해석 같은 것이 아니라, 소프트웨어와 하드웨어의 경계에서 펌웨어가 하드웨어를 어떻게 제어하고 이용하는지에 대한 지식입니다. 이 개념은 ARM뿐만 아니라 다른 아키텍처에서도 동일하게 적용되는 공통 개념입니다. 심지어 데스크톱 PC도 그 내부(x86 프로세서)로 들어가면 같은 원리로 동작합니다. 윈도우나 리눅스에서 소프트웨어를 개발하면 OS가 하드웨어를 모두 제어하므로 보통 애플리케이션 개발자는 몰라도 되는 부분입니다. 그렇기 때문에 이 개념이야말로 임베디드 소프트웨어 개발이 일반적인 애플리케이션 소프트웨어 개발과 구분되는 가장 큰 특징입니다.

이 책의 최종적인 목표는 RTOS를 만드는 것이므로 당연히 운영체제에 대한 전반적인 지식을 얻을 수 있습니다. 이 책에서 다루는 운영체제에 대한 지식은 대학교 컴퓨터공학과 학부 과정에서 운영체제 이론 수업 시간에 배우는 수준입니다. 이미 운영체제 이론을 공부한 사람에게는 공부한 내용이 어떻게 다른 방식으로 구현되는지 혹은 어떤 요소가 공통되는지를 알 수 있는 좋은 기회가 될 것입니다. 또한 운영체제 이론을 공부하지 않은 사람에게는 운영체제 이론을 실전으로 공부해 볼 수 있는 기회가 될 것입니다.

1장

임베디드 운영체제

임베디드 운영체제(embedded operating system)는 하드웨어에 내장되어 있는 운영체제로, 운영체제의 하위 범주에 속합니다. 따라서 상위 범주인 운영체제의 일반적인 기능을 모두 구현하지는 않습니다. 운영체제가 가져야 하는 기능 중 필요한 것만 구현하고 포함시켜 임베디드 시스템에 최적화된 효율적인 운영체제를 만드는 것이 임베디드 운영체제의 목적이기 때문입니다.

  이번 장에서는 운영체제와 임베디드 운영체제가 무엇인지에 대해 간략히 살펴본 후에 이 책의 프로젝트인 나빌로스의 개발 방향과 개발 목표에 대해 소개하겠습니다.

1.1 운영체제

운영체제의 정의는 운영체제의 종류만큼 다양하지만 그 내용은 모두 비슷합니다. 일반적으로 운영체제란 하드웨어를 관리하고, 응용프로그램과 하드웨어 사이에서 인터페이스 역할을 하며 시스템의 동작을 제어하는 시스템 소프트웨어라고 정의됩니다. 운영체제가 어떤 일을 하는지는 그것을 구분하는 사람에 따라 차이가 있지만, 전반적으로 비슷하기 때문에 저는 다음과 같이 구분하겠습니다.

프로세스 관리
— 태스크, 프로세스, 스레드
— 스케줄링
— 동기화
— IPC

저장장치 관리
— 메모리
— 가상 메모리
— 파일 시스템

네트워킹 관리
— TCP/IP
— 기타 여러 네트워크 프로토콜

사용자 관리
— 계정 관리
— 접근 권한 관리

디바이스 드라이버
— 순차 접근 장치
— 임의 접근 장치
— 네트워크 장치

1.1.1 프로세스 관리

프로세스 관리란 운영체제에서 작동하는 응용프로그램을 관리하는 기능입니다. 어떤 의미에서는 프로세서(CPU)를 관리하는 것이라고도 볼 수 있습니다. 현재 CPU를 점유해야 할 프로세스를 결정하고 CPU 자원을 프로세스에 할당합니다. CPU와 프로세스가 여러 개일 때는 공유 자원 접근과 통신 등을 관리합니다.

1.1.2 저장장치 관리

저장장치 관리란 1차 저장장치인 시스템 메인 메모리와 2차 저장장치인 스토리지 디바이스(SSD 혹은 HDD) 등을 관리하는 기능입니다.

메인 메모리 관리는 프로세스에 할당하는 메모리 영역을 지정하고 해제하는 기본적인 기능과 각 메모리 영역 간의 침범 방지 기능 등을 말합니다. 그 외에 별도의 가상 메모리 관리 하드웨어를 이용해서 가상 메모리 기능을 제공하기도 합니다.

SSD(Solid State Drive)나 HDD(Hard Disk Drive) 같은 2차 저장장치에는 파일 형태로 데이터를 저장합니다. 이 파일 데이터를 관리하는 소프트웨어가 파일 시스템입니다. 현재 여러 파일 시스템이 개발되어 사용되고 있습니다. 운영체제는 서로 다른 파일 시스템 간에 파일 교환 등을 지원하는 식으로 파일 시스템을 관리합니다.

1.1.3 네트워킹 관리

TCP/IP 기반 인터넷에 연결하거나 다른 특별한 프로토콜 기반 네트워크에 연결할 때 응용프로그램이 네트워크를 사용하려면 운영체제에서 네트워크 프로토콜을 지원해야 합니다. 운영체제는 네트워크 프로토콜에 따라 데이터를 처리해서 응용프로그램이 처리할 수 있는 형태로 전달합니다. 마찬가지로 응용프로그램이 보내는 데이터를 네트워크 프로토콜에 맞춰 처리하여 물리적 네트워크에 데이터를 실어 보냅니다.

1.1.4 사용자 관리

운영체제는 한 컴퓨터를 여러 사람이 사용하는 환경을 지원합니다. 이를 위해 운영체제는 각 계정(사용자)을 관리하는 기능이 필요합니다. 사용자별로 서로 다른 사용자의 개인적 데이터를 접근할 수 없도록 해야 합니다. 반대로 모든 사용자들이 접근해 읽거나 수정할 수 있는 데이터도 문제없이 동작하도록 관리해야 합니다. 사용자별로 비밀번호, ID, 이름 등을 관리해야 하고 로그(log) 기록 등도 별도로 관리하면서 전혀 문제가 발생하지 않아야 합니다.

1.1.5 디바이스 드라이버

운영체제는 시스템의 하드웨어를 관리합니다. 시스템에는 여러 하드웨어가 붙어 있습니다. 이들을 운영체제에서 인식하고 관리해서 사용할 수 있게 해야 합니다. 이를 위해 운영체제 안에서 하드웨어를 추상화하는 계층이 필요합니다. 이 계층을 디바이스 드라이버라고 합니다. 수많은 하드웨어 종류만큼 디바이스 드라이버도 종류가 많습니다. 운영체제는 이 많은 디바이스 드라이버를 효율적으로 관리하는 기능을 갖추고 있어야 합니다.

운영체제는 많은 복잡한 일을 하면서도 신뢰성을 보장해야 합니다. 그리고 성능도 좋아야 합니다. 그렇기 때문에 운영체제를 잘 만든다는 것은 어려운 일입니다. 운영체제를 잘 만드는 것은 어려운 일이지만, 운영체제를 만드는 것 자체는 운영체제 이론을 충실히 코드로 구현만 하면 됩니다. 운영체제 이론은 보통 컴퓨터 공학과의 학부 과정에서 배우는 수준으로 어렵지 않습니다. 그리고 꼭 전공자가 아니어도 어느 정도 개발 경험이나 지식이 있는 사람은 운영체제 이론을 이해할 수 있습니다. 이론을 이해한다면 운영체제를 만드는 것은 어렵지 않습니다. 다만 예외 처리, 성능 향상 등 경험이나 테크닉이 부족할 뿐입니다. 최대한의 신뢰성과 성능이 아닌 어느 정도의 신뢰성과 성능을 목표로 하고 한정된 규모와 목적으로 운영체제를 구현하는 것을 목표로 삼는다면 누구나 운영체제를 만들어 볼 수 있습니다. 그 목적에 적당한 것이 바로 임베디드 운영체제입니다.

1.2 임베디드 운영체제와 펌웨어

임베디드 컴퓨팅 장치를 자기 자신의 고유하고 한정된 기능을 지속적으로 수행하는 독립된 장비로 정의하면, 휴대용 장비뿐만 아니라 자동차나 항공기, 대형 선박에 탑재한 제어 장치들도 임베디드 컴퓨팅 장치입니다.

임베디드 컴퓨팅 장치도 소프트웨어가 있어야 동작합니다. 규모가 작거나 극단적인 최적화가 필요한 임베디드 장치는 운영체제 없이 펌웨어로만 동작하기도 합니다. 아무리 잘 만든다 해도 임베디드 운영체제 자체가 동작하면 그만큼 성능이 떨어집니다. 그렇기 때문에 그 작은 성능조차 최적화하려고 임베디드 운영체제 없이 펌웨어를 만드는 것이지요. 하지만 시스템의 자원과 복잡도를 관리하는 것이 더 중요한 장치에서는 임베디드 운영체제를 사용하는 것이 일반적입니다. 하드웨어의 성능이 좋아지면서 임베디드 운영체제를 사용해도 성능에 문제가 없기 때문에 거의 대부분 임베디드 운영체제를 채용합니다.

리눅스나 윈도우 같은 대형 운영체제도 크게 보면 PC에서 동작하는 소프트웨어의 일종인 것처럼, 임베디드 운영체제도 임베디드 시스템에서 동작하는 펌웨어의 일종입니다. 임베디드 운영체제를 포함하는 임베디드 시스템용 전체 소프트웨어를 펌웨어라고 부르지요.

1.3 RTOS

실시간 운영체제라고 번역하는 RTOS(RealTime Operating System)라는 것도 있습니다. 운영체제의 응답과 동작이 즉각적이고 실시간이어야 해서 붙여진 이름입니다. 임베디드 운영체제는 대부분 RTOS입니다.

RTOS가 아닌 임베디드 운영체제도 있긴 합니다. RTOS의 정의를 따르지 않는 임베디드 운영체제들이지요. 임베디드 운영체제이지만 응답과 반응이 실시간으로 동작하지 않고 시간이 지나서 이뤄진다거나 때로는 동작하지 않는 것이 허용되는 시스템에서 동작하는 운영체제들입니다.

저는 이 책에서 만드는 나빌로스를 RTOS로 만들 것입니다. 앞으로 이 책에서 말하는 임베디드 운영체제는 RTOS라는 것을 염두에 두기 바랍니다.

1.4 나빌로스

저는 이 책에서 나빌로스라고 이름을 붙인 임베디드 운영체제를 개발하는 과정을 처음부터 설명할 것입니다. 임베디드 운영체제도 일종의 펌웨어이기 때문에 책의 절반 정도는 일반적인 펌웨어를 개발하는 과정이고, 나머지 반 정도는 최소한의 임베디드 운영체제에 대한 기능을 설계하고 구현하는 과정입니다.

나빌로스는 아주 작은 임베디드 운영체제입니다. 그래서 임베디드 운영체제에 필요한 최소한의 필수적인 기능만 포함시킬 것입니다. 코드를 작성할 때는 각 기능을 최대한 간결하게 구현해서 이해하기 쉬운 코드를 만드는 것을 최우선으로 삼았습니다. 그래서 임베디드 운영체제의 필수 기능이 어떻게 동작하고 구현되는지 코드만 보고도 쉽게 해석하고 이해할 수 있을 것입니다.

나빌로스의 코드는 되도록 복잡한 프로그래밍 기교를 부리지 않고 기초적이고 기본적인 문법과 프로그래밍 기술만 사용했습니다. 복잡한 알고리즘도 사용하지 않고 누구나 직관적으로 가장 먼저 떠올릴 수 있는 알고리즘을 사용했습니다. 나빌로스의 코드는 이제 갓 C 언어를 공부하기 시작하여 포인터의 개념만 이해하고 있는 사람이라도 이해할 수 있을 것입니다. 펌웨어 개발에 어쩔 수 없이 사용해야 하는 어셈블리 명령어들은 가장 쉽고 이해하기 쉬운 것들만 제한적으로 반복해서 사용했습니다.

1.5 에뮬레이터 개발 환경

임베디드 소프트웨어를 개발할 때는 대상이 되는 하드웨어 장비가 있어야 합니다. 보통 개발 보드를 구입해서 해당 개발 보드에 맞춰 펌웨어를 만들면서 연습을 합니다. 그러나 이 개발 보드라는 것이 많이 비쌉니다. 싼 것들도 있지만 기능이 제한적이고 싸다 하더라도 돈을 주고 사야 합니다. 그리고 개발 보드를 PC에 연결해서 작업하는 도구를 사는 데도 비용이 들어갑니다.

그래서 저는 이 책에서 QEMU라는 에뮬레이터를 사용해서 나빌로스를 만들 것입니다. QEMU만 설치하면 추가 비용 없이 펌웨어를 만들 수 있습니다. QEMU를 대상으로 해서 이 책을 끝까지 공부한 다음에 여전히 관심과 흥미가 남아 있다면 그때 실제 하드웨어를 구입해도 늦지 않을 것입니다.

1.6 깃허브 리포지토리에서 아카이브 다운받기

나빌로스의 소스 코드를 깃허브에 각 장별로 올려 놨습니다. 각 장을 시작하기 전에 깃허브 리포지토리에서 아카이브를 다운로드해 코드와 함께 책을 읽으면 내용을 훨씬 이해하기 쉬울 것입니다.

나빌로스의 깃허브 프로젝트 URL은 다음과 같습니다.

https://github.com/navilera/Navilos

책을 쓰고 나서도 조금씩 나빌로스 프로젝트를 진행하고 있어 책 내용보다는 구현한 코드가 더 많을 것입니다. 그래서 최신 코드를 보면 책의 내용과 다른 점이 조금 있을 것입니다. 책 내용과 같은 시점의 코드를 보려면 제가 올려놓은 각 장별 커밋(commit)의 아카이브를 다운로드해야 합니다.

그림 1.1에 나빌로스 깃허브 프로젝트 페이지 화면이 있습니다. 동그라미와 화살표로 표시한 '31 commits'라고 써 있는 링크를 클릭하면 커밋 목록이 나옵니다. 여러분이 나빌로스 프로젝트 페이지를 방문한 시점에서는 commits라는 글자 앞에 있는 숫자가 31보다 크거나 같을 것입니다. 그림 1.1을 캡처하는 시점에서 나빌로스 프로젝트에 커밋이 31개 있다는 뜻이니까요.

그림 1.2의 커밋 링크를 눌러서 커밋 목록으로 진입하거나 아래 URL을 바로 웹 브라우저 주소창에 입력해서 커밋 목록을 볼 수 있습니다.

https://github.com/navilera/Navilos/commits/master

어떤 방식으로든 깃허브의 커밋 목록 페이지에 들어가서 스크롤을 내려 초기 커밋 목록으로 가면 그림 1.2와 같은 화면을 볼 수 있습니다.

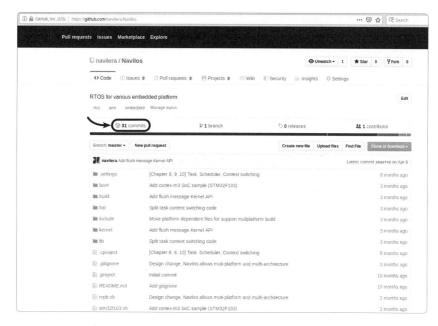

그림 1.1 깃허브 나빌로스 프로젝트 페이지

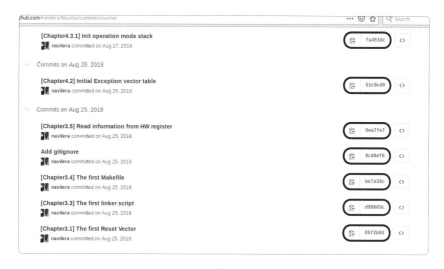

그림 1.2 깃허브 커밋 목록

그림 1.2에 보면 커밋 제목에 [Chapter3.5]처럼 이 책의 어떤 장에 해당하는 커밋인지 표시했습니다. 그리고 동그라미 안에 있는 의미를 모르겠는 7자리 글자가 해당 커밋의 아이디입니다. 이 아이디는 SHA-1 해시값의 첫 7글자로 해당 커밋을 지칭하는 고윳값(unique value)입니다.

만약 여러분이 3.1절에 해당하는 소스 코드를 보고 싶다면, '[Chapter3.1] The first Reset Vector'라고 써 있는 커밋의 아카이브를 다운로드해야 합니다. 깃허브는 커밋 아카이브를 다운로드하는 기능을 제공합니다. 다운로드하는 방법은 다음 URL의 파일을 다운로드하면 됩니다.

https://github.com/navilera/Navilos/archive/{hash}.zip

위 URL에서 {hash}에 해당하는 부분에 그림 1.2에 표시한 7자리 고윳값을 넣으면 됩니다. 리눅스에서는 간단하게 wget 명령으로 다운로드할 수 있습니다. 3.1절에 해당하는 커밋 고윳값은 95f2b8d입니다. 그러므로 다음과 같이 명령을 입력하면 파일을 다운로드할 수 있습니다.

```
$ wget https://github.com/navilera/Navilos/archive/95f2b8d.zip
```

그러면 95f2b8d.zip 파일이 생깁니다. 이 zip 파일의 압축을 풀면 3.1절의 소스 코드를 볼 수 있습니다. 다른 장의 소스 코드도 같은 방법으로 d99603c(3.3절), be7a34c(3.4절)처럼 커밋 해시 고윳값만 바꿔서 wget 명령으로 zip 파일을 다운로드하면 됩니다.

1.7 요약

이번 장에서는 운영체제와 임베디드 운영체제가 무엇인지에 대해 간략히 살펴보았고, 나빌로스의 개발 방향과 개발 목표에 대해서도 알아보았습니다. 그리고 나빌로스의 소스 코드를 깃허브에서 다운로드하는 방법도 살펴보았습니다. 다음 장부터는 본격적으로 개발 작업을 해 보겠습니다.

2장

개발 환경 구성하기

먼저 개발 환경을 구성해 볼 텐테, 저는 개인적으로 개발 환경을 리눅스에서 구성하는 것을 추천합니다. 왜냐하면 개발 환경을 구성하는 과정에서 필요한 여러 소프트웨어 패키지나 툴체인 등을 윈도우보다 훨씬 간편하게 설치할 수 있기 때문입니다. 리눅스를 사용하는 것이 좋지만, 꼭 윈도우를 써야 한다면 가상 머신으로 리눅스를 설치하여 사용하기 바랍니다. 윈도우 10에는 WSL(Windows Subsystem for Linux)이라는 것이 있어 가상 머신이 없어도 리눅스를 사용할 수 있습니다.

리눅스 커널을 사용하는 배포판은 종류가 매우 많습니다. 흔히 그냥 리눅스라고 하면 커널을 말하거나 많은 배포판 중 하나를 말합니다. 저는 그중에서 우분투 리눅스나 민트 리눅스를 추천합니다. 이 책을 쓰고 있는 제가 민트 리눅스를 사용하고 있기 때문이죠. 그럼 잠시 책을 덮고 리눅스를 설치하기 바랍니다.

 리눅스를 설치하는 방법은 인터넷에서 쉽게 찾을 수 있습니다. 검색해서 방법을 찾아보지 않아도 될 정도로 요즘은 리눅스 설치가 윈도우 설치보다 더 쉬울 테니 설치 방법은 생략하도록 하겠습니다.

리눅스 설치가 다 끝났나요? 그러면 이제 다시 책을 보고 설명을 따라 해 주기 바랍니다.

2.1 컴파일러 설치하기

임베디드 시스템에서 동작하는 펌웨어를 만들려면 해당 임베디드 시스템에 맞는 컴파일러를 써야 합니다. ARM이면 ARM용 컴파일러를 써야 하고 MIPS면 MIPS용 컴파일러를 써야 하는 식이죠. 따지고 보면 우리가 윈도우나 리눅스에서 그냥 프로그램을 개발할 때 사용하는 컴파일러는 x86용 컴파일러인 것입니다. 우리의 목적은 ARM에서 동작하는 펌웨어를 만드는 것이므로 ARM용 컴파일러를 설치해야 합니다. 이렇게 컴파일을 실행하는 환경과 컴파일의 결과물이 실행될 환경이 다른 경우에 사용하는 컴파일러를 크로스 컴파일러(cross-compiler)라고 합니다.

저는 크로스 컴파일러로 GCC를 사용할 것입니다. GCC는 리눅스와 오픈 소스 세상의 표준 컴파일러죠. GCC는 x86 말고도 많은 환경을 지원합니다. 당연히 ARM도 지원합니다. ARM용 GCC를 설치하면 됩니다.

 물론 GCC 말고 ARM사에서 판매하는 ARMCC도 있습니다. 그러나 ARMCC는 상용입니다. 돈 주고 사야 할 뿐만 아니라 매우 비쌉니다. 회사에서는 ARMCC를 많이 사용합니다. ARMCC는 ARM용 GCC와 거의 비슷한데, 몇 가지가 ARM용 GCC보다 편리합니다. 하지만 이 책에서 설명할 내용은 GCC로도 필요한 작업을 모두 할 수 있으니 비싼 ARMCC를 살 필요는 없습니다. ARM용 GCC도 우리에게는 충분히 차고 넘칠 테니까요.

리눅스를 잘 쓸 줄 모르는 분들은 그냥 책에 나온 그대로 타이핑하면 되고, 리눅스를 사용할 줄 아는 분들은 'gcc-arm-'으로 시작하는 패키지를 찾아보기 바랍니다. 여러 종류의 GCC가 있습니다.

- gcc-arm-linux-androideabi
- gcc-arm-linux-gnueabi
- gcc-arm-none-eabi

    ⋮

이름에는 의미가 있습니다. 이름은 'gcc-arm-플랫폼-ABI 타입' 형태로 되어 있는데요. 플랫폼은 linux와 none 두 가지가 있습니다. linux는 ARM용으로 동작하는 리눅스의 실행 파일을 만드는 것이 목적이라는 의미입니다. none은 플랫폼이 없다는 뜻입니다. 즉, 그냥 날것 그대로의 ARM 바이너리를 생성해 준다는 뜻입니다. 그 뒤에 있는 ABI(Application Binary Interface)는 C 언어에서 함수 호출을 어떻게 하느냐를 정해 놓은 규약입니다. C 언어에서 함수를 호출하려면 함수에 파라미터를 넘겨야 합니다. 어떤 레지스터를 몇 번째 파라미터에 배정하고 스택과 힙은 어떻게 쓰고 하는 것 등을 정해 놓은 규약입니다. ABI에 대한 자세한 내용은 부록 A.2절을 참고해 주세요. 이 책에서 우리의 목적은 펌웨어를 만드는 것이니 gcc-arm-none-eabi를 사용하면 되겠네요.

터미널을 열고 코드 2.1의 첫째 줄처럼 sudo apt install gcc-arm-none-eabi 를 입력합니다.

코드 2.1 gcc-arm-none-eabi 설치

```
1  $ sudo apt install gcc-arm-none-eabi
2  [sudo] password for maanu:
3  Reading package lists... Done
4  Building dependency tree
5  Reading state information... Done
6  The following additional packages will be installed:
7    binutils-arm-none-eabi
8  Recommended packages:
9    libnewlib-arm-none-eabi
10 The following NEW packages will be installed:
11   binutils-arm-none-eabi gcc-arm-none-eabi
12 0 upgraded, 2 newly installed, 0 to remove and 0 not upgraded.
```

sudo 명령을 사용했으므로 셸이 리눅스 로그인 패스워드를 물어볼 것입니다. 패스워드를 맞게 입력했으면 6~7번째 줄처럼 의존성이 걸려있는 binutils-arm-none-eabi를 추가로 설치한다고 안내가 나온 다음에 소프트웨어 패키지를 자동으로 설치합니다.

그럼 크로스 컴파일러가 제대로 설치되었는지 확인해 보겠습니다. 패키지 이름은 gcc-arm-none-eabi인데, 실행 파일 이름은 arm-none-eabi-gcc입니다. 왜 그런지는 모르겠지만, 그렇게 정해져 있으니 저희는 그저 따르도록 하죠.

코드 2.2 arm-none-eabi-gcc 버전 확인

```
1  $ arm-none-eabi-gcc -v
2  Using built-in specs.
3   :
4  중략
5   :
6  Thread model: single
7  gcc version 4.9.3 20150529 (prerelease) (15:4.9.3+svn231177-1)
```

코드 2.2의 1번째 줄처럼 arm-none-eabi-gcc -v를 실행하면 매우 많은 정보가 화면에 나오는데, GCC의 기본 설정 정보와 버전 정보입니다. 화면에 나온 정보보다 중요한 것은 해당 출력이 나온다는 것입니다. 뭐가 되었든 arm-none-eabi-gcc -v를 실행하고 결과가 보이면 설치가 제대로 되었다는 뜻입니다.

크로스 컴파일러는 이렇게 설치하기 간단합니다. 명령어 딱 한 줄로 다 설치했습니다.

2.2 QEMU 설치하기

QEMU는 x86, ARM 등 여러 환경을 가상 머신으로 사용할 수 있는 에뮬레이터입니다. 이 책에서는 비싼 ARM 개발 보드 대신 QEMU를 사용할 것입니다. QEMU로도 충분히 필요한 만큼 연습할 수 있기 때문입니다. QEMU를 설치하는 것도 크로스 컴파일러를 설치할 때처럼 매우 쉽습니다. 그저 패키지 이름이 뭔지 알면 됩니다. 게다가 여러분은 책을 샀으니 패키지 이름을 검색하는 수고조차 할 필요가 없습니다. 패키지 이름은 qemu-system-arm입니다.

코드 2.3 qemu-system-arm 설치

```
1   $ sudo apt install qemu-system-arm
2   [sudo] password for maanu:
3   Reading package lists... Done
4   Building dependency tree
5   Reading state information... Done
6   The following additional packages will be installed:
7     libaio1 libboost-random1.58.0 libboost-thread1.58.0 libcacard0 libfdt1
          libiscsi2 librados2 librbd1
8     libspice-server1 libusbredirparser1 libxen-4.6 libxenstore3.0
          qemu-block-extra qemu-system-common
9   Suggested packages:
10    samba vde2
11  Recommended packages:
12    qemu-utils ipxe-qemu
13  The following NEW packages will be installed:
14    libaio1 libboost-random1.58.0 libboost-thread1.58.0 libcacard0 libfdt1
          libiscsi2 librados2 librbd1
15    libspice-server1 libusbredirparser1 libxen-4.6 libxenstore3.0
          qemu-block-extra qemu-system-arm
16    qemu-system-common
17  0 upgraded, 15 newly installed, 0 to remove and 0 not upgraded.
```

코드 2.3의 1번째 줄처럼 sudo apt install qemu-system-arm을 실행하면 GCC

를 설치할 때와 마찬가지로 의존성 걸린 패키지 이름이 나오고 설치를 진행합니다. QEMU는 의존성 걸린 패키지가 많네요.

코드 2.4와 같이 qemu-system-arm --version 명령으로 버전을 확인합니다.

코드 2.4 qemu-system-arm 버전 확인

```
1  $ qemu-system-arm --version
2  QEMU emulator version 2.5.0 (Debian 1:2.5+dfsg-5ubuntu10.31),
       Copyright (c) 2003-2008 Fabrice Bellard
```

버전 정보가 코드 2.4처럼 나오면 제대로 설치된 것입니다. 책을 쓰는 시점에서 민트 리눅스가 설치하는 QEMU의 버전은 2.5.0입니다. 여러분이 책을 읽을 때는 QEMU 버전이 2.5.0과 같거나 더 높아야겠죠.

다음은 QEMU가 어떤 ARM 시스템을 에뮬레이트할 수 있는지 qemu-system-arm -M ? 명령을 통해 확인해 보겠습니다. 명령을 입력할 때 반드시 마지막에 물음표까지 입력하세요. 오타 아닙니다.

코드 2.5 qemu-system-arm이 지원하는 머신 목록

```
1  $ qemu-system-arm -M ?
2  Supported machines are:
3  akita               Sharp SL-C1000 (Akita) PDA (PXA270)
4  borzoi              Sharp SL-C3100 (Borzoi) PDA (PXA270)
5  canon-a1100         Canon PowerShot A1100 IS
6  cheetah             Palm Tungsten|E aka. Cheetah PDA
7  collie              Sharp SL-5500 (Collie) PDA (SA-1110)
8  connex              Gumstix Connex (PXA255)
9  cubieboard          cubietech cubieboard
10 highbank            Calxeda Highbank (ECX-1000)
11 imx25-pdk           ARM i.MX25 PDK board (ARM926)
12 integratorcp        ARM Integrator/CP (ARM926EJ-S)
13 kzm                 ARM KZM Emulation Baseboard (ARM1136)
14 lm3s6965evb         Stellaris LM3S6965EVB
15 lm3s811evb          Stellaris LM3S811EVB
16 mainstone           Mainstone II (PXA27x)
17 midway              Calxeda Midway (ECX-2000)
18 musicpal            Marvell 88w8618 / MusicPal (ARM926EJ-S)
19 n800                Nokia N800 tablet aka. RX-34 (OMAP2420)
20 n810                Nokia N810 tablet aka. RX-44 (OMAP2420)
21 netduino2           Netduino 2 Machine
22 none                empty machine
23 nuri                Samsung NURI board (Exynos4210)
24 realview-eb         ARM RealView Emulation Baseboard
25 realview-eb-mpcore  ARM RealView Emulation Baseboard
```

```
26  realview-pb-a8      ARM RealView Platform Baseboard
27  realview-pbx-a9     ARM RealView Platform Baseboard
28  smdkc210            Samsung SMDKC210 board (Exynos4210)
29  spitz               Sharp SL-C3000 (Spitz) PDA (PXA270)
30  sx1                 Siemens SX1 (OMAP310) V2
31  sx1-v1              Siemens SX1 (OMAP310) V1
32  terrier             Sharp SL-C3200 (Terrier) PDA (PXA270)
33  tosa                Sharp SL-6000 (Tosa) PDA (PXA255)
34  verdex              Gumstix Verdex (PXA270)
35  versatileab         ARM Versatile/AB
36  versatilepb         ARM Versatile/PB
37  vexpress-a15        ARM Versatile Express for Cortex-A15
38  vexpress-a9         ARM Versatile Express for Cortex-A9
39  virt                ARM Virtual Machine
40  xilinx-zynq-a9      Xilinx Zynq Platform Baseboard
41  z2                  Zipit Z2 (PXA27x)
```

QEMU는 지원하는 시스템을 머신(machine)이라고 부르네요. 그러면 저도 이제 부터 머신이라고 부르겠습니다.

　　코드 2.5에 나온 머신 목록 중에 하나를 골라서 개발을 진행해야 합니다. 어떤 것이 좋을까요? 사실 아무거나 골라도 됩니다. 다들 유명한 것들이고 인터넷에서 충분히 자료를 찾을 수 있으니까요. 그래도 이왕이면 그중에서 더 나은 것을 골라야겠지요? 저는 데이터시트(datasheet)를 가장 구하기 쉬운 머신을 골랐습니다. 코드 2.5의 26번째 줄에 있는 realview-pb-a8입니다. 이 머신은 ARM에서 판매하는 ARM RealView Platform Baseboard를 에뮬레이팅한 머신입니다. 근데 이름이 좀 긴 것 같으니 앞으로는 RealViewPB라고 표기하겠습니다.

2.3 요약

이 장에서는 개발 환경을 구성하는 방법에 대해 알아보았습니다. 크게 컴파일러를 설치하는 것과 QEMU를 설치하는 것으로 나누어 개발 환경을 구성하는 방법을 설명했습니다. 책으로 공부하는 사람들의 진입 장벽을 최소화하기 위해 에뮬레이터인 QEMU를 사용하기로 하였습니다. QEMU는 훌륭한 에뮬레이터이므로 실제 하드웨어에 개발하는 것과 큰 차이가 없을 뿐만 아니라 공부하기에도 부족함이 없을 것이라 생각되었기 때문입니다. 다음 장에서는 일단 코딩부터 해 보겠습니다. 뭐가 되었든 일단 키보드를 두드리고 결과를 눈으로 봐야 동기부여가 되니까요.

3장

일단 시작하기

그럼 바로 코딩부터 해 보겠습니다. 필자는 손으로 직접 타이핑해 가면서 공부하는 것이 가장 빨리 배울 수 있는 길이라고 생각합니다. 따라서 이제부터 여러분은 펌웨어 엔지니어가 되었다고 생각하고 따라해 보세요.

 이 장의 소스 코드는 다음 명령을 이용해서 다운로드할 수 있습니다. 자세한 내용은 1.6절을 참고해 주세요.

· 3.1절: $ **wget https://github.com/navilera/Navilos/archive/95f2b8d.zip**
· 3.3절: $ **wget https://github.com/navilera/Navilos/archive/d99603c.zip**
· 3.4절: $ **wget https://github.com/navilera/Navilos/archive/be7a34c.zip**
· 3.5절: $ **wget https://github.com/navilera/Navilos/archive/0ea7fe7.zip**

3.1 리셋 벡터

ARM 코어에 전원이 들어가면 ARM 코어가 가장 먼저 하는 일은 뭘까요? 바로 리셋 벡터(reset vector)에 있는 명령을 실행하는 일입니다. 그럼 리셋 벡터는 뭘까요? 별거 아닙니다. 그냥 메모리 주소 0x00000000입니다. 정리해 보면 ARM 코어는 전원이 들어오면 가장 먼저 메모리 주소 0x00000000에서 32비트를 읽어서 그 명령을 바로 실행합니다. 그렇다면 우리의 할 일은 무엇일까요? 바로 메모리 주소 0x00000000에 명령어를 넣어 주는 것입니다.

먼저 boot라는 이름으로 디렉터리를 하나 만듭니다. 이름이 boot니까 부팅에 관련된 소스 코드를 앞으로 이 디렉터리에 만들 것입니다.

```
$ mkdir boot
$ tree
.
├── boot
└── README.md

1 directory, 1 file
```

mkdir 명령으로 boot라는 디렉터리를 만들었습니다. README.md 파일은 신경 쓰지 마세요. 필자가 깃허브에 예제 파일을 올리려고 만든 파일입니다.

코드 3.1은 현재 아무 의미 없는 코드입니다. 일종의 스켈레톤(skeleton) 코드인데요. 점점 살을 붙여 나가면서 완성된 소스 코드로 만들어 갈 것이니 일단은 그대로 보고 타이핑해 주세요. 책을 보고 직접 키보드를 두드려 코드를 작성하는 것이 중요합니다. 그래야 더 집중해서 코드를 읽을 수 있습니다.

코드 3.1 **최초로 작성한 Entry.S**

```
1   .text
2     .code 32
3
4     .global vector_start
5     .global vector_end
6
7     vector_start:
8       MOV    R0, R1
9     vector_end:
10      .space 1024, 0
11  .end
```

1번째 줄에 있는 .text는 .end가 나올 때까지의 모든 코드가 text 섹션이라는 의미입니다. text 섹션이 뭐냐고요? 그걸 알려면 실행 파일의 형식을 알아야 합니다. 실행 파일이란 소프트웨어를 구성하는 요소를 파일 시스템에 바이너리로 만든 것입니다. 소프트웨어를 구성하는 요소는 기준에 따라 여러 가지로 나눌 수 있습니다. 데이터를 기준으로 소프트웨어의 구성 요소를 나눠 보겠습니다. 그러면 소프프트웨어는 데이터와 그 데이터를 변경하는 코드로 구성되어 있다고 볼 수 있습니다. 우리가 프로그램을 만들 때 선언하는 변수가 데이터고, 그 변수의 값을 변경하는 로직이 코드인 것입니다. 이 코드를 바이너리로 변경해서 모아 놓은 것을 실행 파일에서는 text 섹션이라고 합니다(자세한 내용은 부록 A.3절을 참고해 주세요). 2번째 줄에 있는 .code 32는 명령어의 크기가 32비트라는 뜻입니다. 4~5번째 줄의 .global은 C 언어 지시어인 extern과 같은 일을 합니다. vector_start와 vector_end의 주소 정보를 외부 파일에서 심벌로 읽을 수 있게 설정하는 것입니다. 7번째 줄은 vector_start라는 레이블을 선언한 것입니다. 8번째 줄에 있는 MOV R0, R1은 아무 의미 없는 명령어입니다. 그냥 R1의 값을 R0에 넣으라는 뜻입니다. 그러면 R0와 R1은 뭘까요? ARM은 레지스터를 많이 가지고 있는데요. 레지스터의 이름을 R0, R1, R2…으로 지어 놨습니다(레지스터에 대한 자세한 내용은 부록 A.1절을 참고해 주세요). 9번째 줄은 vector_end라는 레이블을 선언한 것입니다. 10번째 줄의 .space 1024, 0은 해당 위치부터 1024 바이트를 0으로 채우라는 명령입니다. 11번째 줄은 text 섹션이 끝났음을 알리는 지시어입니다.

그럼 코드 3.1은 어떤 바이너리가 생기길 기대하고 작성된 코드일까요? 다음과 같은 모습이 나와야 합니다. 중요한 것은 메모리 주소입니다.

```
메모리 주소
0000 0000      MOV R0,R1에 해당하는 기계어
0000 0004        00000000
       ⋮
0000 0400        00000000
```

의도한 대로 0x00000004부터 0x00000400까지 0으로 채워지는지 확인해 볼까요? 그러기 위해서는 먼저 Entry.S 파일을 컴파일해야 합니다. 코드 3.2에 어셈블리어 소스 파일을 컴파일하는 명령이 나와 있습니다.

코드 3.2 Entry.S를 어셈블러로 컴파일한 후 바이너리 덤프

```
1   $ arm-none-eabi-as -march=armv7-a -mcpu=cortex-a8 -o Entry.o ./Entry.S
2   $ arm-none-eabi-objcopy -O binary Entry.o Entry.bin
3   $ hexdump Entry.bin
4   0000000 0001 e1a0 0000 0000 0000 0000 0000 0000
5   0000010 0000 0000 0000 0000 0000 0000 0000 0000
6   *
7   0000404
```

1번째 줄에서 사용한 arm-none-eabi-as를 포함한 명령이 어셈블리어 소스 파일을 컴파일하는 명령입니다. 크로스 컴파일러를 설치할 때 같이 설치한 ARM용 어셈블러입니다. RealViewPB가 사용하는 ARM 코어가 cortex-a8이라서 아키텍

처는 armv7-a로 설정하고, cpu는 cortex-a8로 설정했습니다. 컴파일에 성공하면 Entry.o라는 파일이 생성됩니다. 그리고 2번째 줄을 보면 Entry.o에서 arm-none-eabi-objcopy 명령으로 바이너리만 뽑아냅니다. Entry.o는 오브젝트 파일입니다. 여기서 말하는 오브젝트 파일은 GCC로 컴파일할 때 -c 옵션으로 만드는 오브젝트 파일과 같습니다. 심벌 정보 등이 포함되어 있어서 바이너리만 뽑아내려면 arm-none-eabi-objcopy 명령에 -O binary 옵션으로 바이너리를 카피해야 합니다. Entry.bin 파일을 생성한 다음, 3번째 줄처럼 hexdump 명령으로 바이너리 내용을 확인해 봅니다. 4번째 줄에 0001 e1a0이라고 나온 값이 기계어로 MOV R0, R1입니다. 그리고 쭉 0이 나옵니다. 6번째 줄에 있는 *는 계속 반복되는 값을 표시하지 않고 앞의 값(0)이 계속 나온다는 의미입니다. 그리고 7번째 줄에서 0x00000404 주소로 끝났는데, ARM은 4바이트 단위로 메모리 주소를 관리하므로 바로 앞 주소가 0x00000400이겠죠? 앞에 예측한 대로 제대로 바이너리 파일이 생성되었습니다.

3.2 실행 파일 만들기

QEMU가 펌웨어 파일을 읽어서 부팅하려면 입력으로 지정한 펌웨어 바이너리 파일이 ELF 파일 형식이어야 합니다. ELF 파일 형식이란 여러 실행 파일 형식 중에 대표적인 형식으로 리눅스의 표준 실행 파일 형식이기도 합니다(A.3절 참조). 사실 코드 3.2에서 arm-none-eabi-as로 생성한 Entry.o 파일도 ELF 파일입니다. 그래서 바이너리만 뽑아내기 위해 arm-none-eabi-objcopy를 사용한 것입니다.

ELF 파일을 만들려면 링커(Linker)의 도움이 필요합니다. 링커는 여러 오브젝트 파일을 묶어서(linking) 하나의 실행 파일로 만드는 프로그램입니다. 오브젝트 파일을 만들고 그 오브젝트 파일들을 묶어서 실행 파일 하나를 만드는 것은 윈도우나 리눅스의 실행 파일을 만드는 과정과 완전히 똑같습니다.

링커가 동작하려면 링커에 정보를 던져 주는 파일이 필요한데요. 링커 스크립트라고 부르는 파일입니다.

코드 3.3은 링커 스크립트 코드로, 가장 간단한 형태의 링커 스크립트입니다. 파일명은 navilos.ld로 하였고 소스 코드 디렉터리 트리의 최상위 디렉터리에 저장했습니다. 보통 윈도우나 리눅스용 애플리케이션을 만들 때는 링커에 신경을 쓰지 않습니다. 사용하는 운영체제에 맞는 링커 스크립트가 해당 운영체제의 라이브러리에 기본값으로 포함되어 있기 때문입니다. 하지만 펌웨어를 개발할 때는 해당 펌웨어가 동작하는 하드웨어 환경에 맞춰서 펌웨어의 섹션 배치를 세세하게 조정해야 할 일이 많이 있습니다. 그래서 링커 스크립트로 링커의 동작을 제어하여 원하는 형태의 ELF 파일을 생성합니다.

코드 3.3 최초로 작성한 링커 스크립트 navilos.ld

```
1   ENTRY(vector_start)
2   SECTIONS
3   {
4       . = 0x0;
5
6
7       .text :
8       {
9           *(vector_start)
10          *(.text .rodata)
11      }
12      .data :
13      {
14          *(.data)
15      }
16      .bss :
17      {
18          *(.bss)
19      }
20  }
```

1번째 줄의 ENTRY 지시어는 시작 위치의 심벌을 지정합니다. 2번째 줄의 SECTIONS 지시어는 3~20번째 줄까지의 블록이 섹션 배치 설정 정보를 가지고 있는 것이라고 알려 주는 것입니다. 4번째 줄의 .=0x0;은 첫 번째 섹션이 메모리 주소 0x00000000에 위치한다는 것을 알려 줍니다. 7번째 줄의 .text는 text 섹션의 배치 순서를 지정합니다. 추가 정보를 입력하면 배치 메모리 주소까지 지정할 수 있으나, 현 시점에서는 필요 없으므로 지정하지 않았습니다. 추가 정보가 없으면 링커는 시작 주소부터 순서대로 섹션 데이터를 배치합니다. 메모리 주소 0x00000000에 리셋 벡터가 위치해야 하므로 vector_start 심벌이 먼저 나오고 이어서 .text 섹션을 적었습니다. 이어서 data 섹션과 bss 섹션을 연속된 메모리에 배치하도록 설정하였습니다.

그러면 링커로 실행 파일을 만들어 보도록 하죠. 코드 3.4는 실행 파일을 만드는 코드입니다.

코드 3.4 링커로 실행 파일 만들기

```
1  $ arm-none-eabi-ld -n -T ./navilos.ld -nostdlib -o navilos.axf boot/Entry.o
2  $ arm-none-eabi-objdump -D navilos.axf
3  navilos.axf:     file format elf32-littlearm
4
5  Disassembly of section .text:
6
7  00000000 <vector_start>:
8     0: e1a00001        mov      r0, r1
9
10 00000004 <vector_end>:
11 ...
```

1번째 줄에서 arm-none-eabi-ld로 실행 파일을 만들었습니다. -n은 링커에 섹션의 정렬을 자동으로 맞추지 말라고 지시하는 옵션입니다. -T는 링커 스크립트의 파일명을 알려 주는 옵션입니다. -nostdlib 명령은 링커가 자동으로 표준 라이브러리를 링킹하지 못하도록 지시하는 옵션입니다. 링커가 동작을 완료하면 navilos.axf 파일이 생성됩니다. 이 파일을 2번째 줄에서 arm-none-eabi-objdump -D 명령으로 디스어셈블(disassemble)해서 내부가 어떻게 되어 있는지 출력해 봅니다. 7번째 줄에 vector_start가 메모리 주소 0x00000000에 잘 배치되어 있고 디스어셈블한 명령을 보면 mov r0, r1입니다. 코드 3.1에서 작성한 코드가 디스어셈블한 결과로 잘 나온 것을 확인했습니다. 기계어 자체는 0xE1A00001 입니다. 이 값을 잘 기억해 두세요.

3.3 QEMU에서 실행해 보기

실행 파일을 만드는 데 성공했습니다. 그러나 이걸 실행 파일이라고 부르고 있을 뿐 실행하면 실행이 안 됩니다. 정말 안 될까요? 해 보면 압니다. 다음과 같이 실행해 봤더니 친절하게 실행 파일 포맷이 에러라고 나옵니다.

```
$ ./navilos.axf
bash: ./navilos.axf: cannot execute binary file: Exec format error
```

ELF 파일 포맷으로 만든 실행 파일이 분명하긴 한데, 리눅스 커널에서 동작하지 않는 섹션 배치로 만들어져 있어서 그렇습니다. 게다가 리눅스용 라이브러리가 하나도 없습니다. 그렇다면 어떻게 실행해야 하는 걸까요? 두 가지 방법이 있습니다. 한 가지는 실제 ARM 개발 보드에 다운로드해서 동작을 확인하는 방법이고, 다른 한 가지는 QEMU로 실행해 보는 방법입니다.

코드 3.5는 QEMU로 실행해 보는 코드입니다.

코드 3.5 QEMU로 실행하기

```
1  $ qemu-system-arm -M realview-pb-a8 -kernel navilos.axf -S -gdb tcp::1234,ipv4
2  pulseaudio: set_sink_input_volume() failed
3  pulseaudio: Reason: Invalid argument
4  pulseaudio: set_sink_input_mute() failed
5  pulseaudio: Reason: Invalid argument
```

1번째 줄에 QEMU를 어떻게 실행하는지 나와 있습니다. -M 옵션으로 머신을 지정합니다. 제가 앞서 결정한 대로 RealViewPB로 지정했습니다. -kernel 옵션으로 ELF 파일 이름을 지정합니다. -S 옵션은 QEMU가 동작하자마자 바로 일시정지(suspend)되도록 지정하는 옵션입니다. -gdb tcp::1234,ipv4는 gdb와 연결하는 소켓 포트를 지정하는 옵션입니다. -S 옵션과 -gdb 옵션은 gdb와 연결해서 디버깅을 하려고 사용하는 옵션입니다. 굳이 이 옵션을 쓴 이유는 QEMU로 실행해 봤자 화면에 아무것도 나오지 않기 때문에 실제로 뭐가 실행되는지 전혀 알 수 없기 때문입니다. 그래서 gdb를 통해서 메모리를 확인해 봐야 제대로 동작하는지 알 수 있습니다. 코드 3.5를 보면 알겠지만 QEMU를 실행하고 나면 알 수 없는 에러 메시지만 나옵니다. 자세히 알지 못하면 실행이 제대로 안 되는 걸로 보일지도 모릅니다. 얼른 gdb를 실행해 보도록 하지요.

```
$ gdb-multiarch
Command 'gdb-multiarch' not found, but can be installed with:
sudo apt install gdb-multiarch
$ sudo apt install gdb-multiarch
```

아, 이런. gdb는 따로 설치해야 하는군요. sudo apt install gdb-multiarch 명령을 입력하여 gdb를 설치합니다. 설치 과정은 언제나 그렇듯 쉽습니다. gdb가 설치되면 바로 실행해 봅니다.

코드 3.6은 gdb와 QEMU를 연결하는 코드입니다.

코드 3.6 gdb와 QEMU 연결하기

```
1  $ gdb-multiarch navilos.axf
2  GNU gdb (Ubuntu 12.1-0ubuntu1~22.04) 12.1
3  Copyright (C) 2022 Free Software Foundation, Inc.
4   ⋮
```

```
 5  중략
 6   :
 7  (gdb) target remote:1234
 8  Remote debugging using :1234
 9  0x00000000 in vector_start ()
10
11  (gdb) x/4b 0
12  0x0 <vector_start>:     0x01     0x00     0xa0     0xe1
```

1번째 줄처럼 gdb-multiarch에 아까 만든 navilos.axf 파일 이름만 입력해서 gdb를 실행합니다. 7번째 줄처럼 (gdb)라는 gdb의 프롬프트가 나오면 target remote:1234라고 입력합니다. 1234번 포트로 원격 디버깅을 연결하겠다는 명령입니다. 1234번 포트는 코드 3.5에서 QEMU를 실행할 때 지정했던 원격 디버깅 포트입니다. 이 두 숫자는 당연히 항상 같아야겠지요. 그리고 11번째 줄처럼 메모리 출력 명령(x/4b)으로 0x00000000 메모리 주소에서 4바이트를 출력합니다. 결과는 0x01, 0x00, 0xa0, 0xe1입니다. 한 바이트씩 출력한 값입니다. 이 값을 4바이트로 묶어 표현하면 0xE1A00001입니다. 이 값은 코드 3.4에 나오는 값과 일치합니다. 이 말은 navilos.axf 파일에 있는 코드 데이터가 QEMU의 메모리로 제대로 다운로드가 되었다는 뜻입니다.

우리가 처음 만든 펌웨어 바이너리가 QEMU에서 훌륭하게 잘 동작하는 것을 확인했습니다. 비록 아직은 아무런 의미도 없는 코드지만 현 시점에서는 코드가 중요한 것이 아니라 코드를 작성하고 빌드하여 실행 파일을 만들어서 QEMU에 다운로드하고 그것을 gdb로 디버깅하는 일련의 과정을 직접 수행해 보는 것이 훨씬 중요합니다. 왜냐하면 펌웨어와 RTOS를 개발하는 과정은 위의 절차를 계속 반복하는 것이기 때문입니다.

현재까지의 소스 코드 트리는 다음과 같습니다.

```
$ tree
.
├─ boot
│  └─ Entry.S
├─ navilos.ld
└─ README.md

1 directory, 3 files
```

3.4 빌드 자동화하기

navilos.axf 파일을 얻기 위해서는 arm-none-eabi-as로 어셈블리어 파일을 컴파일하고 arm-none-eabi-ld로 링킹을 해야 합니다. 만약 어셈블리어 파일이 하나 더 생기면 arm-none-eabi-as를 한 번 더 해야 하고 arm-none-eabi-ld에 입력 파일명을 추가해 줘야 합니다. 매번 이렇게 하는 것은 매우 귀찮습니다. 따라서 Makefile을 만들어서 빌드 자동화를 해야 합니다.

펌웨어 개발이라고 Makefile이 특별히 다른 것은 없습니다. 컴파일러처럼 ARM용을 따로 설치할 필요조차 없습니다. 그냥 있는 make를 그대로 쓰면 됩니다. 사실은 제가 Makefile이 편해서 쓰는 것이지 빌드 자동화만 된다면 파이썬으로 만들든 자바로 만들든 상관없습니다.

코드 3.7에 첫 Makefile이 있습니다.

코드 3.7 **최초로 작성한 Makefile**

```
1   ARCH = armv7-a
2   MCPU = cortex-a8
3
4   CC = arm-none-eabi-gcc
5   AS = arm-none-eabi-as
6   LD = arm-none-eabi-ld
7   OC = arm-none-eabi-objcopy
8
9   LINKER_SCRIPT = ./navilos.ld
10
11  ASM_SRCS = $(wildcard boot/*.S)
12  ASM_OBJS = $(patsubst boot/%.S, build/%.o, $(ASM_SRCS))
13
14  navilos = build/navilos.axf
15  navilos_bin = build/navilos.bin
16
17  .PHONY: all clean run debug gdb
18
19  all: $(navilos)
20
21  clean:
22      @rm -fr build
23
24  run: $(navilos)
25      qemu-system-arm -M realview-pb-a8 -kernel $(navilos)
26
27  debug: $(navilos)
28      qemu-system-arm -M realview-pb-a8 -kernel $(navilos) -S -gdb tcp::1234,ipv4
```

```
29
30  gdb:
31      arm-none-eabi-gdb
32
33  $(navilos): $(ASM_OBJS) $(LINKER_SCRIPT)
34      $(LD) -n -T $(LINKER_SCRIPT) -o $(navilos) $(ASM_OBJS)
35      $(OC) -O binary $(navilos) $(navilos_bin)
36
37  build/%.o: boot/%.S
38      mkdir -p $(shell dirname $@)
39      $(AS) -march=$(ARCH) -mcpu=$(MCPU) -g -o $@ $<
```

1번째 줄과 2번째 줄에는 RealViewPB의 아키텍처와 CPU 정보를 적어놨습니다. 이 정보는 나중에 39번째 줄에서 사용합니다. 4~7번째 줄에는 크로스 컴파일러 실행 파일의 이름을 적어놨습니다. 이렇게 크로스 컴파일에 관여하는 여러 유틸리티들을 묶어서 툴 체인(tool chain)이라고 부르기도 합니다. 9번째 줄에는 링커 스크립트 이름이 있습니다. 11~12번째 줄에는 어셈블리어 소스 파일 목록과 오브젝트 파일 목록이 있습니다. 바로 이해할 수 없는 이상한 명령어로 11번째 줄과 12번째 줄을 채웠는데요. 이 명령은 make의 빌트인(built-in) 함수입니다. 11번째 줄은 boot 디렉터리에서 확장자가 S인 파일 이름을 모두 **ASM_SRCS** 변수에 값으로 넣으라는 의미입니다. 12번째 줄은 boot 디렉터리에서 확장자가 S인 파일 이름을 찾아서 확장자를 o로 바꾼 다음 디렉터리도 build로 바꿔 **ASM_OBJS** 변수에 값으로 넣으라는 의미입니다. 그래서 **ASM_SRCS**는 boot/Entry.S를 저장하고 있습니다. **ASM_OBJS**는 build/Entry.o를 저장하고 있습니다. 14~15번째 줄에는 최종 목표 ELF 파일 이름과 바이너리 파일 이름을 적어 놓습니다. 24~25번째 줄은 QEMU를 실행하는 명령입니다. 매번 타이핑하기 귀찮아 추가해 놓았습니다. 27~28번째 줄은 QEMU와 gdb를 연결할 때 사용하는 명령입니다. 마찬가지로 타이핑하기 귀찮습니다. 30~31번째 줄도 **arm-none-eabi-gdb** 명령어를 타이핑하기 귀찮아서 추가했습니다. 33~35번째 줄은 링커로 navilos.axf 파일을 생성하는 명령입니다. 추가로 navilos.bin도 생성합니다. 마지막으로 37~39번째 줄은 자동으로 *.S 파일을 *.o 파일로 컴파일하는 명령입니다.

```
$ make all
mkdir -p build
arm-none-eabi-as -march=armv7-a -mcpu=cortex-a8 -o build/Entry.o boot/Entry.S
arm-none-eabi-ld -n -T ./navilos.ld -o build/navilos.axf build/Entry.o
arm-none-eabi-objcopy -O binary build/navilos.axf build/navilos.bin
```

```
$ make debug
qemu-system-arm -M realview-pb-a8 -kernel build/navilos.axf -S -gdb tcp::1234,ipv4
pulseaudio: set_sink_input_volume() failed
pulseaudio: Reason: Invalid argument
pulseaudio: set_sink_input_mute() failed
pulseaudio: Reason: Invalid argument
```

이와 같이 make 명령으로 Makefile에 작성한 명령을 실행합니다. 손으로 직접 타이핑했던 명령이 자동으로 실행됩니다. 이제부터는 컴파일할 파일이 추가되고 옵션이 복잡해지더라도 Makefile만 수정하면 됩니다. 우리는 make all과 make debug 명령만 실행하면 됩니다.

현재까지의 소스 코드 트리는 다음과 같습니다.

```
$ tree
.
├── boot
│   └── Entry.S
├── Makefile
├── navilos.ld
└── README.md

1 directory, 4 files
```

3.5 하드웨어 정보 읽어오기 - 데이터시트를 읽는 방법

소프트웨어란 결국 하드웨어와 상호작용하는 것이 목적입니다. 펌웨어는 하드웨어와 더 밀접하게 묶여 있습니다. 그렇기 때문에 펌웨어를 개발할 때는 윈도우나 리눅스에서 소프트웨어를 개발하는 것보다 하드웨어를 더 많이 그리고 더 자세히 알아야 합니다. 하드웨어와 상호작용한다는 것은 쉽게 말해서 하드웨어에서 정보를 읽어오고 하드웨어에 정보를 쓰는 작업을 한다는 말입니다. 그렇다면 어떻게 하드웨어에서 정보를 읽어오고 어떻게 하드웨어에 정보를 쓰는 걸까요? 바로 레지스터라는 것을 이용합니다. 레지스터는 하드웨어가 소프트웨어와 상호작용하는 인터페이스입니다. 그래서 펌웨어 개발자가 어떤 하드웨어를 제어하는 펌웨어를 작성할 때는 그 하드웨어의 레지스터 사용법을 알아야 합니다. 하드웨어의 레지스터 사용법은 데이터시트에 나와 있습니다. 데이터시트라는 것은 해당 하드웨어가 가지고 있는 레지스터의 목록과 설명 그리고 레지스터에 어떤 값을 썼을 때 하드웨어가 어떻게 동작하는지를 적어 놓은 문서입니다. 물론 다른 정보도 많이 적혀 있습니다. 펌웨어 개발자는 자신이 개발하고 있는 대상 하드웨어의 데이터시트를 항상 찾아보며 펌웨어를 만들어야 합니다.

그럼 하드웨어에서 정보를 읽어오는 가장 간단한 작업을 해 보겠습니다. 코드 3.8은 하드웨어에서 정보를 읽어오는 코드입니다.

코드 3.8 하드웨어에서 정보를 읽어오는 코드 Entry.S

```
1    .text
2      .code 32
3
4      .global vector_start
5      .global vector_end
6
7      vector_start:
8        LDR R0, =0x10000000
9        LDR R1, [R0]
10     vector_end:
11       .space 1024, 0
12   .end
```

Entry.S의 8번째와 9번째 줄을 수정했습니다. 8번째 줄의 LDR R0, =0x10000000 명령은 R0에 0x10000000이라는 숫자를 넣으라는 것입니다. 9번째 줄의 LDR R1, [R0]는 R0에 저장된 메모리 주소에서 값을 읽어서 R1에 넣으라는 것입니다. 9번째 줄에 있는 어셈블리 명령을 다시 해석하면 0x10000000에서 값을 읽어서 그 값을 R1에 저장하라는 것입니다. 대체 메모리 주소 0x10000000에는 어떤 값이 있는 걸까요? 그걸 알려면 RealViewPB의 데이터시트를 봐야 합니다. RealViewPB는 ARM에서 파는 물건인 만큼 ARM사(ARM을 만드는 회사 이름도 ARM입니다)에서 운영하는 웹사이트인 ARM 인포센터(*http://infocenter.arm.com*)에서 데이터시트를 구할 수 있습니다. 자세한 내용은 부록 A.4절을 참고해 주세요.

RealViewPB의 데이터시트에서 레지스터 주소 0x10000000을 찾으면 ID Register라고 나옵니다. 이름에서 느낌이 오는데요. 이 레지스터는 하드웨어를 식별할 수 있는 정보를 가진 레지스터입니다. 당연히 읽기 전용입니다. 거의 모든 하드웨어가 이런 류의 레지스터를 가지고 있는데요. 주로 펌웨어가 여러 하드웨어를 대응해야 할 때 사용합니다. 여러 하드웨어에 같은 펌웨어를 사용한다면 펌웨어는 지금 동작하고 있는 하드웨어가 무엇인지 알아야 합니다. 이럴 때 ID Register와 같은 역할을 하는 레지스터에서 고윳값을 읽고 하드웨어를 구분하는 것입니다. 그러므로 당연히 RealViewPB의 ID Register에도 어떤 고윳값이 들어가 있어야 합니다. 일단 데이터시트에 있는 ID Register의 구조를 보도록 하죠. RealViewPB는 ID Register의 이름을 SYS_ID라고 지었네요. 그럼 이제부터 SYS_ID라고 부르겠습니다.

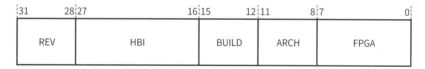

그림 3.1 SYS_ID 레지스터의 구조

32비트 머신의 모든 레지스터는 그림 3.1처럼 32비트를 각기 목적에 맞게 나눠서 사용합니다. SYS_ID는 다섯 개 항목, 즉 FPGA, ARCH, BUILD, HBI, REV로 나누어져 있습니다. 각각 8, 4, 4, 12, 4비트씩 할당되어 있습니다. 각 항목이 어떤 의미를 가지고 있는지도 데이터시트에 설명되어 있습니다.

비트	접근 권한	이름	기본값	설명
[31:28]	읽기 전용	REV	-	보드 버전: 0x0 = Rev A 0x1 = Rev B 0x2 = Rev C
[27:16]	읽기 전용	HBI	0x178	HBI 보드 번호(0178)
[15:12]	읽기 전용	BUILD	-	보드 빌드 변형
[11:8]	읽기 전용	ARCH	0x5	버스 아키텍처 0x4 = AHB 0x5 = AXI
[7:0]	읽기 전용	FPGA	-	FPGA 빌드

표 3.1 SYS_ID 레지스터의 설명

설명은 되어 있으나 뭘 어떻게 써먹어야 할지는 잘 모르겠습니다. 원래 그런 거니까 좌절하지 마세요. 데이터시트는 그냥 읽고 받아들이는 것입니다. 보통 데이터시트에는 설명만 있을 뿐 예제는 없습니다. 예제를 따로 제공하는 애플리케이션 노트(Application Note)라는 것을 제조사에서 제공하기도 합니다. 그래서 하드웨어를 어떻게 사용하는지 데이터시트만 보고 파악하기 어려울 때는 애플리케이션 노트도 찾아봐야 합니다. 지금은 이 책에서 사용법을 설명해 주므로 애플리케이션 노트는 보지 않아도 되지만 나중에 다른 하드웨어로 실전 프로젝트를 진행할 때는 애플리케이션 노트가 필요할 수도 있습니다.

　지금은 SYS_ID가 어떻게 생긴 레지스터고, 우리는 여기서 필요한 정보만 파악해 내면 됩니다. 우리에게 필요한 것은 무엇일까요? 현재 몇 줄 안 되는 펌웨어가 제대로 동작하는지 확인하기만 하면 됩니다. 확인하려면 검증된 값을 눈으로 봐야 합니다. 그 값이 보이면 동작을 확인했다고 말할 수 있는 것이지요. 표 3.1을 보면 상수로 기본값을 정한 항목이 있습니다. HBI와 ARCH입니다. 그렇다면 SYS_ID를 제대로 읽었다면 그 결과 값에 0x178과 0x5가 포함되어 있어야 합니다. 정말 그러한지 이제 작성한 코드를 QEMU에 올려서 확인해 보도록 합시다.

```
$ make
mkdir -p build
arm-none-eabi-as -march=armv7-a -mcpu=cortex-a8 -g -o build/Entry.o boot/Entry.S
arm-none-eabi-ld -n -T ./navilos.ld -o build/navilos.axf  build/Entry.o
arm-none-eabi-objcopy -O binary build/navilos.axf build/navilos.bin
$ make debug
qemu-system-arm -M realview-pb-a8 -kernel build/navilos.axf -S -gdb tcp::1234,ipv4
pulseaudio: set_sink_input_volume() failed
pulseaudio: Reason: Invalid argument
pulseaudio: set_sink_input_mute() failed
pulseaudio: Reason: Invalid argument
$ make gdb
arm-none-eabi-gdb
GNU gdb (7.10-1ubuntu3+9) 7.10
  ⋮
후략
  ⋮
```

동일한 명령으로 빌드를 하고 QEMU를 gdb와 연결합니다.

```
(gdb) target remote:1234
Remote debugging using :1234
0x00000000 in ?? ()

(gdb) file build/navilos.axf
A program is being debugged already.
Are you sure you want to change the file? (y or n) y
Reading symbols from build/navilos.axf...done.
```

gdb에서 target 명령으로 QEMU 디버깅 소켓과 연결한 다음 navilos.axf를 file 명령으로 읽습니다. file 명령은 ELF 파일에 포함되어 있는 디버깅 심벌을 읽습니다. 그러려면 컴파일할 때 -g 옵션을 넣어서 디버깅 심벌을 실행 파일에 포함해야 합니다. 이 부분 역시 윈도우나 리눅스에서 GCC를 쓸 때와 옵션이 같습니다. 사실 gdb의 사용법도 동일합니다.

이제 디버깅 심벌을 제대로 읽었는지 list 명령을 사용하여 확인합니다.

```
(gdb) list
1   .text
2   .code 32
3
4   .global vector_start
5   .global vector_end
6
7   vector_start:
8   LDR R0, =0x10000000
9   LDR R1, [R0]
10  vector_end:
```

코드 3.8에서 작성한 Entry.S 파일의 내용이 그대로 나옵니다. 심벌 정보는 제대로 로딩된 것 같군요. 현 시점에서 QEMU는 실행 파일을 한 줄도 실행하지 않았습니다. 그러므로 레지스터를 읽어보면 레지스터에 아무런 정보가 없어야 합니다. 정말 그런지 볼까요?

```
(gdb) info register
r0          0x0        0
r1          0x0        0
r2          0x0        0
r3          0x0        0
r4          0x0        0
r5          0x0        0
r6          0x0        0
r7          0x0        0
r8          0x0        0
r9          0x0        0
r10         0x0        0
r11         0x0        0
r12         0x0        0
sp          0x0        0x0 <vector_start>
lr          0x0        0
pc          0x0        0x0 <vector_start>
cpsr        0x400001d3 1073742291
```

정말 그렇군요. 레지스터의 값이 모두 0입니다. 그럼 현 상태에서 첫 번째 명령어를 실행하고 나면 어떻게 될까요? R0에 0x10000000을 입력하라고 했으니까 gdb에서 info register 명령을 실행했을 때 R0의 값이 바뀌어 있어야 합니다.

다음 코드는 gdb에서 s 명령으로 소스 코드를 한 줄 실행하고 info register 명령으로 레지스터의 값을 본 모습입니다.

```
(gdb) s
vector_start () at boot/Entry.S:9
9 LDR R1, [R0]
(gdb) info register
r0              0x10000000 268435456
r1              0x0        0
r2              0x0        0
r3              0x0        0
r4              0x0        0
r5              0x0        0
r6              0x0        0
r7              0x0        0
r8              0x0        0
r9              0x0        0
r10             0x0        0
r11             0x0        0
r12             0x0        0
sp              0x0        0x0 <vector_start>
lr              0x0        0
pc              0x4        0x4 <vector_start+4>
cpsr            0x400001d3 1073742291
```

예상대로 R0에 0x10000000이 저장되어 있는 것이 보입니다. 그리고 다음 줄을 실행하면 ARM 코어는 메모리 주소 0x10000000에서 값을 읽어서 R1에 넣을 것입니다. 그리고 그 값이 예상대로 0x178을 포함하고 있는지 확인해 볼 것입니다.

```
(gdb) s
0x00000408 in ?? ()
(gdb) i r
r0              0x10000000 268435456
r1              0x1780500  24642816
r2              0x0        0
r3              0x0        0
r4              0x0        0
r5              0x0        0
r6              0x0        0
r7              0x0        0
r8              0x0        0
r9              0x0        0
r10             0x0        0
r11             0x0        0
```

```
r12          0x0        0
sp           0x0        0x0 <vector_start>
lr           0x0        0
pc           0x408      0x408
cpsr         0x400001d3 1073742291
```

gdb는 축약 명령을 지원합니다. 그래서 info register 대신 i r이라고 입력해도 됩니다. 사실 s도 step이라는 명령어를 축약한 것입니다. 레지스터의 값을 확인해 보니 R1에 0x1780500이라는 값이 들어 있습니다. 저의 예상대로 0x178이 값에 포함되어 있군요. 데이터시트가 설명하는 내용과 값이 일치합니다. 그러면 좀 더 자세히 0x1780500이라는 값이 정확히 무슨 의미인지 분석해 보도록 하지요.

R1에서 읽어온 SYS_ID 값은 0x1780500입니다. 이 값을 2진수로 변환하면 00000001 01111000 00000101 00000000입니다. 32비트 값이죠. 이 32비트 2진수를 그림 3.1과 표 3.1의 내용을 바탕으로 분석해 보면 그림 3.2와 같은 결과를 얻습니다.

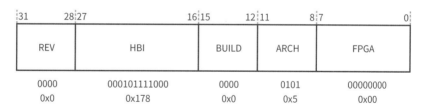

그림 3.2 SYS_ID 레지스터 값 분석

상수인 HBI와 ARCH 항목의 값이 정확히 일치합니다. 펌웨어가 읽은 결과를 해석하면 보드 리비전은 Rev A, 버스 아키텍처는 AXI(Advanced eXtensible Interface)이군요. 축하합니다. 처음으로 의미 있는 동작을 하는 펌웨어를 만들어서 실행했습니다. 우리는 이 펌웨어로 보드 리비전과 버스 아키텍처 정보를 얻어냈습니다.

여기까지 해서 펌웨어와 QEMU가 제대로 동작하는 것을 확실히 확인했습니다. 더불어 gdb까지 쓸 수 있게 되었습니다.

3.6 요약

이 장에서는 처음으로 코드를 작성해서 컴파일해 보고 하드웨어에서 실행해 봤습니다. 하드웨어에서 제대로 동작하는지 확인해 보려고 하드웨어의 레지스터에 접근해 봤으며 결과를 확인하려고 gdb도 써 봤습니다. 이 장에서 해본 내용은 매우 중요합니다. 앞으로 작업하는 모든 내용이 본질적으로 이 장에서 했던 일들을 계속 반복합니다. 코드를 만들고 하드웨어 레지스터에서 정보를 읽거나 값을 써서 하드웨어를 제어합니다. 의도한 대로 동작하지 않거나 동작하는 것을 확인하기 위해서 디버거(gdb)를 사용하는 일련의 과정을 계속 반복하는 것이 펌웨어 개발 작업입니다. 다음 장에서는 이번 장에서 했던 작업을 반복하면서 의미 있는 동작을 하는 펌웨어를 만들어 볼 것입니다. 이제 준비는 끝났습니다. 본격적으로 프로젝트를 시작해 보죠.

4장

부팅하기

흔히 컴퓨터를 켜서 윈도우나 리눅스 로그인 화면 혹은 데스크톱 화면(바탕화면)이 나오기까지 과정을 우리는 부팅한다고 말합니다. 그럼 펌웨어에서는 어디까지를 부팅이라고 해야 할까요? 정해진 것은 없습니다. 보통 부팅이라고 하면 시스템에 전원이 들어가서 모든 초기화 작업을 마치고 펌웨어가 대기(idle) 상태가 될 때까지를 말하거나, 시스템에 전원이 들어가고 ARM 코어가 리셋 익셉션 핸들러를 모두 처리한 다음에 본격적으로 C 언어 코드로 넘어가기 직전까지를 말합니다. 보통은 전자가 일반적입니다. 하지만 이 책에서는 펌웨어가 대기 상태로 들어가는 단계를 설명해야 하므로 후자를 부팅이라고 정의하겠습니다.

> ☑️ 이 장의 소스 코드는 다음 명령을 이용해서 다운로드할 수 있습니다. 자세한 내용은 1.6절을 참고해 주세요.
>
> · 4.2절: $ **wget https://github.com/navilera/Navilos/archive/51c9cd9.zip**
> · 4.3.1절: $ **wget https://github.com/navilera/Navilos/archive/fa4510c.zip**

4.1 메모리 설계

보통 임베디드 시스템은 메모리 구조가 꽤 복잡합니다. 성능과 비용 사이에서 최적의 결과를 내기 위해 다양한 메모리 종류를 섞어 쓰기도 하기 때문입니다. 하지만 QEMU는 아주 단순한 메모리 구조로 되어 있습니다. 그리고 용량 제한 없이 설정하는 만큼 사용할 수 있습니다. 아무래도 에뮬레이터라서 그런 것이겠죠. 아무런 옵션도 주지 않고 QEMU를 실행하면 기본으로 128MB를 메모리로 할당해 줍니다. 작게 느껴지겠지만 임베디드 시스템에서는 어마어마한 용량입니다. 임베디드 시스템에서 펌웨어가 128MB 정도의 메모리를 사용하는 경우는 별로 많지 않습니다. 지금은 공부하는 단계니까 메모리를 넉넉히 사용하겠습니다.

실행 파일은 메모리를 크게 세 가지로 나누어 사용합니다.

- text 영역: 코드가 있는 공간입니다. 코드이므로 임의로 변경하면 안 됩니다.
- data 영역: 초기화한 전역 변수가 있는 공간입니다. 전역 변수를 선언할 때 초기 값을 할당해서 선언하면 해당 전역 변수가 점유하는 공간은 여기에 할당됩니다.
- BSS 영역: 초기화하지 않은 전역 변수가 있는 공간입니다. 초기화하지 않은 전역 변수이므로 빌드 완료되어 생성된 바이너리 파일에는 심벌과 크기만 들어 있습니다.

실행 파일 형식 메모리 영역에 대한 자세한 내용은 부록 A.3절을 참고하세요.

이제 text, data, BSS 영역을 어떻게 배치할까 고민해 봅시다. 만약 임베디드 시스템이 속도는 빠르지만 용량이 작은 메모리와 속도는 느리지만 용량이 큰 메모리를 가지고 있다면, text 영역은 빠른 메모리에 배치해야 하고 data 중에서도 일부 속도에 민감한 데이터들은 링커에게 정보를 주어서 빠른 메모리에 배치해야 합니다. 나머지 data 영역과 BSS 영역은 속도는 느려도 용량이 큰 메모리에 배치해야겠지요. QEMU는 그런 구분이 없으므로 그냥 순서대로 쭉 배치해 보도록 하겠습니다.

순서나 위치는 고민하지 않기로 결정했으니 다음은 크기를 결정해야 합니다. QEMU로 돌릴 때는 사실 크기를 크게 신경 쓰지 않아도 됩니다. 넉넉하니까요. 하지만 실무에서는 매우 중요한 문제입니다. 그래서 방법은 흉내를 내고 크기는 학습에 방해가 되지 않을 정도로 충분히 설정하겠습니다.

첫 번째로 text 영역입니다. 리눅스 같은 거대한 운영체제를 사용하지 않을 것이므로 RTOS를 사용하는 펌웨어는 많아야 수십 KB 정도면 충분합니다. 하지만 우리는 메모리가 넉넉하므로 text 영역에 무려 1MB를 할당하겠습니다. 익셉션 벡터 테이블을 text 영역에 포함시킬 것이므로 시작 주소는 0x00000000입니다. 크기를 1MB로 설정하면 끝나는 주소는 0x000FFFFF입니다.

다음은 data 영역과 BSS 영역에 들어갈 데이터를 할당해야 합니다. 어떤 성격의 데이터를 어떤 순서로 얼마만큼의 영역을 할당해서 배치하면 좋은지에 대한 진지한 고민이 필요한 시점입니다.

- **데이터의 형태**: 동작 모드별 스택, 태스크 스택, 전역 변수, 동적 메모리 할당 영역
- **데이터의 속성**: 성능 중시 데이터, 큰 공간이 필요한 데이터, 공유 데이터

데이터 하나는 형태와 속성 두 가지 성질을 다 가지고 있습니다. 태스크 스택에 대해 성능 속성을 부여하여 배치할 수도 있고 공간만 생각해서 배치할 수도 있습니다. 그럼 어떻게 배치할까요? QEMU에서는 의미가 없으므로 그냥 쭉 배치하겠습니다.

- USR, SYS(2MB): 0x00100000 ~ 0x002FFFFF
- SVC(1MB): 0x00300000 ~ 0x003FFFFF
- IRQ(1MB): 0x00400000 ~ 0x004FFFFF
- FIQ(1MB): 0x00500000 ~ 0x005FFFFF
- ABT(1MB): 0x00600000 ~ 0x006FFFFF
- UND(1MB): 0x00700000 ~ 0x007FFFFF

개별 동작 모드마다 각 1MB씩 할당했습니다. USR 모드와 SYS 모드는 메모리 공간과 레지스터를 모두 공유하므로 하나로 묶어서 보았고 기본 동작 모드로 사용될 것이므로 2MB를 할당했습니다.

RTOS를 개발할 것이므로 RTOS의 위에서 동작할 태스크(task) 스택 영역도 생각해야 합니다. 태스크마다 각 1MB씩 스택 영역을 할당할 생각이므로 총 64MB를 배정하겠습니다. 그러면 나빌로스의 최대 태스크 개수는 64개가 되겠지요. 태스크 스택 영역 다음으로는 전역 변수용으로 1MB를 할당하겠습니다. 그리고 남는 공간은 동적 할당 메모리용으로 쓰겠습니다.

설명으로 풀어 쓴 메모리 설계를 그림으로 나타내면 그림 4.1처럼 표현할 수 있습니다. 일단은 이렇게 해 놓고 만약 필요하다면 추후에 수정하면 됩니다.

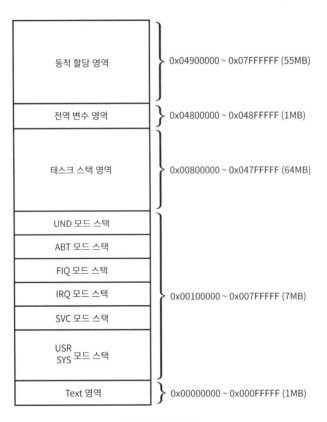

동적 할당 영역	0x04900000 ~ 0x07FFFFFF (55MB)
전역 변수 영역	0x04800000 ~ 0x048FFFFF (1MB)
태스크 스택 영역	0x00800000 ~ 0x047FFFFF (64MB)
UND 모드 스택	
ABT 모드 스택	
FIQ 모드 스택	
IRQ 모드 스택	0x00100000 ~ 0x007FFFFF (7MB)
SVC 모드 스택	
USR SYS 모드 스택	
Text 영역	0x00000000 ~ 0x000FFFFF (1MB)

그림 4.1 메모리 설계

4.2 익셉션 벡터 테이블 만들기

현재까지 코드를 익셉션 벡터 테이블 영역에 작성하긴 했지만 그것이 익셉션 벡터 테이블이라고 볼 수는 없습니다. 실제로 익셉션 핸들러 동작을 코딩한 것이 아니기 때문입니다. 이제 본격적으로 익셉션 핸들러를 작성해 볼 차례입니다.

코드 4.1은 익셉션 벡터 테이블의 초기 코드입니다.

코드 4.1 익셉션 벡터 테이블 초기 코드 Entry.S

```
1    .text
2      .code 32
3
4      .global vector_start
5      .global vector_end
6
7    vector_start:
8      LDR    PC, reset_handler_addr
```

```
9       LDR     PC, undef_handler_addr
10      LDR     PC, svc_handler_addr
11      LDR     PC, pftch_abt_handler_addr
12      LDR     PC, data_abt_handler_addr
13      B   .
14      LDR     PC, irq_handler_addr
15      LDR     PC, fiq_handler_addr
16
17      reset_handler_addr:     .word reset_handler
18      undef_handler_addr:     .word dummy_handler
19      svc_handler_addr:       .word dummy_handler
20      pftch_abt_handler_addr: .word dummy_handler
21      data_abt_handler_addr:  .word dummy_handler
22      irq_handler_addr:       .word dummy_handler
23      fiq_handler_addr:       .word dummy_handler
24  vector_end:
25
26  reset_handler:
27      LDR     R0, =0x10000000
28      LDR     R1, [R0]
29
30  dummy_handler:
31      B .
32  .end
```

익셉션 벡터 테이블에 각 핸들러로 점프하는 코드만 작성했습니다. 각 핸들러는 아직 작성하지 않았습니다. 그나마도 리셋 익셉션 핸들러에만 코드가 있고, 나머지 익셉션은 아예 핸들러를 작성하지 않고 무한루프로 보냈습니다.

코드 4.1을 보면 8~15번째 줄에 익셉션 벡터 테이블이 작성되어 있습니다. 그리고 17~23번째 줄에 변수를 선언해 놓았고 이 변수를 익셉션 벡터 테이블에서 사용합니다. 26~28번째 줄이 리셋 익셉션 핸들러입니다. 아직 제대로 된 리셋 익셉션 핸들러는 아니고 3.5절에서 작성한 SYS_ID를 읽는 코드가 그대로 있습니다. 30~31번째 줄은 이름 그대로 더미 핸들러고 그냥 무한 루프를 도는 코드입니다.

리셋 익셉션 핸들러에는 SYS_ID를 읽는 코드가 들어 있으므로 코드 4.1로 수정하고 실행해도 결과는 3.5절의 결과와 같습니다.

```
$ make debug
...
$ make gdb
...
(gdb) target remote:1234
```

```
Remote debugging using :1234
0x00000000 in ?? ()
...
(gdb) continue
Continuing.

^C
Program received signal SIGINT, Interrupt.
0x00000044 in ?? ()
(gdb) i r
r0              0x10000000 268435456
r1              0x1780500  24642816
r2              0x0        0
r3              0x0        0
r4              0x0        0
r5              0x0        0
r6              0x0        0
r7              0x0        0
r8              0x0        0
r9              0x0        0
r10             0x0        0
r11             0x0        0
r12             0x0        0
sp              0x0        0x0
lr              0x0        0
pc              0x44       0x44
cpsr            0x400001d3 1073742291
```

이제부터 빌드하고 실행하는 과정은 특별한 변화가 없는 한 별도로 설명하지 않
겠습니다. 마지막에 레지스터 값을 출력하는 gdb 명령어인 i r을 실행한 결과
를 보면 R1에 0x1780500이라는 값이 들어가 있는 것을 볼 수 있습니다. 3.5절에
서 확인했던 결과와 같습니다. 값이 제대로 들어가 있군요.

4.3 익셉션 핸들러 만들기

이 장을 시작하기 전에 부록 A.1절을 먼저 정독하고 오길 권장합니다. A.1절에
익셉션 핸들러와 뱅크드 레지스터에 해당하는 ARM 아키텍처에 대한 설명이 있
습니다. 이미 알고 있는 분들은 계속 진행해도 좋습니다.

가장 먼저 만들어야 할 익셉션 핸들러는 당연히 리셋 익셉션 핸들러입니다.
그러면 리셋 익셉션 핸들러에서 가장 먼저 해야 할 일은 무엇일까요? 바로 메모
리 맵을 설정해 주는 작업입니다. 4.1절에서 설계한 동작 모드별 스택 주소를 각
동작 모드의 뱅크드 레지스터 SP에 설정하는 작업을 할 것입니다. 다른 메모리

는 나빌로스에서 관리할 것입니다. 동작 모드별 스택이 모두 설정되고 나면 C
언어 main() 함수로 진입할 것입니다. 그 후부터는 어셈블리어가 아닌 C 언어로
임베디드 시스템을 제어할 수 있습니다.

ARM은 동작 모드가 7개 있습니다. 이중 USR 모드와 SYS 모드는 레지스터를
공유하므로 SP 레지스터는 총 6개가 뱅크드 레지스터로 제공됩니다. 리셋 익셉
션 핸들러에서는 동작 모드를 순서대로 변경해 가면서 SP 레지스터에 정해진
값을 넣는 작업을 수행합니다. 이러면 각 동작 모드의 스택이 초기화되는 것입
니다.

4.3.1 스택 만들기

이제부터는 동작을 확인하기 위한 의미 없는 코드가 아니라 두고두고 쓸 의미
있는 코드를 작성할 것입니다. 리셋 익셉션 핸들러에 익셉션 모드별로 스택을
설정할 것입니다. 그에 앞서 4.1절에서 설계한 메모리 맵을 C 언어 코드로 표현
해 보겠습니다.

코드 4.2는 각 동작 모드의 스택 시작 메모리 주소와 스택 크기 그리고 스택
꼭대기 메모리 주소를 정의하고 있습니다. 이 코드를 MemoryMap.h 파일로 저
장해서 include 디렉터리를 만들고 그 안에 넣겠습니다.

코드 4.2 스택 주소를 정의 MemoryMap.h

```
1  #define INST_ADDR_START      0
2  #define USRSYS_STACK_START   0x00100000
3  #define SVC_STACK_START      0x00300000
4  #define IRQ_STACK_START      0x00400000
5  #define FIQ_STACK_START      0x00500000
6  #define ABT_STACK_START      0x00600000
7  #define UND_STACK_START      0x00700000
8  #define TASK_STACK_START     0x00800000
9  #define GLOBAL_ADDR_START    0x04800000
10 #define DALLOC_ADDR_START    0x04900000
11
12 #define INST_MEM_SIZE        (USRSYS_STACK_START - INST_ADDR_START)
13 #define USRSYS_STACK_SIZE    (SVC_STACK_START - USRSYS_STACK_START)
14 #define SVC_STACK_SIZE       (IRQ_STACK_START - SVC_STACK_START)
15 #define IRQ_STACK_SIZE       (FIQ_STACK_START - IRQ_STACK_START)
16 #define FIQ_STACK_SIZE       (ABT_STACK_START - FIQ_STACK_START)
17 #define ABT_STACK_SIZE       (UND_STACK_START - ABT_STACK_START)
18 #define UND_STACK_SIZE       (TASK_STACK_START - UND_STACK_START)
19 #define TASK_STACK_SIZE      (GLOBAL_ADDR_START - TASK_STACK_START)
```

```
20 #define DALLOC_MEM_SIZE      (55 * 1024 * 1024)
21
22 #define USRSYS_STACK_TOP     (USRSYS_STACK_START + USRSYS_STACK_SIZE - 4)
23 #define SVC_STACK_TOP        (SVC_STACK_START + SVC_STACK_SIZE - 4)
24 #define IRQ_STACK_TOP        (IRQ_STACK_START + IRQ_STACK_SIZE - 4)
25 #define FIQ_STACK_TOP        (FIQ_STACK_START + FIQ_STACK_SIZE - 4)
26 #define ABT_STACK_TOP        (ABT_STACK_START + ABT_STACK_SIZE - 4)
27 #define UND_STACK_TOP        (UND_STACK_START + UND_STACK_SIZE - 4)
```

MemoryMap.h 파일은 C 언어 헤더 파일입니다. 아직 C 언어 코딩은 한 줄도 하지 않았지만 C 언어 헤더 파일을 먼저 만들었습니다. C 언어 헤더 파일이지만 GCC로 컴파일하면 Entry.S 어셈블리어 파일에서도 사용할 수 있습니다. 그리고 헤더 파일을 한 개 더 만들죠.

코드 4.3 동작 모드 전환 값 ARMv7AR.h

```
1  #define ARM_MODE_BIT_USR 0x10
2  #define ARM_MODE_BIT_FIQ 0x11
3  #define ARM_MODE_BIT_IRQ 0x12
4  #define ARM_MODE_BIT_SVC 0x13
5  #define ARM_MODE_BIT_ABT 0x17
6  #define ARM_MODE_BIT_UND 0x1B
7  #define ARM_MODE_BIT_SYS 0x1F
8  #define ARM_MODE_BIT_MON 0x16
```

ARM의 cpsr에 값을 설정하여 동작 모드를 바꿀 수 있는 값을 코드 4.3에 정의했습니다. ARM의 동작 모드에 대한 자세한 내용은 부록 A.1절을 참고해 주세요. 이 파일도 include 디렉터리에 저장하고 이름은 ARMv7AR.h라고 붙이겠습니다.

현재까지 나빌로스는 다음과 같은 소스 코드 트리로 되어 있습니다.

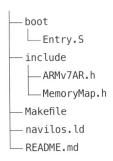

```
├─ boot
│   └─ Entry.S
├─ include
│   ├─ ARMv7AR.h
│   └─ MemoryMap.h
├─ Makefile
├─ navilos.ld
└─ README.md
```

이제 헤더 파일을 어셈블리어 코드에 포함시켜 보겠습니다. 어떻게 할까요?

코드 4.4 **동작 모드 스택 초기화 리셋 익셉션 핸들러 Entry.S**

```
1    #include "ARMv7AR.h"
2    #include "MemoryMap.h"
3
4    .text
5        .code 32
6
7        .global vector_start
8        .global vector_end
9
10       vector_start:
11           LDR PC, reset_handler_addr
12           LDR PC, undef_handler_addr
13           LDR PC, svc_handler_addr
14           LDR PC, pftch_abt_handler_addr
15           LDR PC, data_abt_handler_addr
16           B   .
17           LDR PC, irq_handler_addr
18           LDR PC, fiq_handler_addr
19
20           reset_handler_addr:     .word reset_handler
21           undef_handler_addr:     .word dummy_handler
22           svc_handler_addr:       .word dummy_handler
23           pftch_abt_handler_addr: .word dummy_handler
24           data_abt_handler_addr:  .word dummy_handler
25           irq_handler_addr:       .word dummy_handler
26           fiq_handler_addr:       .word dummy_handler
27       vector_end:
28
29       reset_handler:
30           MRS r0, cpsr
31           BIC r1, r0, #0x1F
32           ORR r1, r1, #ARM_MODE_BIT_SVC
33           MSR cpsr, r1
34           LDR sp, =SVC_STACK_TOP
35
36           MRS r0, cpsr
37           BIC r1, r0, #0x1F
38           ORR r1, r1, #ARM_MODE_BIT_IRQ
39           MSR cpsr, r1
40           LDR sp, =IRQ_STACK_TOP
41
42           MRS r0, cpsr
43           BIC r1, r0, #0x1F
44           ORR r1, r1, #ARM_MODE_BIT_FIQ
45           MSR cpsr, r1
46           LDR sp, =FIQ_STACK_TOP
47
```

```
48          MRS r0, cpsr
49          BIC r1, r0, #0x1F
50          ORR r1, r1, #ARM_MODE_BIT_ABT
51          MSR cpsr, r1
52          LDR sp, =ABT_STACK_TOP
53
54          MRS r0, cpsr
55          BIC r1, r0, #0x1F
56          ORR r1, r1, #ARM_MODE_BIT_UND
57          MSR cpsr, r1
58          LDR sp, =UND_STACK_TOP
59
60          MRS r0, cpsr
61          BIC r1, r0, #0x1F
62          ORR r1, r1, #ARM_MODE_BIT_SYS
63          MSR cpsr, r1
64          LDR sp, =USRSYS_STACK_TOP
65
66      dummy_handler:
67          B .
68  .end
```

대단하게 다른 무언가를 사용해서 헤더 파일을 포함할 줄 알았는데 1번째 줄
과 2번째 줄을 보면 그냥 #include 문법을 사용했습니다. C 언어랑 똑같습니다.
어셈블리어 코드라고 해도 헤더 파일을 포함하는 문법은 똑같습니다. 그리고
30~64번째 줄이 모든 동작 모드를 한 번씩 순회하면서 스택 꼭대기 메모리 주소
를 SP에 설정하는 코드입니다. 길지만 결국 코드 4.5의 코드 다섯 줄을 반복하는
것입니다.

코드 4.5 동작 모드 스택을 지정하는 코드 조각

```
1          MRS r0, cpsr
2          BIC r1, r0, #0x1F
3          ORR r1, r1, #동작 모드
4          MSR cpsr, r1
5          LDR sp, =스택 꼭대기 메모리 주소
```

코드 4.5의 3번째 줄에 보면 #동작 모드라고 쓴 부분에 ARMv7AR.h에서 정의한
동작 모드 변경 값을 넣어 ARM의 동작 모드를 변경합니다. 그리고 5번째 줄에
=스택 꼭대기 메모리 주소라고 쓴 부분에 MemoryMap.h에서 정의한 스택 꼭대기
주소 값으로 넣으면 해당 동작 모드 스택 설정이 완료됩니다.

　그런데 왜 시작 주소를 넣는 것이 아니라 번거롭게 꼭대기 주소를 계산해서

그 값을 넣는 것일까요? 그것은 스택이 높은 주소에서 낮은 주소로 자라는 특징을 가지고 있기 때문입니다.

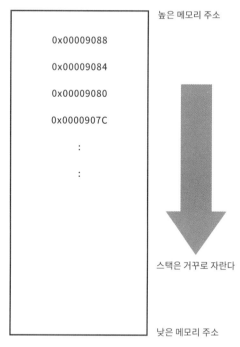

높은 메모리 주소

0x00009088

0x00009084

0x00009080

0x0000907C

:

:

스택은 거꾸로 자란다

낮은 메모리 주소

그림 4.2 스택은 거꾸로 자란다.

일반적으로 메모리는 증가하는 방향으로 사용합니다. 예를 들어 현재 데이터를 0x00009088 주소에 썼다면 그다음 데이터는 0x00009089 주소에 쓰고 그다음 데이터는 0x0000908A 주소에 쓰는 식입니다. 32비트 아키텍처라서 4바이트씩 값을 써야 한다면 0x00009088 다음에는 0x0000908C 주소에 값을 씁니다.

스택은 메모리를 반대 방향으로 사용합니다. 0x00009088 주소에 데이터를 쓰면 스택에서는 그다음 0x00009084 주소에 데이터를 씁니다. 그래서 스택을 초기화할 때는 아래 간단한 공식으로 스택 꼭대기 메모리 주소를 구한 다음 그 값을 사용합니다.

스택의 꼭대기 주소 = 스택의 시작 주소 + 스택의 크기 - 4

사실 마지막에 4바이트를 빼지 않아도 됩니다. 그냥 제가 스택과 스택이 딱 붙어 있는 것이 싫어서 일종의 패딩(padding)으로 4바이트를 비워두려고 4바이트를

빼는 것입니다. 나중에 디버깅할 때 스택과 스택 사이를 구분하는 데 사용하기

도 하고요.

그럼 이제 빌드를 해 볼까요?

```
$ make all
mkdir -p build
arm-none-eabi-as -march=armv7-a -mcpu=cortex-a8 -g -o build/Entry.o boot/Entry.S
boot/Entry.S: Assembler messages:
boot/Entry.S:32: Error: undefined symbol ARM_MODE_BIT_SVC used as an immediate value
boot/Entry.S:38: Error: undefined symbol ARM_MODE_BIT_IRQ used as an immediate value
boot/Entry.S:44: Error: undefined symbol ARM_MODE_BIT_FIQ used as an immediate value
boot/Entry.S:50: Error: undefined symbol ARM_MODE_BIT_ABT used as an immediate value
boot/Entry.S:56: Error: undefined symbol ARM_MODE_BIT_UND used as an immediate value
boot/Entry.S:62: Error: undefined symbol ARM_MODE_BIT_SYS used as an immediate value
Makefile:38: recipe for target 'build/Entry.o' failed
make: *** [build/Entry.o] Error 1
```

어라? 빌드가 안 됩니다. ARM_MODE_BIT_SVC 등의 심벌이 정의되지 않았다고 하

네요. 한마디로 찾을 수 없다는 말입니다. 뭔가를 수정해 주어야 할 것 같습니

다. 어디일까요? 우선 헤더 파일이 있는 디렉터리 경로 정보를 어셈블러에 알려

줘야 합니다. Makefile을 수정해서 옵션을 추가하겠습니다.

코드 4.6 **Makefile을 수정해서 헤더 파일 경로 지정**

```
 1  ARCH = armv7-a
 2  MCPU = cortex-a8
 3
 4  CC = arm-none-eabi-gcc
 5  AS = arm-none-eabi-as
 6  LD = arm-none-eabi-ld
 7  OC = arm-none-eabi-objcopy
 8
 9  LINKER_SCRIPT = ./navilos.ld
10
11  ASM_SRCS = $(wildcard boot/*.S)
12  ASM_OBJS = $(patsubst boot/%.S, build/%.o, $(ASM_SRCS))
13
14  INC_DIRS = include
15
16  navilos = build/navilos.axf
17  navilos_bin = build/navilos.bin
18
19  .PHONY: all clean run debug gdb
20
21  all: $(navilos)
```

```
22
23  clean:
24      @rm -fr build
25
26  run: $(navilos)
27      qemu-system-arm -M realview-pb-a8 -kernel $(navilos)
28
29  debug: $(navilos)
30      qemu-system-arm -M realview-pb-a8 -kernel $(navilos) -S -gdb tcp::1234,ipv4
31
32  gdb:
33      arm-none-eabi-gdb
34
35  $(navilos): $(ASM_OBJS) $(LINKER_SCRIPT)
36      $(LD) -n -T $(LINKER_SCRIPT) -o $(navilos) $(ASM_OBJS)
37      $(OC) -O binary $(navilos) $(navilos_bin)
38
39  build/%.o: boot/%.S
40      mkdir -p $(shell dirname $@)
41      $(AS) -march=$(ARCH) -mcpu=$(MCPU) -I $(INC_DIRS) -g -o $@ $<
```

코드 4.6의 14번째 줄에 헤더 파일 디렉터리 경로를 INC_DIRS라는 변수로 정의
했습니다. 그리고 마지막 41번째 줄에 -I $(INC_DIRS)를 추가했습니다. -I 옵션
은 헤더 파일 디렉터리 경로를 지시하는 옵션입니다. 이제 다시 시도해 보겠습
니다.

```
$ make all
mkdir -p build
arm-none-eabi-as -march=armv7-a -mcpu=cortex-a8 -I include -g -o build/Entry.o
    boot/Entry.S
boot/Entry.S: Assembler messages:
boot/Entry.S:41: Error: undefined symbol ARM_MODE_BIT_SVC used as an immediate value
boot/Entry.S:47: Error: undefined symbol ARM_MODE_BIT_IRQ used as an immediate value
boot/Entry.S:53: Error: undefined symbol ARM_MODE_BIT_FIQ used as an immediate value
boot/Entry.S:59: Error: undefined symbol ARM_MODE_BIT_ABT used as an immediate value
boot/Entry.S:65: Error: undefined symbol ARM_MODE_BIT_UND used as an immediate value
boot/Entry.S:71: Error: undefined symbol ARM_MODE_BIT_SYS used as an immediate value
Makefile:40: recipe for target 'build/Entry.o' failed
make: *** [build/Entry.o] Error 1
```

헤더 파일 디렉터리 경로를 지정해 주었는데도 빌드가 되지 않습니다. 에러 메
시지도 똑같네요. 대체 뭐가 문제일까요? 어셈블러가 문제입니다. 아시다시피
C 언어에서 #define 구문은 전처리기(preprocessor)에 의해서 처리됩니다. arm-
none-eabi-as는 어셈블러일 뿐이고 전처리는 해 주지 않습니다. 그래서 전처리

까지 하려면 arm-none-eabi-gcc를 사용해야 합니다. 그러면 다시 Makefile을 고쳐보죠.

Makefile의 마지막 줄을 다음과 같이 $(AS)를 $(CC)로 수정했습니다.

```
$(CC) -march=$(ARCH) -mcpu=$(MCPU) -I $(INC_DIRS) -g -o $@ $<
```

그럼 이제 다시 빌드해 볼까요?

```
/usr/lib/gcc/arm-none-eabi/4.9.3/../../../arm-none-eabi/bin/ld: cannot find crt0.o:
    No such file or directory
/usr/lib/gcc/arm-none-eabi/4.9.3/../../../arm-none-eabi/bin/ld: cannot find -lg
/usr/lib/gcc/arm-none-eabi/4.9.3/../../../arm-none-eabi/bin/ld: cannot find -lc
collect2: error: ld returned 1 exit status
```

이상한 에러가 나옵니다. 뭘까요? 생각해 봅시다. arm-none-eabi-as 대신 arm-none-eabi-gcc를 사용했으므로 옵션도 GCC에 맞춰야 합니다. GCC는 기본으로 실행 파일을 만듭니다. 하지만 Makefile에서 해당 명령의 목적은 오브젝트 파일을 만드는 것입니다. 그래서 오브젝트 파일을 만들라고 지시하는 -c 옵션을 추가해야 합니다. 따라서 완성된 명령은 다음과 같습니다.

```
$(CC) -march=$(ARCH) -mcpu=$(MCPU) -I $(INC_DIRS) -c -g -o $@ $<
```

이제 빌드해 보겠습니다.

```
$ make all
mkdir -p build
arm-none-eabi-gcc -march=armv7-a -mcpu=cortex-a8 -I include -c -g -o build/Entry.o
    boot/Entry.S
arm-none-eabi-ld -n -T ./navilos.ld -o build/navilos.axf  build/Entry.o
arm-none-eabi-objcopy -O binary build/navilos.axf build/navilos.bin
```

이제 빌드가 제대로 되는군요.

컴파일러 옵션과 Makefile 설정 방법은 펌웨어뿐만 아니라 다른 소프트웨어를 개발할 때도 필요한 지식입니다. 이 책에서 모든 것을 다룰 순 없지만 이번처럼 개발 과정 중에 마주하는 에러 상황은 최대한 그대로 책에 포함하여 해결 방법을 설명하겠습니다.

4.3.2 스택 확인하기

빌드를 무사히 완료했으므로 이제 스택이 제대로 초기화되었는지를 확인해 볼 차례입니다. 아직까지는 변수나 레지스터의 값을 출력해 볼 수 없으므로 gdb를 이용해서 확인해 보겠습니다.

```
(gdb) s
31          BIC r1, r0, #0x1F
(gdb) s
32          ORR r1, r1, #ARM_MODE_BIT_SVC
(gdb) s
33          MSR cpsr, r1
(gdb) s
34          LDR sp, =SVC_STACK_TOP
(gdb) s
vector_end () at boot/Entry.S:36
36          MRS r0, cpsr
(gdb) i r
r0          0x400001d3 1073742291
r1          0x400001d3 1073742291
r2          0x0 0
r3          0x0 0
r4          0x0 0
r5          0x0 0
r6          0x0 0
r7          0x0 0
r8          0x0 0
r9          0x0 0
r10         0x0 0
r11         0x0 0
r12         0x0 0
sp          0x3ffffc 0x3ffffc
lr          0x0 0
pc          0x50    0x50 <vector_end+20>
cpsr        0x400001d3 1073742291
```

QEMU와 gdb를 연동하는 방법은 앞에서 여러 번 설명하였으므로 이후로는 생략하도록 하겠습니다. 먼저 gdb의 s 명령으로 소스 코드를 한 줄씩 실행합니다. 그러면 코드 4.4의 30번째 줄부터 나오는 코드가 gdb에 표시됩니다. s 명령에 대한 출력은 다음번에 실행할 코드 줄 번호와 코드 내용입니다. 그러므로 첫 번째 s 이후에 나온 31 BIC r1, r0, \#0x1F는 방금 30번째 줄을 수행했고 다음에 31번째 줄을 실행할 차례라는 의미입니다.

34번째 줄까지 실행하고 나면 첫 번째 SVC 동작 모드 스택이 설정됩니다. 그림 4.1에 따르면 SVC 모드 스택은 0x00300000부터 0x003FFFFF까지 메모리 주소 영역입니다. 스택과 스택 경계에 4바이트를 비워두도록 크기를 설정했으므로 스택 포인터에 저장되어야 할 값은 0x003FFFFC여야 합니다. 앞의 gdb 결과를 보면 sp 0x3ffffc 0x3ffffc라는 출력이 보입니다. 스택 포인터 값이 의도한 대로 잘 설정되었군요. 그리고 cpsr을 보면 마지막 바이트가 0xd3입니다. 이 값을 2진수로 바꾸면 11010011이고 마지막 하위 5비트만 잘라보면 10011입니다. 다시 16진수로 바꾸면 0x13입니다. SVC 동작 모드를 설정하는 값이죠. 따라서 SVC 모드의 스택이 제대로 설정되었음을 확인할 수 있습니다.

이제부터 s 명령으로 한 줄씩 실행하는 부분은 생략하고 각 동작 모드별로 레지스터 값이 어떻게 되었는지만 보겠습니다. 다음 코드를 보면 스택 포인터에는 0x004FFFFC가 설정되었고, 동작 모드 비트 값은 0x12입니다. 0x12는 IRQ 모드입니다. IRQ 모드의 스택 값 역시 잘 설정되었습니다.

```
(gdb) i r
r0              0x400001d3 1073742291
r1              0x400001d2 1073742290
r2              0x0 0
r3              0x0 0
r4              0x0 0
r5              0x0 0
r6              0x0 0
r7              0x0 0
r8              0x0 0
r9              0x0 0
r10             0x0 0
r11             0x0 0
r12             0x0 0
sp              0x4ffffc 0x4ffffc
lr              0x0 0
pc              0x64    0x64 <vector_end+40>
cpsr            0x400001d2 1073742290
```

다음으로 FIQ 모드의 스택입니다. 동작 모드 비트 값은 0x11입니다. 그리고 스택 포인터 값은 0x005FFFFC로 의도한 값이 잘 설정되었습니다.

```
(gdb) i r
r0              0x400001d2 1073742290
r1              0x400001d1 1073742289
r2              0x0 0
r3              0x0 0
r4              0x0 0
```

```
r5              0x0 0
r6              0x0 0
r7              0x0 0
r8              0x0 0
r9              0x0 0
r10             0x0 0
r11             0x0 0
r12             0x0 0
sp              0x5ffffc 0x5ffffc
lr              0x0 0
pc              0x78 0x78 <vector_end+60>
cpsr            0x400001d1 1073742289
```

다음은 ABT 모드입니다. 동작 모드 비트 값은 0x17입니다. 스택 포인터의 값은 0x006FFFFC로 잘 설정되었습니다.

```
(gdb) i r
r0              0x400001d1 1073742289
r1              0x400001d7 1073742295
r2              0x0 0
r3              0x0 0
r4              0x0 0
r5              0x0 0
r6              0x0 0
r7              0x0 0
r8              0x0 0
r9              0x0 0
r10             0x0 0
r11             0x0 0
r12             0x0 0
sp              0x6ffffc 0x6ffffc
lr              0x0 0
pc              0x8c 0x8c <vector_end+80>
cpsr            0x400001d7 1073742295
```

다음은 UND 모드입니다. 동작 모드 비트 값이 0x1B입니다. 스택 포인터의 값은 0x007FFFFC로 잘 설정되었습니다.

```
(gdb) i r
r0              0x400001d7 1073742295
r1              0x400001db 1073742299
r2              0x0 0
r3              0x0 0
r4              0x0 0
r5              0x0 0
r6              0x0 0
r7              0x0 0
```

```
r8             0x0 0
r9             0x0 0
r10            0x0 0
r11            0x0 0
r12            0x0 0
sp             0x7ffffc 0x7ffffc
lr             0x0 0
pc             0xa0     0xa0 <vector_end+100>
cpsr           0x400001db 1073742299
```

마지막으로 SYS 모드입니다. 동작 모드 비트 값은 0x1F입니다. 스택 포인터의 값은 0x002FFFFC입니다.

```
(gdb) i r
r0             0x400001db 1073742299
r1             0x400001df 1073742303
r2             0x0 0
r3             0x0 0
r4             0x0 0
r5             0x0 0
r6             0x0 0
r7             0x0 0
r8             0x0 0
r9             0x0 0
r10            0x0 0
r11            0x0 0
r12            0x0 0
sp             0x2ffffc 0x2ffffc
lr             0x0      0
pc             0xb4     0xb4 <dummy_handler>
cpsr           0x400001df 1073742303
```

SYS 동작 모드를 제일 마지막에 설정한 이유는 스택 설정을 끝내면 RTOS로 진입할 것인데 RTOS와 펌웨어의 기본 동작 모드가 SYS기 때문입니다. 추가 설정 작업 없이 SYS 모드로 다음 작업을 계속 이어가기 위함입니다.

실무에서는 어셈블리어로 해야 하는 일이 더 많습니다. 하드웨어 시스템 클럭 설정, 메모리 컨트롤러 초기화 같은 일들이죠. 그러나 이 책에서는 스택 설정 정도까지만 하겠습니다. QEMU에서는 이것으로도 충분합니다.

4.4 메인으로 진입하기

C 언어의 시작 지점(entry point)은 관습적으로 main() 함수입니다. 제가 관습적

이라는 표현을 사용한 이유는 컴파일러가 기본값으로 main()을 사용하기 때문입니다. 그래서 반드시 시작 함수 이름이 main()일 필요는 없습니다. 하지만 모두에게 익숙한 것이 좋기에 저도 main() 함수를 C 언어 코드의 시작 지점으로 사용하겠습니다.

코드 4.7 메인 함수로 점프하는 코드 추가

```
1        MRS r0, cpsr
2        BIC r1, r0, #0x1F
3        ORR r1, r1, #ARM_MODE_BIT_SYS
4        MSR cpsr, r1
5        LDR sp, =USRSYS_STACK_TOP
6
7        BL  main
```

코드 4.7의 7번째 줄에 BL main 한 줄을 추가했습니다. 이 한 줄로 어셈블리어 코드에서 C 언어 코드로 진입할 수 있습니다. 그러면 이제 main 함수를 만듭니다. boot/Main.c 파일을 만들고 코드 4.8의 내용을 Main.c 파일에 채워 넣습니다.

코드 4.8 Main.c 파일 초기 코드

```
1   #include "stdint.h"
2
3   void main(void)
4   {
5       uint32_t* dummyAddr = (uint32_t*)(1024*1024*100);
6       *dummyAddr = sizeof(long);
7   }
```

어떻게 어셈블리어 코드에서 C 언어 함수로 점프할 수 있을까요? 어셈블리어 코드에서 브랜치 명령(BL)으로 점프를 하려면 점프 대상 레이블이 같은 파일 안에 있어야 합니다. 다른 파일에 있다면 링커가 링킹할 수 있도록 레이블을 .global로 선언해야 합니다. 컴파일러는 C 언어 함수 이름을 링커가 자동으로 접근할 수 있는 전역 심벌로 만듭니다. 전역 심벌은 어셈블리어를 쓸 때 .global 지시어로 선언하는 이름이고 C 언어를 쓸 때 extern으로 선언하는 이름입니다. 반대로 어셈블리어에서 .global로 선언한 이름은 C 언어에서 함수 호출로 진입할 수 있습니다.

코드 4.8은 C 언어 코드가 동작하는 것을 확인하는 코드로, 의미 있는 동작을

하지는 않습니다. 코드 4.8이 하는 동작은 100MB 메모리 주소 영역(0x6400000)
에 의미 없는 값을 쓰는 것입니다. 저는 의미 없는 값으로 long 타입 크기를 쓰겠
습니다. 32비트 ARM 머신이 타깃이므로 숫자 4가 메모리에 저장되어야 합니다.

다음은 Main.c 파일이 새로 생기면서 바뀐 파일과 디렉터리 구조입니다.

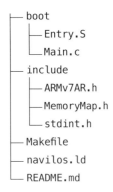

```
├── boot
│   ├── Entry.S
│   └── Main.c
├── include
│   ├── ARMv7AR.h
│   ├── MemoryMap.h
│   └── stdint.h
├── Makefile
├── navilos.ld
└── README.md
```

드디어 C 언어 소스 파일을 만들었습니다. 그러므로 Makefile의 내용을 수정해
서 C 언어 소스 파일을 컴파일할 수 있게 해야 합니다.

코드 4.9 **C 언어 파일을 컴파일하기 위한 수정된 Makefile**

```
1   ARCH = armv7-a
2   MCPU = cortex-a8
3
4   CC = arm-none-eabi-gcc
5   AS = arm-none-eabi-as
6   LD = arm-none-eabi-ld
7   OC = arm-none-eabi-objcopy
8
9   LINKER_SCRIPT = ./navilos.ld
10  MAP_FILE = build/navilos.map
11
12  ASM_SRCS = $(wildcard boot/*.S)
13  ASM_OBJS = $(patsubst boot/%.S, build/%.os, $(ASM_SRCS))
14
15  C_SRCS = $(wildcard boot/*.c)
16  C_OBJS = $(patsubst boot/%.c, build/%.o, $(C_SRCS))
17
18  INC_DIRS  = -I include
19
20  navilos = build/navilos.axf
21  navilos_bin = build/navilos.bin
22
23  .PHONY: all clean run debug gdb
```

```
24
25  all: $(navilos)
26
27  clean:
28    @rm -fr build
29
30  run: $(navilos)
31    qemu-system-arm -M realview-pb-a8 -kernel $(navilos)
32
33  debug: $(navilos)
34    qemu-system-arm -M realview-pb-a8 -kernel $(navilos) -S -gdb tcp::1234,ipv4
35
36  gdb:
37    arm-none-eabi-gdb
38
39  $(navilos): $(ASM_OBJS) $(C_OBJS) $(LINKER_SCRIPT)
40    $(LD) -n -T $(LINKER_SCRIPT) -o $(navilos) $(ASM_OBJS)
          $(C_OBJS) -Map=$(MAP_FILE)
41    $(OC) -O binary $(navilos) $(navilos_bin)
42
43  build/%.os: $(ASM_SRCS)
44    mkdir -p $(shell dirname $@)
45    $(CC) -march=$(ARCH) -mcpu=$(MCPU) $(INC_DIRS) -c -g -o $@ $<
46
47  build/%.o: $(C_SRCS)
48    mkdir -p $(shell dirname $@)
49    $(CC) -march=$(ARCH) -mcpu=$(MCPU) $(INC_DIRS) -c -g -o $@ $<
```

꽤 여러 군데를 수정했습니다. 먼저 10번째 줄에서 map 파일 이름을 지정했습니다. map 파일은 링커가 생성하는 파일입니다. 링커는 링킹 작업을 할 때 심벌에 할당된 메모리 주소를 map 파일에 기록합니다. 그리고 15번째 줄에서 C_SRCS 변수를 만듭니다. 16번째 줄에서는 C_OBJS 변수를 만듭니다. 변수 C_SRCS는 C 언어 소스 코드 파일 이름을 저장합니다. 변수 C_OBJS는 C 언어 소스 파일이 컴파일되어 만들어진 오브젝트 파일 이름을 저장하는 변수입니다. 39번째 줄과 40번째 줄에 새로 선언한 C_OBJS 변수를 추가로 적습니다. 이렇게 파일 이름을 링커에 파라미터로 전달합니다. 마지막으로 47~49번째 줄에서 C 언어 파일을 컴파일해서 오브젝트 파일을 생성하는 매크로를 작성합니다.

이렇게 Makefile까지 수정하고 나면 빌드가 됩니다.

```
$ make all
mkdir -p build
arm-none-eabi-gcc -march=armv7-a -mcpu=cortex-a8 -I include -c -g -o
    build/Entry.os boot/Entry.S
```

```
mkdir -p build
arm-none-eabi-gcc -march=armv7-a -mcpu=cortex-a8 -I include -c -g -o
    build/Main.o boot/Main.c
arm-none-eabi-ld -n -T ./navilos.ld -o build/navilos.axf  build/Entry.os
    build/Main.o -Map=build/navilos.map
arm-none-eabi-objcopy -O binary build/navilos.axf build/navilos.bin
```

빌드할 때 출력되는 메시지에 Main.c 파일을 Main.o 파일로 컴파일하는 내용이 나와야 합니다. 그리고 링커가 Main.o와 Entry.o를 합치는 내용이 나와야 합니다.

C 언어 코드가 제대로 동작하는지 확인해 보도록 하지요. gdb로 메모리에 100MB 위치(0x6400000 메모리 주소) 값을 확인해 보겠습니다. 만약 C 언어 코드가 제대로 동작한다면 0x6400000 메모리 주소에는 값 4가 저장되어 있어야 합니다.

```
$ arm-none-eabi-gdb
  ⋮
중략
  ⋮
(gdb) target remote:1234
Remote debugging using :1234
0x00000000 in ?? ()
(gdb) c
Continuing.

^C
(gdb) x/8wx 0x6400000
0x6400000:        0x00000004      0x00000000      0x00000000      0x00000000
0x6400010:        0x00000000      0x00000000      0x00000000      0x00000000
```

이제는 말하지 않아도 아시리라 생각되지만 한 번 더 말씀드리면 gdb를 실행하기 전에 QEMU를 디버깅 모드로 실행해야 합니다. gdb를 실행하고 QEMU와 원격 연결을 합니다. 그리고 gdb 명령 c를 입력해서 QEMU에서 펌웨어를 실행합니다. 우리가 만든 펌웨어는 main() 함수를 실행하고 나면 다시 리셋 핸들러로 돌아가서 무한루프를 돕니다. 그래서 c 명령을 입력하면 종료되지 않습니다. 당연합니다. 타깃 시스템이 종료되지 않으니까 gdb도 종료되지 않는 것입니다. Ctrl+C를 입력해서 강제 종료하고 x/8wx 메모리 주소 명령을 입력합니다. 이 gdb 명령은 입력된 메모리 주소부터 8개를 4바이트씩 16진수로 값을 출력하라는 명령입니다. 그래서 0x6400000 메모리 주소의 값을 4바이트씩 8개 출력합니다. 앞에서 출력된 대로 값이 4네요. 제대로 잘 출력되었습니다.

4.5 요약

이 장에서는 드디어 의미 있는 코드를 작성했습니다. 사실상 펌웨어의 초기화 코드를 작성한 셈입니다. ARM 프로세서의 최초 진입 코드를 만들었고, 앞으로 만들 나빌로스의 메모리 맵을 구성했습니다. 매우 중요한 작업입니다. 다음 장에서는 하드웨어를 제어해 보겠습니다. 처음 제어할 하드웨어는 UART입니다. 비로소 gdb가 아닌 터미널 화면으로 하드웨어와 상호작용할 수 있겠네요.

5장

C r e a t i n g   E m b e d d e d   O S

UART

QEMU를 사용하는 환경에서 쓸 수 있는 하드웨어는 제한되어 있습니다. 그래도 쓸 수 있는 한 최대로 써 보도록 하죠. 그중 첫 번째로 작업할 하드웨어는 UART 입니다.

 이 장의 소스 코드는 다음 명령을 이용해서 다운로드할 수 있습니다. 자세한 내용은 1.6절 을 참고해 주세요.

· 5.1절: $ **wget https://github.com/navilera/Navilos/archive/6c43617.zip**
· 5.2절: $ **wget https://github.com/navilera/Navilos/archive/ebe633e.zip**
· 5.3절: $ **wget https://github.com/navilera/Navilos/archive/d245167.zip**
· 5.4절: $ **wget https://github.com/navilera/Navilos/archive/223722b.zip**
· 5.5절: $ **wget https://github.com/navilera/Navilos/archive/c484d81.zip**

5.1 UART 출력하기

UART는 Universal Asynchronous Receiver/Transmitter의 약자로, 번역하면 범 용 비동기화 송수신기라고 해석합니다. 하지만 실무에서 UART의 전체 이름을 쓰거나 말할 일은 거의 없습니다. 그냥 UART라고 쓰고, "유아트"라고 읽습니다. 이 책에서도 UART라고 표기하겠습니다. RealViewPB에는 PL011이라는 UART 하드웨어 모듈이 붙어 있습니다. 이 하드웨어의 데이터시트는 ARM 인포센터에 있습니다. 검색하면 바로 나오니 뒷부분을 읽기 전에 매뉴얼을 화면에 띄워 놓 고 책과 같이 읽기를 추천합니다.

가장 먼저 UART를 작업하는 이유는 UART를 보통 콘솔 입출력용으로 사용하기 때문입니다. UART는 문자 통신용으로 만든 프로토콜은 아닙니다. 어떤 데이터 값이든 UART로 주고 받을 수 있습니다. 그래서 UART로 아스키 데이터도 주고 받을 수 있지요. 터미널 프로그램을 UART 포트와 연결하면 UART를 통해서 받은 아스키 코드를 그 코드에 해당하는 문자로 화면에 출력합니다. 그러면 터미널 프로그램을 사용해서 명령행 인터페이스 쓰듯 임베디드 시스템을 제어할 수 있습니다. 물론 펌웨어에 관련된 기능이 만들어져 있어야 합니다. 지금부터 만들어 보겠습니다.

UART를 사용하기 위해서 가장 먼저 해야 할 일은 UART 하드웨어의 레지스터를 코드로 만드는 것입니다. RealViewPB의 UART인 PL011은 꽤 많은 레지스터를 가지고 있습니다.

실제로 ARM 인포센터에 있는 데이터시트에는 그림 5.1보다 더 많은 레지스터가 있습니다. 이 책에서는 필요없는 레지스터라서 생략한 것입니다. 사실 그림 5.1에 있는 레지스터도 다 사용하지 않습니다. 그중 정말 일부만 사용합니다. 그러면 왜 저리 많은 레지스터를 만들어 놓은 걸까요? 하드웨어를 사용하는 목적은 매우 다양하고 제조사 입장에서는 그 다양한 요구사항을 할 수 있는 한 최대로 만족해야 하므로 많은 기능을 추가해 넣은 것입니다. 하지만 저는 UART의 가장 기본적인 기능인 입력과 출력만 사용할 것입니다.

그림 5.1은 어떤 레지스터가 있는지 이름만 나열한 것입니다. 실제 레지스터는 각 비트별로 어떤 의미를 가졌고 어떻게 설정하는지를 알아야 사용할 수 있습니다. 역시 데이터시트에 다 설명되어 있습니다. ARM 인포센터에서 각 레지스터 이름을 마우스로 클릭하면 해당 레지스터에 대한 설명 페이지로 연결됩니다. 대표적으로 하나만 예를 들어서 어떻게 사용하는지 설명하겠습니다. 오프셋이 0x00인 UARTDR입니다.

UARTDR은 데이터 레지스터입니다. UART Data Register가 전체 이름입니다. 그림 5.2를 보면 0번부터 7번 비트까지 8비트는 입출력 데이터가 사용하는 레지스터입니다. 한 번에 8비트, 즉 1바이트씩 통신할 수 있는 하드웨어군요. 8번부터 11번 비트까지는 종류별로 정의된 에러입니다. 프레임 에러, 패리티 에러, 브레이크 에러, 오버런 에러 이렇게 이름이 붙어있고 설명이 있습니다. 설명에 부합하는 에러가 발생하면 해당 비트의 값이 1로 바뀐다는 뜻입니다.

Table 3.1. UART register summary

Offset	Name	Type	Reset	Width	Description
0x000	UARTDR	RW	0x---	12/8	Data Register, UARTDR
0x004	UARTRSR/ UARTECR	RW	0x0	4/0	Receive Status Register / Error Clear Register, UARTRSR/UARTECR
0x008-0x014	-	-	-	-	Reserved
0x018	UARTFR	RO	0b-10010---	9	Flag Register, UARTFR
0x01C	-	-	-	-	Reserved
0x020	UARTILPR	RW	0x00	8	IrDA Low-Power Counter Register, UARTILPR
0x024	UARTIBRD	RW	0x0000	16	Integer Baud Rate Register, UARTIBRD
0x028	UARTFBRD	RW	0x00	6	Fractional Baud Rate Register, UARTFBRD
0x02C	UARTLCR_H	RW	0x00	8	Line Control Register, UARTLCR_H
0x030	UARTCR	RW	0x0300	16	Control Register, UARTCR
0x034	UARTIFLS	RW	0x12	6	Interrupt FIFO Level Select Register, UARTIFLS
0x038	UARTIMSC	RW	0x000	11	Interrupt Mask Set/Clear Register, UARTIMSC
0x03C	UARTRIS	RO	0x00-	11	Raw Interrupt Status Register, UARTRIS
0x040	UARTMIS	RO	0x00-	11	Masked Interrupt Status Register, UARTMIS
0x044	UARTICR	WO	-	11	Interrupt Clear Register, UARTICR
0x048	UARTDMACR	RW	0x00	3	DMA Control Register, UARTDMACR

그림 5.1 PL011 레지스터 목록(출처: ARM 인포센터)

Table 3.2. UARTDR Register

Bits	Name	Function
15:12	-	Reserved.
11	OE	Overrun error. This bit is set to 1 if data is received and the receive FIFO is already full. This is cleared to 0 once there is an empty space in the FIFO and a new character can be written to it.
10	BE	Break error. This bit is set to 1 if a break condition was detected, indicating that the received data input was held LOW for longer than a full-word transmission time (defined as start, data, parity and stop bits). In FIFO mode, this error is associated with the character at the top of the FIFO. When a break occurs, only one 0 character is loaded into the FIFO. The next character is only enabled after the receive data input goes to a 1 (marking state), and the next valid start bit is received.
9	PE	Parity error. When set to 1, it indicates that the parity of the received data character does not match the parity that the EPS and SPS bits in the *Line Control Register, UARTLCR_H* select. In FIFO mode, this error is associated with the character at the top of the FIFO.
8	FE	Framing error. When set to 1, it indicates that the received character did not have a valid stop bit (a valid stop bit is 1). In FIFO mode, this error is associated with the character at the top of the FIFO.
7:0	DATA	Receive (read) data character. Transmit (write) data character.

그림 5.2 PL011 UARTDR 설명(출처: ARM 인포센터)

그렇다면 그림 5.2를 어떻게 코드로 옮길 수 있을까요? 다양한 방법이 있습니다. 첫 번째는 C 언어 매크로를 이용하는 방법이고, 두 번째는 구조체를 이용하는 방법입니다.

첫 번째로, 아래와 같이 C 언어 매크로를 이용하여 코드를 만들 수 있습니다.

```
#define UART_BASE_ADDR      0x10009000

#define UARTDR_OFFSET       0x00
#define UARTDR_DATA         (0)
#define UARTDR_FE           (8)
#define UARTDR_PE           (9)
#define UARTDR_BE           (10)
#define UARTDR_OE           (11)
    ⋮
중략
    ⋮
#define UARTCR_OFFSET       0x30
```

데이터시트를 보면 RealViewPB에서 UART의 기본 주소는 0x10009000입니다. UARTDR의 오프셋은 0x0이므로 **UARTDR_OFFSET**은 0x00으로 정의했습니다. 만약 UARTCR의 오프셋을 코딩한다면 0x30을 써야겠지요? 그리고 해당 레지스터의 각 비트를 데이터시트에 나온 비트 오프셋대로 정의합니다. 그러면 위와 같은 코드를 어떤 식으로 쓸 수 있을까요? 예를 들어 1바이트 데이터를 UART 하드웨어에 쓴 다음 FE, PE, BE, OE 각 에러를 한 번씩 검사하는 코드를 짠다면 어떻게 되는지 간단하게 보여드리겠습니다.

```
uint32_t *uartdr = (uint32_t*)(UART_BASE_ADDR + UARTDR_OFFSET);

*uartdr = (data) << UARTDR_DATA;
bool fe = (bool)((*uartdr >> UARTDR_FE) & 0x1);
bool pe = (bool)((*uartdr >> UARTDR_PE) & 0x1);
bool be = (bool)((*uartdr >> UARTDR_BE) & 0x1);
bool oe = (bool)((*uartdr >> UARTDR_OE) & 0x1);

if (fe || pe || be || oe ) {
 에러 처리 코드..
}
```

이와 같은 방식으로 사용할 수 있습니다. 시프트 연산자를 사용하는 코드는 항상 반복되므로 공용 매크로를 만들어서 사용하는 것이 일반적입니다.

두 번째 방법은 구조체를 이용하는 방법입니다.

```c
typedef union UARTDR_t
{
    uint32_t all;
    struct {
        uint32_t DATA:8;    // 7:0
        uint32_t FE:1;      // 8
        uint32_t PE:1;      // 9
        uint32_t BE:1;      // 10
        uint32_t OE:1;      // 11
        uint32_t reserved:20;
    } bits;
} UARTDR_t;
```

⋮

중략

⋮

```c
typedef union UARTCR_t
{
    uint32_t all;
    struct {
        uint32_t UARTEN:1;      // 0
        uint32_t SIREN:1;       // 1
        uint32_t SIRLP:1;       // 2
        uint32_t Reserved1:4;   // 6:3
        uint32_t LBE:1;         // 7
        uint32_t TXE:1;         // 8
        uint32_t RXE:1;         // 9
        uint32_t DTR:1;         // 10
        uint32_t RTS:1;         // 11
        uint32_t Out1:1;        // 12
        uint32_t Out2:1;        // 13
        uint32_t RTSEn:1;       // 14
        uint32_t CTSEn:1;       // 15
        uint32_t reserved2:16;
    } bits;
} UARTCR_t;
```

형태는 다르지만 기본적인 개념은 매크로를 이용하는 방법과 같습니다. 각 레지스터별로 비트 오프셋은 구조체의 비트 멤버 변수 선언을 사용해서 모두 정의합니다. 각각의 구조체를 하나의 큰 구조체로 묶어서 만들 수 있겠지요.

이런 식으로 코드를 작성하면 다음과 같은 방식으로 사용할 수 있습니다. 첫 번째 방법을 사용한 코드와 같이 1바이트 데이터를 쓰고, FE, PE, BE, OE를 확인하는 코드입니다.

```
typedef struct PL011_t
{
    UARTDR_t    uartdr;        // 0x000
// 중략...
    UARTCR_t    uartcr;        // 0x030
// 중략...
} PL011_t;
```

다음 코드처럼 작업할 수 있습니다.

```
PL011_t* Uart = (PL011_t*)UART_BASE_ADDR;

Uart->uartdr.DATA = data & 0xFF;
if (Uart->uartdr.FE || Uart->uartdr.PE ||
    Uart->uartdr.BE || Uart->uartdr.OE ) {
  에러 처리 코드..
}
```

여러분은 어떤 방식이 마음에 드나요? 저는 초창기에는 첫 번째 방식을 좋아했습니다. 그러다가 요즘에는 두 번째 방식으로 주로 작업합니다. 두 방식 사이에 우열은 없습니다. 취향 차이일 뿐입니다. 각자 마음에 드는 방식을 사용하면 됩니다.

　　그러면 RealViewPB의 UART 하드웨어의 레지스터를 코드로 만들어서 다음과 같이 소스 코드 트리에 추가하겠습니다.

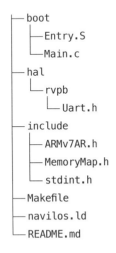

```
├─ boot
│  ├─ Entry.S
│  └─ Main.c
├─ hal
│  └─ rvpb
│     └─ Uart.h
├─ include
│  ├─ ARMv7AR.h
│  ├─ MemoryMap.h
│  └─ stdint.h
├─ Makefile
├─ navilos.ld
└─ README.md
```

hal이라는 이름으로 디렉터리를 새로 만들고 그 밑에 rvpb 디렉터리를 또 만듭니다. 그리고 그 안에 Uart.h 파일을 만들고 그 파일에 PL011의 레지스터를 코딩해 넣겠습니다. 구조를 이렇게 둔 것은 여러 플랫폼을 지원하는 것을 염두에 두었기 때문입니다. 예를 들어 라즈베리파이로 확장한다고 하면 라즈베리파이 보드에 종속된 하드웨어 코드는 hal/rasppi라는 디렉터리를 만들고 그 안에 넣어두면 구조가 잡힐 것입니다. 지금은 일단 RealViewPB만 있기 때문에 hal 밑에 서브 디렉터리가 하나밖에 없습니다.

코드 5.1은 PL011의 하드웨어 레지스터 구성을 C 언어 구조체로 추상화하여 작성한 코드입니다.

코드 5.1 **PL011의 레지스터 헤더**

```
1   #ifndef HAL_RVPB_UART_H_
2   #define HAL_RVPB_UART_H_
3
4   typedef union UARTDR_t
5   {
6       uint32_t all;
7       struct {
8           uint32_t DATA:8;    // 7:0
9           uint32_t FE:1;      // 8
10          uint32_t PE:1;      // 9
11          uint32_t BE:1;      // 10
12          uint32_t OE:1;      // 11
13          uint32_t reserved:20;
14      } bits;
15  } UARTDR_t;
16
17   :
18  중략
19   :
20
21  typedef struct PL011_t
22  {
23      UARTDR_t    uartdr;        // 0x000
24      UARTRSR_t   uartrsr;       // 0x004
25      uint32_t    reserved0[4];  // 0x008-0x014
26      UARTFR_t    uartfr;        // 0x018
27      uint32_t    reserved1;     // 0x01C
28      UARTILPR_t  uartilpr;      // 0x020
29      UARTIBRD_t  uartibrd;      // 0x024
30      UARTFBRD_t  uartfbrd;      // 0x028
31      UARTLCR_H_t uartlcr_h;     // 0x02C
32      UARTCR_t    uartcr;        // 0x030
33      UARTIFLS_t  uartifls;      // 0x034
34      UARTIMSC_t  uartimsc;      // 0x038
35      UARTRIS_t   uartris;       // 0x03C
36      UARTMIS_t   uartmis;       // 0x040
```

```
37      UARTICR_t   uarticr;        // 0x044
38      UARTDMACR_t uartdmacr;      // 0x048
39 } PL011_t;
40
41 #define UART_BASE_ADDRESS0       0x10009000
42 #define UART_INTERRUPT0          44
43
44 #endif /* HAL_RVPB_UART_H_ */
```

실제 헤더 파일은 230줄이 넘습니다. 이렇게 긴 이유는 데이터시트에 있는 레지스터를 모두 추상화하여 구조체로 코딩해 넣었기 때문입니다. 여러분은 일일이 타이핑하지 말고, 이 책의 코드가 올라가 있는 깃허브 리포지토리에서 다운로드해 사용하세요. 저걸 손으로 코딩하는 작업은 꽤나 고통스럽습니다. 저는 자동 변환 프로그램을 따로 만들어서 웹 페이지의 설명서를 그대로 입력해서 자동으로 코드를 만들어 냈습니다. 실무에서도 레지스터 정의 코드는 보통은 담당 부서에서 자동 생성해서 개발 부서로 넘겨 줍니다. 혹은 하드웨어 제조사에서 만들어서 제공해 주기도 합니다.

앞에서 설명한 두 번째 방식으로 전체를 코딩한 것이므로 별도의 설명은 필요 없겠네요. 코드 5.1의 21~39번째 줄에서 나오는 큰 구조체는 그림 5.1을 추상화한 구조체입니다. 오프셋에 맞춰서 하위 구조체를 배치했으므로 UART 하드웨어의 베이스 주소만 할당하면 나머지 레지스터는 구조체 메모리 접근 규칙에 따라 이름으로 접근 가능합니다. 컴파일러가 알아서 레지스터 오프셋 위치를 구조체 정의에 맞춰서 계산해 줍니다.

메모리 주소로 접근 가능한 레지스터를 구조체로 추상화하여 작성했습니다. 이 구조체에 실제 메모리 주소를 지정하면 해당 메모리에 있는 데이터를 구조체의 모양대로 읽어오게 되는 것이죠.

다음으로 UART 하드웨어를 제어할 수 있는 변수를 선언합니다. 파일 이름은 Regs.c고, RealViewPB의 레지스터를 선언해서 모아 놓을 예정입니다. 그래서 위치는 hal/rvpb입니다.

파일을 추가하면 디렉터리 구조가 다음과 같이 됩니다. hal/rvpb 밑에 파일이 하나 더 생겨서 파일이 Regs.c와 Uart.h 두 개입니다.

```
├── boot
│   ├── Entry.S
│   └── Main.c
│
```

```
    ├── hal
    │   └── rvpb
    │       ├── Regs.c
    │       └── Uart.h
    ├── include
    │   ├── ARMv7AR.h
    │   ├── MemoryMap.h
    │   └── stdint.h
    ├── Makefile
    ├── navilos.ld
    └── README.md
```

코드 5.2 UART 변수를 선언한 Regs.c

```
1  #include "stdint.h"
2  #include "Uart.h"
3
4  volatile PL011_t* Uart = (PL011_t*)UART_BASE_ADDRESS0;
```

지금은 아주 간단하게 한 줄짜리 코드입니다. 앞으로도 이런 코드 패턴의 반복일 것입니다. 초기화하는 하드웨어가 추가될 때마다 해당 하드웨어의 레지스터 구조체와 베이스 주소를 연결해서 추가할 것입니다. 앞서 설명한 내용을 구조화해서 코딩하는 과정일 뿐이므로 별두의 설명은 하지 않고 쭉쭉 진행하도록 하지요.

5.1.1 UART 공용 인터페이스

PL011은 RealViewPB의 UART입니다. 다른 플랫폼은 다른 종류의 UART 하드웨어를 가지고 있을 것입니다. 이들 각자의 레지스터와 접근 변수는 앞에서 설명한 방식으로 만들 수 있습니다. 개별 하드웨어는 각자의 방식으로 동작하더라도 이를 사용하는 코드는 공용 인터페이스를 통해서 같은 방식으로 사용할 수 있어야 합니다. 일종의 디바이스 드라이버 같은 것이 필요한 셈이지요. 윈도우나 리눅스의 디바이스 드라이버 레이어는 매우 복잡합니다. 복잡한 만큼 범용적으로 쓸 수 있습니다. PC에서 쓰는 수많은 하드웨어를 제어할 수 있어야 하기 때문입니다. 보통 펌웨어에서는 그렇게 극단적으로 범용성을 생각할 필요가 없습니다. 적당한 수준의 범용성만 만족하면 됩니다. 그래서 공용 인터페이스 API만 정의해 놓고 해당 API를 각자의 하드웨어가 구현하는 식으로 범용성을 추구합니다.

그림 5.3은 각기 다른 하드웨어 A, B, C를 공용 API를 통해서 동일한 방법으로 접근하여 사용할 수 있음을 표현한 그림입니다. 그러면 기능 코드를 변경하지 않아도 펌웨어를 다른 하드웨어에 이식할 수 있습니다. 이런 공용 인터페이스 혹은 API의 설계를 HAL(Hardware Abstraction Layer)이라고 합니다. 서로 다른 하드웨어를 추상화 계층(layer)이 중계해 주고 있는 모양새인 것이죠.

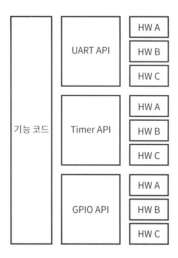

그림 5.3 HAL 공용 인터페이스 개요

첫 작업으로 UART 공용 HAL 인터페이스를 정의하겠습니다. 파일명은 HalUart.h 입니다. 그렇다면 HalUart.h는 어디에 위치해야 할까요?

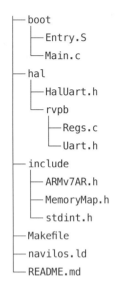

```
├─ boot
│   ├─ Entry.S
│   └─ Main.c
├─ hal
│   ├─ HalUart.h
│   └─ rvpb
│       ├─ Regs.c
│       └─ Uart.h
├─ include
│   ├─ ARMv7AR.h
│   ├─ MemoryMap.h
│   └─ stdint.h
├─ Makefile
├─ navilos.ld
└─ README.md
```

hal 바로 밑에 위치합니다. 왜냐하면 그림 5.3의 HW A가 바로 RealViewPB로 rvpb 디렉터리에 해당하기 때문입니다. 라즈베리파이를 추가한다면 그것이 HW B가 되어 hal/rasppi 디렉터리 이름으로 들어갈 것입니다. 그리고 RealViewPB 와 라즈베리파이 보드의 UART를 공통으로 접근하는 인터페이스가 HalUart.h에 정의되어야 하므로 이 정의 파일은 hal 바로 밑에 개별 플랫폼 디렉터리와 동급 으로 위치하는 것입니다.

코드 5.3 UART 공용 인터페이스 선언

```
1   #ifndef HAL_HALUART_H_
2   #define HAL_HALUART_H_
3
4   void Hal_uart_init(void);
5   void Hal_uart_put_char(uint8_t ch);
6
7   #endif /* HAL_HALUART_H_ */
```

UART를 초기화하고 가장 먼저 테스트하는 것은 출력입니다. 왜냐하면 출력이 입력보다 쉽기 때문입니다. 그래서 현재 UART 공용 인터페이스에는 함수 딱 두 개만 선언했습니다. UART 하드웨어를 초기화하는 Hal_uart_init() 함수와 UART로 알파벳 한 글자를 보내서 최종적으로 터미널에 알파벳 한 글자를 출력 하는 Hal_uart_put_char() 함수입니다. 이렇게 HalUart.h 파일을 만들어 놓고 각 하드웨어 HAL 구현체에서는 HalUart.h 파일을 #include로 추가하고 각자 하 드웨어에 맞춰서 구현하는 것입니다. 즉, 한 헤더 파일에 대해서 여러 C 소스 파 일이 존재하는 것이지요. 그리고 펌웨어 바이너리를 만들 때, 여러 C 소스 파일 중에서 현재 타깃에 맞는 하드웨어의 C 소스 파일만 컴파일해서 사용하는 것이 지요.

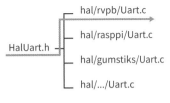

그림 5.4 HAL 소스 파일 선택

그림 5.4에 각 하드웨어별로 Uart.c 파일이 있고 RealViewPB가 타깃일 때 어떻 게 하는지를 간단하게 그려봤습니다. 만약 타깃이 라즈베리파이 보드라면 hal/ rvpb/Uart.c 대신 hal/rasppi/Uart.c 파일이 컴파일 목록에 포함되어서 최종 바이

너리를 빌드하게 되는 것입니다. 이렇게 여러 플랫폼을 지원 가능하게끔 디자인 합니다. 지금은 RealViewPB만 구현 중이므로 이런 식으로 가능하다는 것만 염두에 두고 RealViewPB에 집중하도록 하지요.

5.1.2 UART 공용 인터페이스 구현

지금까지 UART 공용 인터페이스 API를 설계했습니다. 다음은 해당 API를 만족하는 코드를 구현해야겠지요. 새로운 C 언어 소스 파일을 추가합니다. 위치는 hal/rvpb/Uart.c입니다.

코드 5.4는 hal/HalUart.h를 구현하는 hal/rvpb/Uart.c의 내용입니다.

코드 5.4 UART 공용 인터페이스 구현

```
1   #include "stdint.h"
2   #include "Uart.h"
3   #include "HalUart.h"
4
5   extern volatile PL011_t* Uart;
6
7   void Hal_uart_init(void)
8   {
9       // Enable UART
10      Uart->uartcr.bits.UARTEN = 0;
11      Uart->uartcr.bits.TXE = 1;
12      Uart->uartcr.bits.RXE = 1;
13      Uart->uartcr.bits.UARTEN = 1;
14  }
15
16  void Hal_uart_put_char(uint8_t ch)
17  {
18      while(Uart->uartfr.bits.TXFF);
19      Uart->uartdr.all = (ch & 0xFF);
20  }
```

5번째 줄은 hal/rvpb/Regs.c에서 선언하고 메모리 주소를 할당해 놓은 Uart 변수를 extern으로 불러오는 코드입니다. 7~14번째 줄은 UART 하드웨어를 초기화하는 코드입니다. 실제 실물 하드웨어를 초기화하려면 코드 5.4보다 훨씬 복잡한 코드를 작성해야 합니다. 그런데 제 실험 결과 QEMU는 그 복잡한 코드를 다생략해도 UART가 동작했습니다. 아마 QEMU의 개발자들도 그 복잡한 하드웨어를 그대로 시뮬레이터로 만들기보다는 동작 그 자체에 집중하는 것이 낫다고 판단한 것 같습니다. 최소한의 코드만 남겨 놔도 UART는 잘 동작하므로 딱 기본적인 코드만 남겨 놓았습니다. 10번째 줄은 하드웨어 컨트롤 레지스터를 변경하기 전에 하드웨어를 일단 꺼놓는 코드입니다. 11번째 줄은 UART 출력을 켜는 코드입니다. 12번째 줄은 UART 입력을 켜는 코드입니다. 13번째 줄은 아까 꺼났던 UART 하드웨어 전체를 다시 켜는 코드입니다.

16~20번째 줄은 알파벳 한 글자를 UART를 통해서 출력하는 코드입니다. 하드웨어 입장에서 출력하는 것이므로 호스트(일반적으로 PC)의 터미널 프로그램은 그 데이터를 입력 받아서 터미널에 글자를 출력합니다. 즉, 화면에 알파벳을 한 글자 출력하는 코드입니다. 18번째 줄은 UART 하드웨어의 출력 버퍼가 0이될 때까지 기다리는 코드입니다. 출력 버퍼가 0이라는 말은 출력 버퍼가 비었다는 뜻입니다. 출력 버퍼가 비어야지 출력 버퍼에 알파벳을 하나 넣어서 보낼 수있기 때문입니다. 19번째 줄이 데이터 레지스터를 통해서 알파벳 한 글자를 출력 버퍼로 보내는 코드입니다. 정상 동작하게 된다면 이 코드가 실행되는 순간 UART를 통해서 데이터가 호스트로 전송됩니다.

5.1.3 UART를 초기화하고 시험 출력해 보기

이제 준비는 거의 다 했습니다. 준비한 재료를 사용해서 실제 동작을 연습할 차례입니다. 어떻게 해야 할까요? 지금까지 만든 UART 관련 코드를 호출하면 됩니다. 어디서 호출할까요? 당연히 main() 함수에서 호출하면 됩니다. 코드 5.5의 내용을 Main.c 파일에 추가로 작성합니다.

코드 5.5 main 함수에서 UART를 초기화하고 알파벳 출력하기

```
1   #include "stdint.h"
2
3   #include "HalUart.h"
4
5   static void Hw_init(void);
6
7   void main(void)
8   {
9       Hw_init();
10
11      uint32_t i = 100;
12      while(i--)
13      {
14          Hal_uart_put_char('N');
15      }
16  }
```

```
17
18  static void Hw_init(void)
19  {
20      Hal_uart_init();
21  }
```

이제 좀 코드가 그럴듯해 보입니다. 지금까지 있었던 동작 확인용 코드가 아닌 진짜 하드웨어를 사용하는 펌웨어스러운 코드를 처음으로 작성한 것입니다. 5번째 줄에 static 함수로 Hw_init()라는 함수를 선언했고 18~21번째 줄에서 Hw_init() 함수를 구현했습니다. 구현 내용은 쉽습니다. 앞서 작성했던 Hal_uart_init() 함수를 호출하고 끝입니다. 그리고 9번째 줄에서 이 Hw_init() 함수를 호출합니다. main() 함수가 시작하자마자 호출하는 것이지요. 이제 앞으로 구현하는 하드웨어가 추가될 때마다 이 Hw_init() 함수에 초기화 함수를 호출하는 코드를 추가할 것입니다. 그러면 main() 함수가 시작하자마자 하드웨어들을 순서대로 초기화하고 실제 동작을 시작합니다. 하드웨어 초기화가 우선입니다.

11~15번째 줄은 알파벳 N 문자를 100번 루프를 돌면서 UART로 보냅니다. 만약 UART 초기화가 제대로 되었고 출력 코드가 정상이라면 화면에 N이 100개 출력되어야 합니다. 잠시 후에 확인해 보겠습니다.

여기까지 작성하고 나면 소스 코드 트리는 다음과 같아집니다.

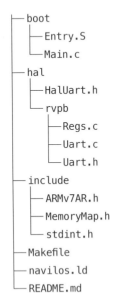

```
├── boot
│   ├── Entry.S
│   └── Main.c
├── hal
│   ├── HalUart.h
│   └── rvpb
│       ├── Regs.c
│       ├── Uart.c
│       └── Uart.h
├── include
│   ├── ARMv7AR.h
│   ├── MemoryMap.h
│   └── stdint.h
├── Makefile
├── navilos.ld
└── README.md
```

구조가 그럴듯해 보입니다. 디렉터리를 몇 개 추가했고 C 언어 코드도 목적과 의미에 따라 흩어 놨습니다. 당연히 기존의 Makefile을 수정해야 합니다. 수정할 내용이 좀 많습니다.

코드 5.6 HAL을 포함해 빌드 가능하도록 수정한 Makefile

```
1   ARCH = armv7-a
2   MCPU = cortex-a8
3
4   TARGET = rvpb
5
6   CC = arm-none-eabi-gcc
7   AS = arm-none-eabi-as
8   LD = arm-none-eabi-ld
9   OC = arm-none-eabi-objcopy
10
11  LINKER_SCRIPT = ./navilos.ld
12  MAP_FILE = build/navilos.map
13
14  ASM_SRCS = $(wildcard boot/*.S)
15  ASM_OBJS = $(patsubst boot/%.S, build/%.os, $(ASM_SRCS))
16
17  VPATH = boot \
18          hal/$(TARGET)
19
20  C_SRCS  = $(notdir $(wildcard boot/*.c))
21  C_SRCS += $(notdir $(wildcard hal/$(TARGET)/*.c))
22  C_OBJS = $(patsubst %.c, build/%.o, $(C_SRCS))
23
24  INC_DIRS  = -I include      \
25              -I hal          \
26              -I hal/$(TARGET)
27
28  CFLAGS = -c -g -std=c11
29
30  navilos = build/navilos.axf
31  navilos_bin = build/navilos.bin
32
33  .PHONY: all clean run debug gdb
34
35  all: $(navilos)
36
37  clean:
38    @rm -fr build
39
40  run: $(navilos)
41    qemu-system-arm -M realview-pb-a8 -kernel $(navilos) -nographic
42
```

```
43 debug: $(navilos)
44     qemu-system-arm -M realview-pb-a8 -kernel $(navilos) -S -gdb tcp::1234,ipv4
45
46 gdb:
47     arm-none-eabi-gdb
48
49 $(navilos): $(ASM_OBJS) $(C_OBJS) $(LINKER_SCRIPT)
50     $(LD) -n -T $(LINKER_SCRIPT) -o $(navilos) $(ASM_OBJS) $(C_OBJS) -Map=$(MAP_FILE)
51     $(OC) -O binary $(navilos) $(navilos_bin)
52
53 build/%.os: %.S
54     mkdir -p $(shell dirname $@)
55     $(CC) -march=$(ARCH) -mcpu=$(MCPU) $(INC_DIRS) $(CFLAGS) -o $@ $<
56
57 build/%.o: %.c
58     mkdir -p $(shell dirname $@)
59     $(CC) -march=$(ARCH) -mcpu=$(MCPU) $(INC_DIRS) $(CFLAGS) -o $@ $<
```

코드 5.6은 전체적으로 많이 수정된 Makefile입니다. 수정한 곳이 많으므로 그냥 전체가 바뀌었다고 생각하고 다시 타이핑하기 바랍니다. 아니면 깃허브 리포지토리에서 파일을 내려받아 사용하세요.

중요한 부분은 41번째 줄과 같이 QEMU를 호출하는 옵션이 변경된 것입니다.

```
qemu-system-arm -M realview-pb-a8 -kernel $(navilos) -nographic
```

마지막 부분에 –nographic이라는 옵션을 추가했습니다. 이 옵션을 추가하면 QEMU는 GUI를 출력하지 않고 시리얼 포트 입출력을 현재 호스트의 콘솔과 연결합니다. UART 입출력이 리눅스 터미널과 연결된다는 것입니다. 이제 빌드하고 실행하면 어떻게 나올까요? 정말 N이 100개 출력될까요?

```
$ make run
qemu-system-arm -M realview-pb-a8 -kernel build/navilos.axf -nographic
pulseaudio: set_sink_input_volume() failed
pulseaudio: Reason: Invalid argument
pulseaudio: set_sink_input_mute() failed
pulseaudio: Reason: Invalid argument
NNNNNNNNNNNNNNNNNNNNNNNNNNNNNNNNNNNNNNNNNNN
NNNNNNNNNNNNNNNNNNNNNNNNNNNNNNNNNNNNNNNNNNN
NNNNNNNNNNNNNNN
```

정말 N이 100개 출력되었습니다. 성공이군요. 다만 문제는 리눅스 터미널의 입력도 QEMU와 연결되어 버리는 바람에 Ctrl+C로 QEMU를 종료할 수 없습니다.

별개의 다른 터미널에서 kill 명령으로 QEMU를 종료해야 합니다.

5.2 안녕 세상!

아마 세상의 거의 모든 프로그래밍 언어가 그 언어를 처음 공부하려는 사람에게 가장 먼저 보여주는 예제는 "안녕 세상!"을 출력하는 코드일 것입니다. 영어로 하면 Hello World죠. 저도 해 보겠습니다. Hello World 코드 덕분에 C 언어를 처음 공부하는 사람이 가장 먼저 사용하는 함수는 printf()일 것입니다. 그러나 우리가 지금 만들고 있는 펌웨어에서는 printf() 함수조차 만들어 써야 합니다. printf() 함수를 만들기 전에 기초 작업으로 문자열 출력을 해 보죠. printf() 함수를 쓰지는 않지만 결과물은 "Hello World!"라는 문자열이 출력될 것입니다.

전략은 단순합니다. 앞 장에서 문자 한 개를 출력하는 함수를 만들었습니다. 이 함수를 반복 호출해서 서로 다른 문자를 연속 출력하여 문자열을 출력합니다. 다만 여기서 고려해야 할 것은 소프트웨어의 계층입니다. 문자를 한 개 출력하는 함수는 UART 하드웨어에 직접 접근해야 구현 가능합니다. 그러나 문자열을 출력하는 함수는 UART 하드웨어를 직접 건드리는 작업이 아닙니다. UART 하드웨어에 직접 접근하는 함수를 다시 호출하는 함수지요. 앞으로 이런 류의 기능 함수들이 많이 추가될 것입니다. 그래서 계층을 나누도록 하겠습니다.

lib 디렉터리를 만들고 그 안에 stdio.c와 stdio.h라는 두 파일을 생성합니다. 많이 보던 파일 이름이지요? 그냥 C 표준 라이브러리 이름을 가져다 썼습니다. 실제로 만들려는 함수도 C 표준 라이브러리에 있는 것과 완전히 동일하기 때문입니다.

디렉터리 구조가 다음과 같이 변하였습니다. 점점 모습이 그럴싸해지고 있습니다. 라이브러리를 만들 것이므로 디렉터리 이름은 짧게 lib라고 붙였습니다.

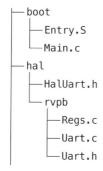

```
├─ boot
│   ├─ Entry.S
│   └─ Main.c
├─ hal
│   ├─ HalUart.h
│   └─ rvpb
│       ├─ Regs.c
│       ├─ Uart.c
│       └─ Uart.h
```

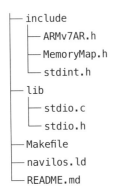

```
      ├── include
      │   ├── ARMv7AR.h
      │   ├── MemoryMap.h
      │   └── stdint.h
      ├── lib
      │   ├── stdio.c
      │   └── stdio.h
      ├── Makefile
      ├── navilos.ld
      └── README.md
```

그러면 stdio.h 파일을 어떻게 코딩하는지 보도록 하지요. 코드 5.7에 코드가 있습니다.

코드 5.7 **stdio.h의 초기 코드**

```
1   #ifndef LIB_STDIO_H_
2   #define LIB_STDIO_H_
3
4   uint32_t putstr(const char* s);
5
6   #endif /* LIB_STDIO_H_ */
```

짧죠? 아직 지원하는 라이브러리 함수가 putstr() 한 개뿐이라 그렇습니다. 이렇게 작은 것부터 시작하는 것이지요. 리턴을 void로 할지 uint32_t로 할지 고민하다가 uint32_t로 했습니다. 리턴 값은 출력한 전체 문자의 개수로 하겠습니다. 리턴 값으로 어떤 정보든 주는 것이 낫다고 생각했기 때문입니다. 파라미터는 const char*입니다. 포인터 파라미터를 읽기 전용으로만 쓸 때 const를 붙이는 것은 좋은 코딩 습관입니다. 그러면 코딩 실수로 포인터를 변경하는 것을 컴파일러가 검사할 수 있습니다. 잠재적인 버그를 하나라도 더 미리 발견할 수 있도록 하는 것이지요.

다음은 stdio.c의 코드를 볼 차례입니다. stdio.c에는 putstr() 함수의 구현이 있습니다. 어떻게 구현했을까요?

코드 5.8 **stdio.c의 초기 코드**

```
1   #include "stdint.h"
2   #include "HalUart.h"
3   #include "stdio.h"
4
5   uint32_t putstr(const char* s)
```

```
6   {
7       uint32_t c = 0;
8       while(*s)
9       {
10          Hal_uart_put_char(*s++);
11          c++;
12      }
13      return c;
14  }
```

코드 5.8의 1번째 줄에서 stdint.h를 #include 문으로 포함해야 uint32_t를 사용할 수 있습니다. 2번째 줄은 앞 장에서 작업한 헤더 파일입니다. Hal_uart_put_char() 함수의 프로토타입 선언이 있습니다. 3번째 줄은 코드 5.7에서 만든 헤더 파일입니다. 7번째 줄에서 선언한 변수 c로 글자 수를 셉니다. 8번째 줄처럼 while 문을 사용하면 s 포인터의 값이 0이 될 때 while 루프를 종료합니다. C 언어에서는 NULL이 0이죠. 그래서 문자열 끝에 포인터가 닿으면 루프를 종료합니다. 10번째 줄은 s 포인터가 하나씩 증가하면서 그 값을 Hal_uart_put_char() 함수로 전달합니다. 전달한 값이 아스키 코드면 콘솔에 알파벳이 출력될 것입니다. 11번째 줄은 글자 수를 세는 코드입니다. 13번째 줄은 while 문이 끝났을 때 c에 저장된 값, 즉 전체 출력한 글자 수를 리턴합니다.

디렉터리를 추가했으므로 Makefile을 수정해서 lib 디렉터리 밑에 있는 *.c 파일들도 빌드에 포함합니다. Makefile은 다 보여 주기에는 내용이 많으므로 변경된 부분만 책에 실도록 하겠습니다. 전체 코드의 변경된 부분은 깃허브 리포지토리의 로그를 참고해 주세요.

코드 5.9 lib을 포함해 빌드 가능하도록 수정한 Makefile

```
1   ⋮
2   전략
3   VPATH = boot            \
4           hal/$(TARGET)   \
5           lib
6   ⋮
7   중략
8   ⋮
9   C_SRCS += $(notdir $(wildcard lib/*.c))
10
11  INC_DIRS  = -I include                      \
12              -I hal                          \
13              -I hal/$(TARGET)    \
14              -I lib
```

```
15    ⋮
16    후략
17    ⋮
```

앞으로 디렉터리가 새로 추가되어도 코드 5.9의 패턴을 반복해서 Makefile을 수
정할 것입니다. VPATH에 새로 만든 디렉터리를 추가합니다. 그리고 C_SRCS에도
notdir, wildcard 빌트인 매크로를 사용해서 새로 만든 디렉터리를 추가합니다.
마지막으로 새로 만든 디렉터리도 INC_DIRS에 추가해서 include 수색 범위에 포
함합니다.

그리고 마지막으로 main() 함수에 적절한 코드를 추가해서 "Hello World!"를
출력하는 코드를 작성해 보겠습니다.

코드 5.10 "Hello World"를 출력하는 main() 함수

```
1    #include "stdint.h"
2    #include "HalUart.h"
3
4    #include "stdio.h"
5
6    static void Hw_init(void);
7
8    void main(void)
9    {
10       Hw_init();
11
12       uint32_t i = 100;
13       while(i--)
14       {
15           Hal_uart_put_char('N');
16       }
17       Hal_uart_put_char('\n');
18
19       putstr("Hello World!\n");
20   }
21
22   static void Hw_init(void)
23   {
24       Hal_uart_init();
25   }
```

코드 5.10은 수정한 Main.c 파일입니다. 총 세 줄을 수정했습니다. 4번째 줄은
이번에 새로 추가한 stdio.h 파일을 포함하는 구문입니다. 17번째 줄은 개행을
한 줄 넣어서 N을 백 개 출력했던 직전 코드와 구분합니다. 18번째 줄이 바로 이

번 장에 새로 구현한 함수를 검증하는 코드입니다. 제대로 동작한다면 콘솔에 "Hello World!"라고 출력될 것입니다.

이제 모든 것이 제대로 되었는지 확인해 볼 차례입니다. 확인해 보려면 언제나 그렇듯 빌드하고 실행해 보면 됩니다.

```
$ make
  ⋮
중략
  ⋮
$ make run
qemu-system-arm -M realview-pb-a8 -kernel build/navilos.axf -nographic
pulseaudio: set_sink_input_volume() failed
pulseaudio: Reason: Invalid argument
pulseaudio: set_sink_input_mute() failed
pulseaudio: Reason: Invalid argument
NNNNNNNNNNNNNNNNNNNNNNNNNNNNNNNNNNNNNNNNNNNNNNNNNNNNNNNNNNNNNNNNNNNNNNNNNNNN
NNNNNNNNNNNNNNNNNNNNNNNNNNNNNNNN
Hello World!
```

빌드가 순조롭게 완료된 후에 QEMU가 동작합니다. N을 백 개 출력한 후에 한 줄을 개행하고 "Hello World!"라는 문자열을 잘 출력했습니다. 문자열 출력에 성공했습니다.

5.3 UART로 입력 받기

지금까지 UART 출력을 구현했습니다. 출력을 만들었으니 UART 입력을 구현해 보겠습니다. UART로 입력을 받으려면 어떻게 해야 할까요? 앞서 UART로 출력을 할 때 어떻게 했는지 기억을 되살려 봅시다. 먼저 보내기 버퍼가 비어 있는지 확인한 다음, 비어 있으면 데이터 레지스터를 통해서 데이터를 보내기 버퍼로 보냅니다. 그러면 하드웨어가 알아서 나머지 작업을 처리해 주고 하드웨어와 연결된 콘솔에 데이터가 나타납니다. 현재까지는 다루는 데이터가 아스키 코드이기 때문에 알파벳이 보입니다.

입력은 출력의 반대죠. 그렇다면 입력은 반대로 받기 버퍼가 채워져 있는지 확인한 다음, 받기 버퍼에 데이터가 있으면 데이터 레지스터를 통해서 데이터를 하나 읽어오면 되겠네요. 데이터는 콘솔과 하드웨어를 통해서 전달되어 레지스터에서 펌웨어가 읽어가기만을 기다리고 있을 것입니다.

이번 절은 쉽습니다. 그래서 특별하게 코드를 어떻게 만드느냐에 따라 성능이 얼마나 변하는지 보여드리겠습니다.

코드 5.11 비효율적인 Hal_uart_get_char() 함수

```
1   uint8_t Hal_uart_get_char(void)
2   {
3       uint8_t data;
4
5       while(Uart->uartfr.bits.RXFE);
6
7       // Check for an error flag
8       if (Uart->uartdr.bits.BE || Uart->uartdr.bits.FE ||
9           Uart->uartdr.bits.OE || Uart->uartdr.bits.PE)
10      {
11          // Clear the error
12          Uart->uartrsr.bits.BE = 1;
13          Uart->uartrsr.bits.FE = 1;
14          Uart->uartrsr.bits.OE = 1;
15          Uart->uartrsr.bits.PE = 1;
16          return 0;
17      }
18
19      data = Uart->uartdr.bits.DATA;
20      return data;
21  }
```

코드 5.11은 가장 직관적인 코드입니다. 코드 한 줄 한 줄이 의미를 그대로 포함하고 있습니다. 가독성 면에서는 좋지만 성능은 그리 좋지 않은 코드입니다. 왜냐하면 8번째 줄과 9번째 줄의 if 문에서 각 에러 플래그 4개를 개별적으로 확인하기 때문입니다. 이 과정에서 레지스터에 대한 접근이 네 번 일어나고 각각 비트 플래그를 확인하므로, 비트 시프트 연산 네 번 그리고 0이 아닌지 확인하는 연산 네 번이 발생합니다. 물론 컴파일러가 어느 정도 최적화를 해 주겠지만 그래도 생성되는 코드가 많을 것입니다. 게다가 12~15번째 줄에서 각 에러 플래그를 클리어하는 코드 역시 레지스터 접근, 비트 시프트, 데이터 복사가 각각 4번씩 발생합니다. 매우 비효율적이지요.

다음 명령으로 오브젝트 파일을 역어셈블하여 어셈블리어 코드를 뽑아볼 수 있습니다.

```
$ arm-none-eabi-objdump -d Uart.o
```

코드 5.11을 역어셈블하면 총 340바이트짜리 바이너리가 생성됩니다.

```
000000d0 <Hal_uart_get_char>:
  d0:   e52db004        push    {fp}                    ; (str fp, [sp, #-4]!)
  d4:   e28db000        add     fp, sp, #0
  d8:   e24dd00c        sub     sp, sp, #12
  dc:   e1a00000        nop                             ; (mov r0, r0)
  e0:   e3003000        movw    r3, #0
  e4:   e3403000        movt    r3, #0
  e8:   e5933000        ldr     r3, [r3]
  ec:   e5933018        ldr     r3, [r3, #24]
  f0:   e1a03223        lsr     r3, r3, #4
        ⋮
  중략
        ⋮
 1cc:   e5933000        ldr     r3, [r3]
 1d0:   e5932004        ldr     r2, [r3, #4]
 1d4:   e3822008        orr     r2, r2, #8
 1d8:   e5832004        str     r2, [r3, #4]
 1dc:   e3003000        movw    r3, #0
 1e0:   e3403000        movt    r3, #0
 1e4:   e5933000        ldr     r3, [r3]
 1e8:   e5932004        ldr     r2, [r3, #4]
 1ec:   e3822002        orr     r2, r2, #2
 1f0:   e5832004        str     r2, [r3, #4]
 1f4:   e3a03000        mov     r3, #0
 1f8:   ea000005        b       214 <Hal_uart_get_char+0x144>
 1fc:   e3003000        movw    r3, #0
 200:   e3403000        movt    r3, #0
 204:   e5933000        ldr     r3, [r3]
 208:   e5933000        ldr     r3, [r3]
 20c:   e54b3005        strb    r3, [fp, #-5]
 210:   e55b3005        ldrb    r3, [fp, #-5]
 214:   e1a00003        mov     r0, r3
 218:   e24bd000        sub     sp, fp, #0
 21c:   e49db004        pop     {fp}                    ; (ldr fp, [sp], #4)
 220:   e12fff1e        bx      lr
```

앞에 나오는 숫자가 바이너리 오프셋입니다. 한 명령어가 32비트이므로 바이너리 바이트 오프셋은 4씩 커집니다. 0xD0 오프셋에서 시작해서 0x220 오프셋에서 함수의 코드가 끝났으므로 바이너리 크기는 340바이트입니다. 어셈블리어 코드를 한 줄씩 해석하면서 C 언어 코드가 어떻게 변경되었는지를 스스로 공부해 보길 추천합니다. 이 책의 범위가 아니라서 생략하겠지만 강력하게 추천하는 좋은 공부법입니다.

그렇다면 코드 5.11을 한 단계 최적화해 볼까요?

코드 5.12 최적화한 Hal_uart_get_char() 함수

```
1   uint8_t Hal_uart_get_char(void)
2   {
3       uint8_t data;
4
5       while(Uart->uartfr.bits.RXFE);
6
7       // Check for an error flag
8       if (Uart->uartdr.all & 0xFFFFFF00)
9       {
10          // Clear the error
11          Uart->uartrsr.all = 0xFF;
12          return 0;
13      }
14
15      data = Uart->uartdr.bits.DATA;
16      return data;
17  }
```

레지스터의 각 비트에 개별적으로 접근하던 코드를 수정했습니다. 바뀐 코드는 코드 5.12의 8번째 줄과 11번째 줄입니다. 32비트 레지스터 자체로 접근하면서 32비트 값을 직접 비교하고 입력하는 코드로 변경했습니다. 딱 봐도 레지스터 접근은 두 번으로 줄었고 비교 연산은 한 번, 데이터 입력 연산도 한 번으로 줄었습니다. 바이너리 크기도 줄었고 속도도 빨라졌을 겁니다. 그럼 역어셈블한 결과를 볼까요?

```
000000d0 <Hal_uart_get_char>:
  d0:   e52db004    push    {fp}            ; (str fp, [sp, #-4]!)
  d4:   e28db000    add     fp, sp, #0
  d8:   e24dd00c    sub     sp, sp, #12
  ⋮
중략
  ⋮
  138:  ea000005    b       154 <Hal_uart_get_char+0x84>
  13c:  e3003000    movw    r3, #0
  140:  e3403000    movt    r3, #0
  144:  e5933000    ldr     r3, [r3]
  148:  e5933000    ldr     r3, [r3]
  14c:  e54b3005    strb    r3, [fp, #-5]
  150:  e55b3005    ldrb    r3, [fp, #-5]
  154:  e1a00003    mov     r0, r3
  158:  e24bd000    sub     sp, fp, #0
  15c:  e49db004    pop     {fp}            ; (ldr fp, [sp], #4)
  160:  e12fff1e    bx      lr
```

바이너리 크기는 148바이트로 확 줄었습니다. 연산 개수가 줄어든 만큼 속도도 빨라졌을 것입니다. 확실한 것은 측정을 해 봐야 알겠지만 루프가 없는 코드이므로 연산 개수가 줄면 줄어든 연산 개수만큼 그대로 성능에 반영됩니다.

여기서 더 최적화할 수 있을까요? 네, 할 수 있습니다. 자고로 펌웨어란 마른 수건도 쥐어 짜듯 최적화를 해야 하는 것이지요. 최종 최적화 코드를 보여드리겠습니다.

코드 5.13 한 번 더 최적화한 Hal_uart_get_char() 함수

```
1  uint8_t Hal_uart_get_char(void)
2  {
3      uint32_t data;
4
5      while(Uart->uartfr.bits.RXFE);
6
7      data = Uart->uartdr.all;
8
9      // Check for an error flag
10     if (data & 0xFFFFFF00)
11     {
12         // Clear the error
13         Uart->uartrsr.all = 0xFF;
14         return 0;
15     }
16
17     return (uint8_t)(data & 0xFF);
18 }
```

코드 5.13을 보면 UARTDR에 두 번 접근합니다. 한 번은 에러 플래그를 읽으려고 접근하고, 한 번은 데이터를 읽으려고 접근합니다. 그 중간에 UARTDR은 변경되지 않는다고 간주합니다. 우리가 기대하는 상황이 아니기 때문이지요. 그렇다면 UARTDR의 값은 한 번 읽어와서 그 값을 이용하는 것이 더 낫겠다는 생각이 듭니다. 왜냐하면 하드웨어 레지스터에 접근하는 시간보다 변수의 값에 접근하는 속도가 훨씬 빠르기 때문입니다. 로컬 변수는 보통 스택에 생성되거나 ARM의 범용 레지스터에 할당됩니다. 둘 다 하드웨어 레지스터보다 수십 혹은 수백 배 빠릅니다. 또한 이미 값을 저장해 놓은 로컬 변수를 사용하므로 바이너리 크기가 줄어들 수도 있습니다. 역어셈블해서 어셈블리어 코드를 뽑아 보겠습니다.

```
d0:    e52db004  push {fp} ; (str fp, [sp, #-4]!)
d4:    e28db000  add fp, sp, #0
d8:    e24dd00c  sub sp, sp, #12
```

```
dc:     e1a00000   nop ; (mov r0, r0)
e0:     e3003000   movw  r3, #0
   ⋮
중략
   ⋮
128:    e3003000   movw  r3, #0
12c:    e3403000   movt  r3, #0
130:    e5933000   ldr   r3, [r3]
134:    e3a020ff   mov   r2, #255 ; 0xff
138:    e5832004   str   r2, [r3, #4]
13c:    e3a03000   mov   r3, #0
140:    ea000001   b 14c <Hal_uart_get_char+0x7c>
144:    e51b3008   ldr   r3, [fp, #-8]
148:    e6ef3073   uxtb  r3, r3
14c:    e1a00003   mov   r0, r3
150:    e24bd000   sub   sp, fp, #0
154:    e49db004   pop   {fp} ; (ldr fp, [sp], #4)
158:    e12fff1e   bx    lr
```

코드 크기는 140바이트입니다. 코드 5.12보다 8바이트 줄었군요. 그럼 동작하는
지 확인해 볼까요? 마찬가지로 main() 함수에 방금 추가한 함수를 사용하는 코
드를 넣습니다.

코드 5.14 UART 입력을 받는 main() 함수

```
1    void main(void)
2    {
3        Hw_init();
4
5        uint32_t i = 100;
6        while(i--)
7        {
8            Hal_uart_put_char('N');
9        }
10       Hal_uart_put_char('\n');
11
12       putstr("Hello World!\n");
13
14       i = 100;
15       while(i--)
16       {
17           uint8_t ch = Hal_uart_get_char();
18           Hal_uart_put_char(ch);
19       }
20   }
```

main() 함수에 변경한 코드는 코드 5.14의 14번째 줄부터 18번째 줄까지입니다.

14번째 줄과 15번째 줄은 루프를 100번 돈다는 뜻입니다. 17번째 줄이 이번 장에서 만든 Hal_uart_get_char() 함수를 호출하는 코드입니다. UART에서 1바이트 데이터를 읽어서 그대로 UART로 출력합니다. 제대로 동작한다면 입력을 100개까지 그대로 화면에 출력할 것입니다. 흔히 에코(echo)라고 하지요. 말 그대로 메아리입니다. 입력한 그대로 출력한다는 말이지요. 그래서 코드 5.14는 에코를 100회 하는 코드입니다.

```
$ qemu-system-arm -M realview-pb-a8 -kernel build/navilos.axf -nographic
pulseaudio: set_sink_input_volume() failed
pulseaudio: Reason: Invalid argument
pulseaudio: set_sink_input_mute() failed
pulseaudio: Reason: Invalid argument
NNNNNNNNNNNNNNNNNNNNNNNNNNNNNNNNNNNNNNNNNNNNNNNNNNNNNNNNNNNNNNNNNN
NNNNNNNNNNNNNNNNNNNNNNNNNNNNNNNNNNNNNN
Hello World!
Annyung Sesang!
```

"Hello World!"까지가 앞 장에서 코드로 출력한 것이고 가장 마지막에 "Annyung Sesang!"이 제가 코드 5.14를 테스트하려고 직접 키보드로 입력한 문장입니다. "안녕 세상!"의 발음을 영문자 알파벳으로 타이핑했습니다. 코드 5.14에서 입력을 100개까지로 한정했으므로 타이핑을 100번 하고 나면 더 이상 화면에 출력되지 않습니다. 만약 코드 5.14의 15번째 줄을 while(true)로 바꾸면 계속 에코 기능이 동작합니다.

5.4 printf 만들기

문자열을 출력할 수 있는 것만으로도 많은 정보를 출력할 수 있습니다. 디버깅 용도로 활용할 수 있지요. 그럼에도 우리는 여전히 printf()가 아쉽습니다. 그냥 문자열을 출력하는 것과 printf() 함수와의 결정적인 차이는 printf() 함수에는 포맷을 지정할 수 있다는 것입니다. 포맷이라 함은 익숙한 %s %c %x %u 같이 데이터를 출력하는 형식을 지정할 수 있다는 것입니다. PC에서 프로그램을 만들 때도 printf() 함수는 매우 중요하고 많이 쓰이는 함수입니다. 펌웨어에서도 printf() 함수는 로그나 디버깅 등에 매우 유용하고 자주 사용되는 함수입니다. 반드시 만들어야 하는 함수입니다.

printf() 함수의 기능을 모두 구현하는 것은 어렵습니다. printf()는 사실 꽤 복잡하고 기능이 많은 함수입니다. 물론 펌웨어는 그 많은 기능이 다 필요하지 않습니다. 딱 필요한 기능만 최소로 구현하도록 하겠습니다.

이제 본격적으로 printf() 함수를 만들어 보겠습니다. 함수 이름은 debug_printf()로 하겠습니다. printf()라는 이름을 직접 사용하지 않는 이유는 GCC를 포함한 많은 컴파일러가 별다른 옵션을 주지 않는 한 printf() 함수를 단순하게 사용하면 최적화 과정에서 printf() 함수를 puts() 함수로 바꿔 버리기 때문입니다. 그래서 보통 잠재적인 문제를 피하기 위해서 표준 라이브러리 함수를 다시 만들어 사용하는 경우에는 함수 이름을 표준 라이브러리 함수와 똑같게 만들지 않습니다. 그래서 우리도 debug_printf()라는 다소 긴 이름을 사용하겠습니다.

아무리 단순하게 만든다 해도 앞서 언급했듯이 printf() 함수는 복잡한 함수이므로 한번에 만들지 못하고 단계별로 만들어야 합니다. 첫 번째 단계는 debug_printf() 함수의 인터페이스 구현입니다.

코드 5.15 **debug_printf()의 선언**

```
1   #ifndef LIB_STDIO_H_
2   #define LIB_STDIO_H_
3
4   uint32_t putstr(const char* s);
5   uint32_t debug_printf(const char* format, ...);
6   #endif /* LIB_STDIO_H_ */
```

stdio.h에 debug_printf() 함수의 프로토타입을 선언합니다. 모양은 표준 라이브러리의 printf() 함수와 완전히 같습니다. 마지막 파라미터인 점 세 개(...)는 C 언어 문법으로 가변 인자 지정입니다. printf() 함수의 사용법을 생각해 보면 파라미터의 개수가 정해져 있지 않은데요. 입력 받은 파라미터의 개수를 가변으로 처리하기 때문입니다.

코드 5.16 **debug_printf()의 구현**

```
1   uint32_t debug_printf(const char* format, ...)
2   {
3       va_list args;
4       va_start(args, format);
5       vsprintf(printf_buf, format, args);
6       va_end(args);
7
8       return putstr(printf_buf);
9   }
```

stdio.c에 debug_printf()의 내용을 작성합니다. 생각보다 간단하지요? 아직은 간단합니다. 실제 %u %x 등의 형식 문자를 처리하는 코드는 vsprintf() 함수에서 구현할 것입니다. 그리고 가변 인자를 처리하는 va_list, va_start, va_end가 보입니다. 헤더 파일을 새로 만들어서 추가하겠습니다.

전통적으로 C 언어는 가변 인자를 처리하는 데 stdarg.h에 있는 va_start, va_end, va_arg 매크로와 va_list라는 자료형을 사용합니다. 이는 표준 라이브러리가 아니라 컴파일러의 빌트인 함수로 지원됩니다. 컴파일러의 빌트인 함수이므로 컴파일러마다 이름이 조금씩 다릅니다. 따라서 컴파일러의 빌트인 함수를 전통적인 이름으로 재정의하여 사용하겠습니다.

두 번째 단계로 include 디렉터리에 stdarg.h라는 파일을 새로 만듭니다. 그리고 코드 5.17의 내용을 stdarg.h에 작성합니다.

코드 5.17 stdarg.h 코드

```
1  #ifndef INCLUDE_STDARG_H_
2  #define INCLUDE_STDARG_H_
3
4  typedef __builtin_va_list va_list;
5
6  #define va_start(v,l)   __builtin_va_start(v,l)
7  #define va_end(v)       __builtin_va_end(v)
8  #define va_arg(v,l)     __builtin_va_arg(v,l)
9
10 #endif /* INCLUDE_STDARG_H_ */
```

사실 코드 5.17은 GCC 표준 라이브러리 패키지에서 복사해 온 코드입니다. GCC 표준 라이브러리의 stdarg.h 파일은 코드 5.17보다 훨씬 복잡합니다. 그래서 필요한 부분만 사용합니다. 코드 5.17을 만들고 stdio.h 파일에서 #include 구문으로 포함하면 이제 va_list, va_start, va_end 매크로와 va_list 자료형을 사용할 수 있게 됩니다.

세 번째 단계는 vsprintf() 함수를 만드는 것입니다. 이 함수는 가변 인자의 정보를 담고 있는 va_list 타입의 파라미터를 받아서 처리합니다. 우리가 흔히 알고 사용하는 printf() 함수의 모든 기능은 사실 vsprintf() 함수에 구현되어 있습니다. 앞에서 말했듯 printf() 함수의 전체 기능은 매우 많고 복잡합니다. 그래서 이 책에서는 printf() 함수의 전체 기능 중 다음과 같이 극히 일부만 구현할 것입니다.

- 길이 옵션과 채우기 옵션은 구현하지 않겠습니다.
  - %3u나 %03u와 같이 출력하는 숫자의 자릿수를 고정하거나 남는 자릿수에 0을 채우는 옵션은 구현하지 않겠습니다.
  - %u나 %x처럼 부가 옵션이 없는 형식만 허용합니다.
- %c, %u, %x, %s만 구현하겠습니다.
  - 문자, 문자열, 부호 없는 10진수, 부호 없는 16진수 출력만 구현하겠습니다.
  - %d는 많은 고민을 했으나 실제로 펌웨어 개발 과정 중 디버깅에서 부호 있는 숫자를 다룰 일이 별로 없다고 판단하여 구현하지 않기로 결정했습니다.

이와 같이 범위를 축소하고 최소한의 코드로 이해하기 쉬운 코드를 작성하는 것에 목표를 두었습니다.

코드 5.18은 vsprintf() 함수를 선언하는 코드입니다.

코드 5.18 vsprintf() 함수 선언

```
1   #ifndef LIB_STDIO_H_
2   #define LIB_STDIO_H_
3
4   #include "stdarg.h"
5
6   uint32_t putstr(const char* s);
7   uint32_t debug_printf(const char* format, ...);
8   uint32_t vsprintf(char* buf, const char* format, va_list arg);
9
10  #endif /* LIB_STDIO_H_ */
```

코드 5.17에서 만든 stdarg.h를 #include 구문으로 stdio.h에 포함하였습니다. 그리고 vsprintf() 함수는 마지막 파라미터로 va_list 타입의 arg 포인터를 받습니다. 코드 5.16의 debug_printf() 함수 구현을 살펴보면 va_start 매크로로 va_list 타입의 포인터를 받아서 vsprintf() 함수로 전달하는 코드를 볼 수 있습니다. vsprintf() 함수의 첫 번째 파라미터는 완성된 문자열이 담겨서 리턴되는 포인터입니다. 참조에 의한 호출(call by reference)이라고 하지요. 두 번째 파라미터는 debug_printf() 함수로 전달되었던 형식 문자열을 그대로 받습니다. 세 번째 파라미터는 앞서 계속 설명했던 va_list 타입 포인터입니다.

코드 5.19에 vsprintf() 함수를 구현해 놓았습니다. 정말 최소한의 기능만 구현했습니다.

코드 5.19 vsprintf() 함수 구현

```
1   uint32_t vsprintf(char* buf, const char* format, va_list arg)
2   {
3       uint32_t c = 0;
4
5       char     ch;
6       char*    str;
7       uint32_t uint;
8       uint32_t hex;
9
10      for (uint32_t i = 0 ; format[i] ; i++)
11      {
12          if (format[i] == '%')
13          {
14              i++;
15              switch(format[i])
16              {
17              case 'c':
18                  ch = (char)va_arg(arg, int32_t);
19                  buf[c++] = ch;
20                  break;
21              case 's':
22                  str = (char*)va_arg(arg, char*);
23                  if (str == NULL)
24                  {
25                      str = "(null)";
26                  }
27                  while(*str)
28                  {
29                      buf[c++] = (*str++);
30                  }
31                  break;
32              case 'u':
33                  uint = (uint32_t)va_arg(arg, uint32_t);
34                  c += utoa(&buf[c], uint, utoa_dec);
35                  break;
36              case 'x':
37                  hex = (uint32_t)va_arg(arg, uint32_t);
38                  c += utoa(&buf[c], hex, utoa_hex);
39                  break;
40              }
41          }
42          else
43          {
44              buf[c++] = format[i];
45          }
46      }
47
48      if (c >= PRINTF_BUF_LEN)
```

```
49    {
50        buf[0] = '\0';
51        return 0;
52    }
53
54    buf[c] = '\0';
55    return c;
56 }
```

지원하는 형식은 네 개, 즉 %s, %c, %u, %x입니다. 16진수를 대문자로 출력하는 %X도 없군요. 필요할 때 만들어도 되니까 지금은 숫자 자체를 출력하는 기능 먼저 만들겠습니다. 만약 이 책에서 설명하는 기능 이상으로 debug_printf() 함수의 기능을 확장하고 싶다면 15번째 줄부터 40번째 줄 사이에 구현된 switch-case 문에 코드를 추가하면 됩니다.

먼저 가장 간단한 %c의 처리부터 보죠. %c의 기능은 아스키 문자 한 개를 그대로 출력하는 것입니다. 그래서 간단히 va_list에서 파라미터 한 개를 그대로 읽어서 문자열로 바로 추가하면 끝입니다. 문자 한 개를 출력하는 코드를 작성했으므로 문자 여러 개를 출력하는 %s의 구현은 반복 확장으로 구현할 수 있습니다. 27번째 줄부터 30번째 줄까지의 while 문으로 간단하게 구현합니다. 그 바로 위에 있는 23~26번째 줄은 에러 처리 코드입니다. 어떤 상황에서는 debug_printf() 함수에 널(null) 포인터가 전달될 때가 있습니다. C 언어에서는 널 포인터를 제대로 처리하지 못하면 심각한 문제가 생깁니다. 그래서 널 포인터에 대한 에러를 처리해야 합니다. 그다음 32~39번째 줄은 %u와 %x를 구현하는 코드입니다. 코드의 모양새를 보면 두 기능은 기본적으로 같은 코드로 구현됩니다. 핵심 기능은 utoa()라는 함수 안에서 처리합니다.

네 번째 작업이자 printf() 함수 구현의 마지막 단계가 utoa() 함수를 만드는 과정입니다. 먼저 프로토타입부터 선언하겠습니다.

코드 5.20 utoa() 함수 선언

```
1  #ifndef LIB_STDIO_H_
2  #define LIB_STDIO_H_
3
4  #include "stdarg.h"
5
6  typedef enum utoa_t
7  {
8      utoa_dec = 10,
```

```
9        utoa_hex = 16,
10 } utoa_t;
11
12 uint32_t putstr(const char* s);
13 uint32_t debug_printf(const char* format, ...);
14 uint32_t vsprintf(char* buf, const char* format, va_list arg);
15 uint32_t utoa(char* buf, uint32_t val, utoa_t base);
16
17 #endif /* LIB_STDIO_H_ */
```

utoa() 함수는 문자열을 리턴해야 하므로 첫 번째 파라미터를 리턴 포인터로 사용합니다. 여기도 참조에 의한 호출이죠. 두 번째 파라미터는 문자열로 바꿀 원본 숫자 데이터입니다. 세 번째 파라미터는 문자열을 10진수로 표현할지 16진수로 표현할지 결정하는 옵션입니다. 세 번째 파라미터를 위해서 utoa_t라는 열거형을 6~10번째 줄에 정의해 놓았습니다. utoa_dec과 utoa_hex는 각각 10진수와 16진수를 의미하므로 10과 16으로 열거형의 값을 설정했습니다.

이제 구현 코드를 보죠. 코드 5.21은 utoa() 함수의 구현 코드입니다.

코드 5.21 utoa() 함수 구현

```
1  uint32_t utoa(char* buf, uint32_t val, utoa_t base)
2  {
3      uint32_t c = 0;
4      int32_t  idx = 0;
5      char     tmp[11];   // It is big enough for store 32 bit int
6
7      do {
8          uint32_t t = val % (uint32_t)base;
9          if (t >= 10)
10         {
11             t += 'A' - '0' - 10;
12         }
13         tmp[idx] = (t + '0');
14         val /= base;
15         idx++;
16     } while(val);
17
18     // reverse
19     idx--;
20     while (idx >= 0)
21     {
22         buf[c++] = tmp[idx];
23         idx--;
24     }
25
```

```
26      return c;
27  }
```

짧지만 직관적이지 않습니다. 이 코드를 보고 직관적으로 흐름을 파악한다면 당신은 매우 뛰어난 개발자입니다. 저는 사실 제가 작성하고도 한번에 이해하지 못했습니다. 바로 11번째 줄 때문입니다. utoa() 함수의 구현은 크게 두 부분으로 나눠집니다. 7~16번째 줄의 do-while 문과 20~24번째 줄의 while 문입니다. 먼저 앞의 do-while 문을 보겠습니다. val의 값을 기준으로 루프 탈출 조건을 걸어 놨기 때문에 만약 debug_printf("%u", 0)과 같은 코드라면 val이 시작부터 0이라서 화면에 '0'이 출력되지 않습니다. 그래서 do-while 문을 사용해야 7번째 줄부터 16번째 줄까지의 변환 코드가 최소 한 번은 수행됩니다. 그리고 5번째 줄에 출력 문자열 버퍼의 길이가 11로 고정되어 있습니다. 주석까지 써놨습니다. 주석에 써놓은 대로 32비트 크기의 데이터를 10진수로 표현하면 그 자릿수가 11자리를 넘지 않기 때문입니다.

　utoa() 함수의 목적은 숫자를 아스키 코드로 변환하는 것입니다. 다시 말해서 숫자 0을 아스키 코드 '0'으로 변환하는 것입니다. 아스키 코드로 '0'은 48입니다. 아스키 코드로 '1'은 49입니다. 그래서 10진수로 표현하면 표 5.1과 같은 규칙으로 값이 변경되어야 합니다.

원본 값	변환된 값	아스키 코드
0	48	'0'
1	49	'1'
2	50	'2'
3	51	'3'
⋮	⋮	⋮
9	57	'9'

표 5.1 부호 없는 정수형 값의 아스키 코드 변환

그래서 부호 없는 정수 값을 10진수로 변환하는 작업은 각 자리의 숫자에 48을 더하는 작업으로 간단히 설명할 수 있습니다. 숫자 48은 아스키 코드로 '0'이므로 C 언어의 계산식에서는 정수 데이터에 '0'을 더해도 됩니다. 코드 5.21의 13번째 줄이 바로 그 코드입니다.

　16진수로 표현할 때는 조금 더 복잡합니다. 왜냐하면 10진수로 10이 16진수로

는 0xA 또는 0xa입니다. 저는 16진수를 대문자로 표현하는 것을 좋아하므로 A
로 출력하도록 하겠습니다. 이러면 원래 printf() 함수의 표준과 다른 동작을 하
게 됩니다. 16진수를 대문자로 표현하고 싶으면 형식 문자를 %X로 보내야 하는
데 지금 우리가 만드는 debug_printf() 함수는 %x를 보내도 대문자 16진수가 출
력됩니다. 별로 문제될 건 없습니다. 우리는 우리가 쓰기 위해서 debug_printf()
를 만드는 것이니까 우리의 요구사항만 맞추면 됩니다.

아스키 코드 'A'의 값은 65입니다. 정수 10이 65로 변경되어야 한다는 것입니
다. 정수 11은 당연히 66으로 변경되어서 화면에는 'B'가 출력되어야겠지요.

원본 값	변환된 값	아스키 코드
10	65	'A'
11	66	'B'
12	67	'C'
13	68	'D'
14	69	'E'
15	70	'F'

표 5.2 부호 없는 정수형 값의 아스키 코드 변환 16진수 부분

간단히 말하면 16진수 문자 부분의 변환은 정수 값이 10을 넘을 때는 55를 더하
면 됩니다. 그런데 코드에서 그냥 55를 넣으면 55의 의미를 파악할 수 없으므로
오프셋을 확실히 하기 위해서 ('A' - 10)으로 코드 5.21의 11번째 줄처럼 작성했
습니다. 'A'가 65니까 ('A' - 10)은 55지요. 그런데 거기서 '0'을 또 뺐습니다. 왜냐
면 바로 이어서 13번째 줄에서 '0'을 다시 더하기 때문에 미리 빼놓은 것입니다.
한 코드로 10진수 변환과 16진수 변환을 모두 처리하도록 구현하다 보니 코드가
다소 직관적이지 않게 되었습니다.

이제 debug_printf()를 다 만들었으니 테스트를 해야겠지요. 코드 5.22와 같
이 main() 함수를 수정해서 debug_printf()가 잘 동작하는지 테스트하는 함수를
작성합니다.

코드 5.22 debug_printf() 함수의 테스트 코드가 추가된 main() 함수

```
1   #include "stdint.h"
2   #include "HalUart.h"
3
4   #include "stdio.h"
5
```

```
 6  static void Hw_init(void);
 7  static void Printf_test(void);
 8
 9  void main(void)
10  {
11      Hw_init();
12
13      uint32_t i = 100;
14      while(i--)
15      {
16          Hal_uart_put_char('N');
17      }
18      Hal_uart_put_char('\n');
19
20      putstr("Hello World!\n");
21
22      Printf_test();
23
24      i = 100;
25      while(i--)
26      {
27          uint8_t ch = Hal_uart_get_char();
28          Hal_uart_put_char(ch);
29      }
30  }
31
32  static void Hw_init(void)
33  {
34      Hal_uart_init();
35  }
36
37
38  static void Printf_test(void)
39  {
40      char* str = "printf pointer test";
41      char* nullptr = 0;
42      uint32_t i = 5;
43
44      debug_printf("%s\n", "Hello printf");
45      debug_printf("output string pointer: %s\n", str);
46      debug_printf("%s is null pointer, %u number\n", nullptr, 10);
47      debug_printf("%u = 5\n", i);
48      debug_printf("dec=%u hex=%x\n", 0xff, 0xff);
49      debug_printf("print zero %u\n", 0);
50  }
```

내용은 쉽습니다. 그냥 debug_printf()에 다양한 형태의 내용을 입력하고 출력 내용을 확인하는 것이지요. 출력 내용이 우리가 기대하는 내용과 같은지 보는 것입니다. 여기까지 작업하고 빌드하겠습니다.

```
Navilos/lib/stdio.c:103: undefined reference to '__aeabi_uidivmod'
Navilos/lib/stdio.c:109: undefined reference to '__aeabi_uidiv'
Makefile:56: recipe for target 'build/navilos.axf' failed
make: *** [build/navilos.axf] Error 1
```

빌드가 안 됩니다. 이유는 utoa() 함수에서 나머지(%)와 나누기(/) 연산자를 사용했는데 ARM은 기본적으로 나누기와 나머지를 지원하는 하드웨어가 없다고 간주합니다. 따라서 GCC가 이를 소프트웨어로 구현해 놓은 라이브러리 함수로 자동으로 링킹을 합니다. 만약 나누기와 나머지 하드웨어가 있는 플랫폼 기반의 펌웨어라면 위 에러 메시지에 나온 __aeabi_uidivmod와 __aeabi_uidiv 함수를 만들고 그 함수에서 하드웨어를 사용하는 코드를 작성하여 링킹해야 합니다. 그것이 없다면 보통은 표준 라이브러리에서 제공하는 함수로 링킹해야 합니다. Makefile을 좀 수정해야겠군요.

코드 5.23이 수정된 Makefile입니다.

코드 5.23 나누기, 나머지 연산이 가능하도록 수정한 Makefile

```
1   ARCH = armv7-a
2   MCPU = cortex-a8
3
4   TARGET = rvpb
5
6   CC = arm-none-eabi-gcc
7   AS = arm-none-eabi-as
8   LD = arm-none-eabi-gcc
9   OC = arm-none-eabi-objcopy
10
11   :
12  중략
13   :
14
15  CFLAGS = -c -g -std=c11 -mthumb-interwork
16
17  LDFLAGS = -nostartfiles -nostdlib -nodefaultlibs -static -lgcc
18
19   :
20  중략
21   :
22
23  $(navilos): $(ASM_OBJS) $(C_OBJS) $(LINKER_SCRIPT)
24      $(LD) -n -T $(LINKER_SCRIPT) -o $(navilos) $(ASM_OBJS) $(C_OBJS)
             -Wl,-Map=$(MAP_FILE) $(LDFLAGS)
```

```
25    $(OC) -O binary $(navilos) $(navilos_bin)
26
27 build/%.os: %.S
28    mkdir -p $(shell dirname $@)
29    $(CC) -march=$(ARCH) -mcpu=$(MCPU) -marm $(INC_DIRS) $(CFLAGS) -o $@ $<
30
31 build/%.o: %.c
32    mkdir -p $(shell dirname $@)
33    $(CC) -march=$(ARCH) -mcpu=$(MCPU) -marm $(INC_DIRS) $(CFLAGS) -o $@ $<
```

8번째 줄을 보면 링커의 명령어를 arm-none-eabi-ld에서 arm-none-eabi-gcc로
변경했습니다. GCC로도 링킹을 할 수 있습니다. 실제로 내부적으로는 GCC가
LD를 호출합니다. 그 과정에서 몇 가지 번거로운 옵션을 알아서 추가해 줍니다.
그것을 노리고 링커의 실행 파일 이름을 arm-none-eabi-gcc로 바꾼 것입니다.
17번째 줄에 새로운 Makefile 변수인 LDFLAGS를 만들었습니다. 여러 옵션을 넣
었지만 모두 표준 라이브러리를 사용하지 않겠다는 의미입니다. 마지막에 -lgcc
가 핵심인데, 이 옵션 한 개가 빌드 에러를 없애 주는 것입니다. 그리고 24번째
줄에서 새로 추가한 LDFLAGS 변수를 실제 빌드 과정에 추가해서 Makefile이 실
행하도록 만듭니다.

다시 빌드해 봅니다.

```
$ make
mkdir -p build
arm-none-eabi-gcc -march=armv7-a -mcpu=cortex-a8 -marm -I include -I hal
-I hal/rvpb -I lib -c -g -std=c11 -mthumb-interwork -o build/Entry.os boot/Entry.S
mkdir -p build
arm-none-eabi-gcc -march=armv7-a -mcpu=cortex-a8 -marm -I include -I hal
-I hal/rvpb -I lib -c -g -std=c11 -mthumb-interwork -o build/Main.o boot/Main.c
mkdir -p build
arm-none-eabi-gcc -march=armv7-a -mcpu=cortex-a8 -marm -I include -I hal
-I hal/rvpb -I lib -c -g -std=c11 -mthumb-interwork -o build/Regs.o hal/rvpb/Regs.c
mkdir -p build
arm-none-eabi-gcc -march=armv7-a -mcpu=cortex-a8 -marm -I include -I hal
-I hal/rvpb -I lib -c -g -std=c11 -mthumb-interwork -o build/Uart.o hal/rvpb/Uart.c
mkdir -p build
arm-none-eabi-gcc -march=armv7-a -mcpu=cortex-a8 -marm -I include -I hal
-I hal/rvpb -I lib -c -g -std=c11 -mthumb-interwork -o build/stdio.o lib/stdio.c
arm-none-eabi-gcc -n -T ./navilos.ld -o build/navilos.axf  build/Entry.os
build/Main.o  build/Regs.o  build/Uart.o  build/stdio.o -Wl,-Map=build/navilos.map
-nostartfiles -nostdlib -nodefaultlibs -static -lgcc
arm-none-eabi-objcopy -O binary build/navilos.axf build/navilos.bin
```

빌드가 잘 되는군요. 그럼 이어서 바로 실행해 보겠습니다.

```
$ qemu-system-arm -M realview-pb-a8 -kernel build/navilos.axf -nographic
pulseaudio: set_sink_input_volume() failed
pulseaudio: Reason: Invalid argument
pulseaudio: set_sink_input_mute() failed
pulseaudio: Reason: Invalid argument
NNNNNNNNNNNNNNNNNNNNNNNNNNNNNNNNNNNNNNNNNNNN
NNNNNNNNNNNNNNNNNNNNNNNNNNNNNNNNNNNNNNNNNNNNNNNNNNNNN
Hello World!
Hello printf
output string pointer: printf pointer test
(null) is null pointer, 10 number
5 = 5
dec=255 hex=FF
print zero 0
```

debug_printf() 함수 테스트용으로 추가한 코드의 결과가 나왔습니다. 의도한 대로 문자열이 잘 나왔네요. NULL 포인터를 보냈을 때도 NULL 포인터를 체크 해서 알려 줍니다. 10진수 숫자와 16진수 숫자도 잘 나오는군요. 이 정도면 디버 깅 용도로 쓰기에 충분합니다.

여기까지 작업한 소스 코드의 구조는 다음과 같습니다.

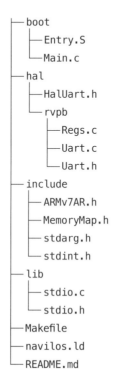

```
├── boot
│   ├── Entry.S
│   └── Main.c
├── hal
│   ├── HalUart.h
│   └── rvpb
│       ├── Regs.c
│       ├── Uart.c
│       └── Uart.h
├── include
│   ├── ARMv7AR.h
│   ├── MemoryMap.h
│   ├── stdarg.h
│   └── stdint.h
├── lib
│   ├── stdio.c
│   └── stdio.h
├── Makefile
├── navilos.ld
└── README.md
```

debug_printf() 함수와 관련된 코드는 stdio.h와 stdio.c에 구현했고 가변 인자를 처리하기 위해서 include/stdarg.h 파일을 추가했습니다.

5.5 요약

이 장에서는 글자를 화면에 출력하고 키보드로 입력을 받아 봤습니다. 그리고 우리가 C 언어를 처음 공부할 때 당연한 듯 사용했던 printf() 함수를 임베디드 환경에서 쓰려면 어떤 과정과 작업이 필요한지 설명했습니다. 문자의 입출력이 당연한 것이 아니라 하드웨어를 제어해서 구현하는 기능이라는 것을 깨달으셨을 겁니다. 다음 장에서는 인터럽트를 통해서 키보드 입력을 받겠습니다. 그러면 우리에게 익숙한 컴퓨팅 환경에 좀 더 가까워질 겁니다.

6장

인터럽트

인터럽트는 임베디드 시스템을 포함한 모든 컴퓨팅 시스템의 꽃입니다. 컴퓨팅 시스템의 모든 것이 다 인터럽트라고 말해도 과언이 아닙니다. 컴퓨팅 시스템은 사람이든 다른 시스템이든 외부의 다른 존재와의 상호작용을 인터럽트로 처리합니다. 예를 들어 지금 제가 이 글을 쓰는 동안 키보드를 수만 번 누를 때마다 키보드 안에서 동작하는 펌웨어는 인터럽트를 받아서 처리하고 그 결과로 PC에 정해진 신호를 보냅니다. 그러면 PC에서도 인터럽트가 발생하고 이 인터럽트를 운영체제가 받아서 처리합니다. 그리고 운영체제는 정해진 신호를 모니터로 보냅니다. 그러면 모니터에 달려 있는 하드웨어는 PC에서 받은 신호로 인터럽트를 발생시킵니다. 모니터에 있는 펌웨어는 이 인터럽트를 받아서 적절한 처리를 하고 그 결과로 화면에 글자가 출력되는 것입니다.

그뿐만 아니라 스마트폰의 화면을 터치하는 것, 볼륨 버튼을 눌러서 음량을 조절하는 것 모두 인터럽트로 처리됩니다. 사용자와 상호작용하는 것뿐만 아니라 그냥 하드웨어 자체적으로 인터럽트가 발생하는 것도 있습니다. 바로 타이머 같은 종류의 인터럽트이지요. 타이머는 일정 시간이 지나면 계속해서 인터럽트가 발생하도록 설정할 수도 있습니다. 타이머는 나중에 설명할 것이므로 지금은 쉬운 하드웨어 인터럽트부터 다루겠습니다.

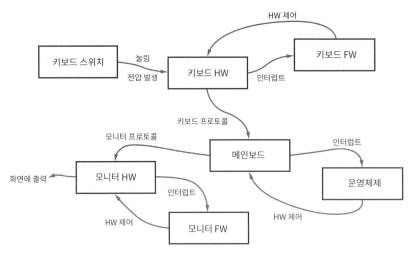

그림 6.1 키보드가 눌렸을 때의 인터럽트 흐름

그림 6.1에 간략히 흐름을 그려 놓았습니다. 키보드를 한 번 눌렀을 뿐인데, 그로 인해 인터럽트가 세 번 발생합니다. 간략히 설명해서 세 번이지 실제로는 그 짧은 순간에 훨씬 많은 인터럽트가 발생하고 개별 장치의 펌웨어는 그 모든 인터럽트를 다 처리합니다.

인터럽트를 처리하려면 우선 인터럽트 컨트롤러를 어떻게 사용해야 하는지 알아야 합니다. 그 다음, 인터럽트 컨트롤러를 초기화하고 사용하는 코드를 작성해야 합니다. 인터럽트 컨트롤러 관련 코드를 다 작성했으면 실제 인터럽트를 발생시키는 하드웨어와 인터럽트 컨트롤러를 연결해야 합니다. 현재까지 우리는 UART만 사용하고 있습니다. 그리고 UART 하드웨어는 인터럽트를 발생시킵니다. 그러므로 UART 하드웨어와 인터럽트 컨트롤러를 연결합니다. 그러면 UART 하드웨어가 인터럽트 컨트롤러로 인터럽트 신호를 보냅니다. 인터럽트 컨트롤러는 ARM 코어로 인터럽트를 보냅니다. 펌웨어에서 cpsr의 IRQ 혹은 FIQ 마스크를 끄면 IRQ나 FIQ가 발생했을 때 코어가 자동으로 익셉션 핸들러를 호출합니다. 익셉션 핸들러는 펌웨어입니다. 그러므로 익셉션 핸들러도 작성해야 합니다. 익셉션 핸들러에서 적절한 인터럽트 핸들러를 호출하면 인터럽트 처리를 완료한 것입니다(ARM의 아키텍처 관련 내용은 A.1절을 참고해 주세요).

인터럽트를 사용하면 어떤 동작이 가능해지는지 보여 주기 위해서 main 함수를 살짝 수정하겠습니다.

코드 6.1 무한 루프로 종료하지 않는 main() 함수

```
1    void main(void)
2    {
3        Hw_init();
4
5        uint32_t i = 100;
6        while(i--)
7        {
8            Hal_uart_put_char('N');
9        }
10       Hal_uart_put_char('\n');
11
12       putstr("Hello World!\n");
13
14       Printf_test();
15
16       while(true);
17   }
```

main() 함수의 마지막에 while(true)로 무한 루프를 도는 코드를 추가했습니다. 이러면 debug_printf() 함수를 테스트하는 문자열이 출력된 다음 펌웨어가 무한 루프를 돌기 때문에 키보드를 눌러도 아무런 반응이 없습니다. QEMU가 그냥 멈춰있는 것처럼 보이지요. 당연합니다. 무한 루프를 돌면서 아무것도 안 하고 있으니까요. 인터럽트를 사용하면 이 무한 루프 상황에서도 어떤 동작을 하게 할 수 있습니다.

우리의 목표는 펌웨어는 무한 루프를 돌고 있지만 키보드 입력에는 반응하게 만드는 것입니다. 해야 할 일이 엄청 많죠? 지금부터 하나씩 해보겠습니다.

 이 장의 소스 코드는 다음 명령을 이용해서 다운로드할 수 있습니다. 자세한 내용은 1.6절을 참고해 주세요.

· 6장: $ **wget https://github.com/navilera/Navilos/archive/05714c8.zip**

6.1 인터럽트 컨트롤러

RealViewPB에는 Generic Interrupt Controller라는 이름의 인터럽트 컨트롤러 하드웨어가 달려있습니다. 줄여서 GIC라고 부릅니다. GIC는 나름의 방식으로 인터럽트를 처리합니다. 다른 인터럽트 컨트롤러는 또 그것만의 고유한 방식으로 인터럽트를 처리하지요. 그래도 기본적인 기능은 대부분 비슷합니다. 이 책에서는 바로 그 기본적이고 공통적인 기능을 사용하는 방법을 설명하겠습니다.

가장 먼저 할 일은 GIC의 레지스터 구조체를 만드는 일입니다. GIC는 Real-ViewPB에 포함된 인터럽트 컨트롤러이므로 hal/rvpb 디렉터리에 PL011과 같은 레벨로 레지스터 구조체를 작성해 넣어야 합니다.

먼저 hal/rvpb/Interrupt.h 파일을 만들어 보겠습니다.

코드 6.2 **hal/rvpb/Interrupt.h 파일**

```
1   #ifndef HAL_RVPB_INTERRUPT_H_
2   #define HAL_RVPB_INTERRUPT_H_
3
4   typedef union CpuControl_t
5   {
6       uint32_t all;
7       struct {
8           uint32_t Enable:1;          // 0
9           uint32_t reserved:31;
10      } bits;
11  } CpuControl_t;
12
13  typedef union PriorityMask_t
14  {
15      uint32_t all;
16      struct {
17          uint32_t Reserved:4;        // 3:0
18          uint32_t Prioritymask:4;    // 7:4
19          uint32_t reserved:24;
20      } bits;
21  } PriorityMask_t;
22
23      ⋮
24  중략
25      ⋮
26
27  typedef struct GicCput_t
28  {
29      CpuControl_t        cpucontrol;        // 0x000
30      PriorityMask_t      prioritymask;      // 0x004
31      BinaryPoint_t       binarypoint;       // 0x008
32      InterruptAck_t      interruptack;      // 0x00C
33      EndOfInterrupt_t    endofinterrupt;    // 0x010
34      RunningInterrupt_t  runninginterrupt;  // 0x014
35      HighestPendInter_t  highestpendinter;  // 0x018
36  } GicCput_t;
37
```

```
38 typedef struct GicDist_t
39 {
40     DistributorCtrl_t   distributorctrl;   // 0x000
41     ControllerType_t    controllertype;    // 0x004
42     uint32_t            reserved0[62];     // 0x008-0x0FC
43     uint32_t            reserved1;         // 0x100
44     uint32_t            setenable1;        // 0x104
45     uint32_t            setenable2;        // 0x108
46     uint32_t            reserved2[29];     // 0x10C-0x17C
47     uint32_t            reserved3;         // 0x180
48     uint32_t            clearenable1;      // 0x184
49     uint32_t            clearenable2;      // 0x188
50 } GicDist_t;
51
52 #define GIC_CPU_BASE  0x1E000000  // CPU interface
53 #define GIC_DIST_BASE 0x1E001000  // distributor
54
55 #define GIC_PRIORITY_MASK_NONE   0xF
56
57 #define GIC_IRQ_START           32
58 #define GIC_IRQ_END             95
59
60 #endif /* HAL_RVPB_INTERRUPT_H_ */
```

코드를 책에 다 실지 않았는데도 엄청 길군요. GIC는 레지스터를 크게 두 그룹
으로 구분합니다. 하나는 CPU Interface registers이고, 다른 하나는 Distributor
registers입니다. 실제 GIC는 코드 6.2에 작성한 레지스터보다 훨씬 많은 레지스
터를 가지고 있지만, 대부분 사용하지 않는 것이기에 적당한 수준에서 추상화
할 레지스터 일부만 구현했습니다.

　레지스터 구조체를 선언했고 레지스터의 베이스 주소도 알고 있으므로 UART
때와 마찬가지로 실제 인스턴스를 선언하기 위해 hal/rvpb/Regs.c 파일을 수정
하겠습니다.

코드 6.3 Regs.c 파일 수정

```
1  #include "stdint.h"
2  #include "Uart.h"
3  #include "Interrupt.h"
4
5  volatile PL011_t*  Uart    = (PL011_t*)UART_BASE_ADDRESS0;
6  volatile GicCput_t* GicCpu  = (GicCput_t*)GIC_CPU_BASE;
7  volatile GicDist_t* GicDist = (GicDist_t*)GIC_DIST_BASE
```

UART 인스턴스만 하나 달랑 있던 썰렁한 Reg.c에 GIC의 레지스터 인스턴스 두

개가 추가되었습니다. 3번째 줄에 코드 6.2에서 작성한 헤더 파일을 추가합니다. 그리고 6~7번째 줄에 UART와 같은 패턴으로 구조체 포인터 변수를 선언하고 베이스 주소를 할당합니다. 그러면 이제 구조체 포인터로 GIC의 레지스터를 제어할 수 있는 인스턴스가 생깁니다. 이 인스턴스로 GIC를 제어합니다.

레지스터 구조체도 만들었고 제어 인스턴스도 만들었으니 이제 공용 API를 설계해 보겠습니다. UART 때 한 것처럼 할 수 있는 한 일반적이고 공통적인 요소를 뽑아서 API를 설계해야 합니다. hal/HalInterrupt.h 파일을 만들겠습니다.

제가 설계한 API는 코드 6.4입니다. 초기화 함수, 인터럽트 활성화 함수, 인터럽트 비활성화 함수, 인터럽트 핸들러 등록 함수, 인터럽트 핸들러를 호출하는 함수입니다.

코드 6.4 hal/HalInterrupt.h 파일

```
1   #ifndef HAL_HALINTERRUPT_H_
2   #define HAL_HALINTERRUPT_H_
3
4   #define INTERRUPT_HANDLER_NUM    255
5
6   typedef void (*InterHdlr_fptr)(void);
7
8   void Hal_interrupt_init(void);
9   void Hal_interrupt_enable(uint32_t interrupt_num);
10  void Hal_interrupt_disable(uint32_t interrupt_num);
11  void Hal_interrupt_register_handler(InterHdlr_fptr handler, uint32_t interrupt_num);
12  void Hal_interrupt_run_handler(void);
13
14  #endif /* HAL_HALINTERRUPT_H_ */
```

Hal_interrupt_enable() 함수와 Hal_interrupt_disable() 함수는 파라미터로 인터럽트 번호를 받습니다. 대부분 임베디드 시스템은 인터럽트를 한 개 이상 처리하므로 인터럽트 각각을 구분하는 번호를 부여했습니다. 앞의 UART는 44번이었죠. 그래서 Hal_interrupt_enable() 함수에 44를 전달하면 44번 인터럽트(UART 인터럽트)를 켜고, Hal_interrupt_disable() 함수에 44를 전달하면 44번 인터럽트를 끕니다.

Hal_interrupt_register_handler() 함수와 Hal_interrupt_run_handler() 함수는 개별 인터럽트별로 따로 연결해야 하는 인터럽트 핸들러를 등록하고 실행하는 역할을 하는 함수입니다. ARM은 모든 인터럽트를 IRQ나 FIQ 핸들러로 처리하므로 IRQ나 FIQ 핸들러에서 개별 인터럽트의 핸들러를 구분해야 합니다.

개별 인터럽트의 핸들러를 구분해서 핸들러를 실행하는 함수가 Hal_interrupt_run_handler()입니다.

그럼 본격적으로 코드 6.4에서 선언한 함수를 구현해 보겠습니다. hal/rvpb/Interrupt.c 파일을 만들고 코딩을 시작해 보죠. 코드 6.5에 hal/rvpb/Interrupt.c 파일 전체 내용을 모두 담았습니다.

코드 6.5 hal/rvpb/Interrupt.c 파일

```
1   #include "stdint.h"
2   #include "memio.h"
3   #include "Interrupt.h"
4   #include "HalInterrupt.h"
5   #include "armcpu.h"
6
7   extern volatile GicCput_t* GicCpu;
8   extern volatile GicDist_t* GicDist;
9
10  static InterHdlr_fptr sHandlers[INTERRUPT_HANDLER_NUM];
11
12  void Hal_interrupt_init(void)
13  {
14      GicCpu->cpucontrol.bits.Enable = 1;
15      GicCpu->prioritymask.bits.Prioritymask = GIC_PRIORITY_MASK_NONE;
16      GicDist->distributorctrl.bits.Enable = 1;
17
18      for (uint32_t i = 0 ; i < INTERRUPT_HANDLER_NUM ; i++)
19      {
20          sHandlers[i] = NULL;
21      }
22
23      enable_irq();
24  }
25
26  void Hal_interrupt_enable(uint32_t interrupt_num)
27  {
28      if ((interrupt_num < GIC_IRQ_START) || (GIC_IRQ_END < interrupt_num))
29      {
30          return;
31      }
32
33      uint32_t bit_num = interrupt_num - GIC_IRQ_START;
34
35      if (bit_num < GIC_IRQ_START)
36      {
37          SET_BIT(GicDist->setenable1, bit_num);
38      }
```

```
39      else
40      {
41          bit_num -= GIC_IRQ_START;
42          SET_BIT(GicDist->setenable2, bit_num);
43      }
44  }
45
46  void Hal_interrupt_disable(uint32_t interrupt_num)
47  {
48      if ((interrupt_num < GIC_IRQ_START) || (GIC_IRQ_END < interrupt_num))
49      {
50          return;
51      }
52
53      uint32_t bit_num = interrupt_num - GIC_IRQ_START;
54
55      if (bit_num < GIC_IRQ_START)
56      {
57          CLR_BIT(GicDist->setenable1, bit_num);
58      }
59      else
60      {
61          bit_num -= GIC_IRQ_START;
62          CLR_BIT(GicDist->setenable2, bit_num);
63      }
64  }
65
66  void Hal_interrupt_register_handler(InterHdlr_fptr handler, uint32_t interrupt_num)
67  {
68      sHandlers[interrupt_num] = handler;
69  }
70
71  void Hal_interrupt_run_handler(void)
72  {
73      uint32_t interrupt_num = GicCpu->interruptack.bits.InterruptID;
74
75      if (sHandlers[interrupt_num] != NULL)
76      {
77          sHandlers[interrupt_num]();
78      }
79
80      GicCpu->endofinterrupt.bits.InterruptID = interrupt_num;
81  }
```

7~8번째 줄은 레지스터 제어 인스턴스의 extern 선언입니다. 10번째 줄에서 선
언한 sHandlers 변수는 인터럽트 핸들러를 저장해 놓을 변수입니다. INTERRUPT_
HANDLER_NUM은 코드 6.4의 4번째 줄에 255로 선언했습니다. 그래서 sHandlers는

함수 포인터 255개를 저장할 수 있는 배열입니다. 크기가 1KB 약간 안 됩니다. QEMU에서 메모리를 충분히 쓸 수 있어서 이렇게 구현했습니다. 그런데 사용 가능한 메모리가 부족한 플랫폼을 사용하는 프로젝트라면 이렇게 작성하면 안 됩니다. 크기를 줄여야 하죠. 프로젝트에서 필요한 인터럽트 핸들러 개수는 예측 가능하므로 필요한 숫자에 딱 맞게 INTERRUPT_HANDLER_NUM의 값을 바꾸면 됩니다.

12~24번째 줄은 Hal_interrupt_init() 함수의 구현입니다. 14번째 줄과 16번째 줄은 각각 CPU Interface와 Distributor 레지스터에서 인터럽트 컨트롤러를 켭니다. 그냥 스위치를 켜는 동작을 하기에 레지스터 이름도 Enable입니다. 15번째 줄의 Priority mask 레지스터에 값을 넣는 부분은 설명이 좀 필요할 듯합니다.

그림 6.2는 ARM 인포센터에서 발췌한 Priority mask 레지스터에 대한 설명입니다.

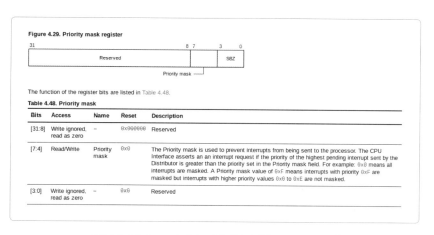

그림 6.2 Priority mask 레지스터에 대한 설명(출처: ARM 인포센터)

32비트 중 4번부터 7번 비트까지 4비트만 의미 있는 레지스터고, 나머지는 사용하지 않습니다. 이 4비트 설정에 따라 어떤 동작을 하는지 영어로 설명되어 있습니다. 해석해 보면, 4번부터 7번 비트까지를 모두 0으로 설정하면 모든 인터럽트를 다 마스크해 버린다고 합니다. '마스크한다'는 말은 쉽게 말해서 막아버린다는 뜻입니다. 그리고 4번부터 7번 비트까지를 0xF로 설정하면 인터럽트의 우선순위가 0x0부터 0xE까지인 인터럽트를 허용한다고 합니다. 그런데 인터럽트 우선순위의 기본값은 0이므로 실제로는 모든 인터럽트를 다 허용합니다. 우리는 인터럽트의 우선순위까지 사용하면서 인터럽트를 정교하게 제어할 것이 아

니므로 일단 인터럽트를 모두 허용하겠습니다. 그래서 코드 6.5의 15번째 줄에
서 Priority mask 레지스터에 0xF를 써넣는 코드를 작성했습니다.

코드 6.5의 23번째 줄은 ARM의 cspr을 제어해서 코어 수준의 IRQ를 켜는 함
수인데, 아직 작성하지 않은 함수입니다. 일단 Interrupt.c 파일에 대한 설명을
다 끝내고 설명하겠습니다. 기억해 두고 책을 계속 읽어주세요.

이어서 코드 6.5의 26~64번째 줄은 개별 인터럽트를 켜고 끄는 Hal_interrupt_
enable() 함수와 Hal_interrupt_disable() 함수입니다. GIC는 인터럽트 64개를
관리할 수 있습니다. 그래서 각각 32개씩 레지스터 두 개에 할당해 놓고 이름을
Set Enable1과 Set Enable2 레지스터라고 붙여놨습니다. IRQ의 시작 번호는 32
입니다. 그래서 GIC는 각 레지스터의 개별 비트를 IRQ ID32번부터 IRQ ID95번
에 연결했습니다. 원하는 비트 오프셋을 찾으려면 할당된 IRQ 번호에서 32를 빼
야 합니다. 예를 들어 UART는 IRQ ID가 44번이지요. 그러면 Set Enable1 레지
스터의 12번 비트에 UART 인터럽트가 연결되는 것입니다.

그림 6.3에 IRQ ID44번을 어떻게 켜는지 그림으로 표현해 놓았습니다.

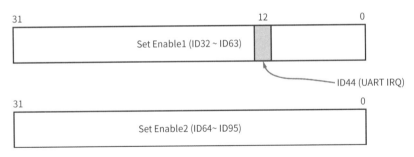

그림 6.3 인터럽트 활성화

따라서 IRQ ID64번을 켜거나 끄고 싶다면 Set Enable2 레지스터의 0번 비트에 1
을 써서 켜고 0을 써서 꺼야겠지요. 아주 간단한 산수입니다. 일단 파라미터로
넘어온 인터럽트 번호에서 무조건 32를 뺍니다. 그러면 Set Enable1 레지스터의
오프셋이 나오죠. 그런데 해당 인터럽트가 Set Enable2 레지스터에 설정해야 하
는 인터럽트라면 32를 뺐을 때 그 값이 31보다 큽니다. 이럴 때는 그 값에서 32
를 또 뺍니다. 그러면 Set Enable2 레지스터 비트 오프셋이 나옵니다. 코드 6.5
는 이 과정을 코드로 표현하고 있습니다.

중간에 37번째, 42번째, 57번째, 62번째 줄에 생소한 SET_BIT와 CLR_BIT라는
매크로가 보입니다. 말 그대로 변수의 특정 오프셋 비트를 1로 설정하거나 0으

로 클리어하는 매크로입니다. 다음과 같이 구현할 수 있습니다.

```
#define SET_BIT(p,n) ((p) |=  (1 << (n)))
#define CLR_BIT(p,n) ((p) &= ~(1 << (n)))
```

저는 memio.h라는 파일을 만들고 이 두 줄을 작성한 다음 include 디렉터리에 넣었습니다.

여기까지는 인터럽트를 어떻게 켜고 끄느냐에 집중한 코드입니다. 이어서 나오는 코드 6.5의 66~81번째 줄은 인터럽트 핸들러에 대한 처리 방법입니다. 코드는 매우 쉽습니다. 10번째 줄에서 정의한 sHandlers 배열에 함수 포인터를 저장하는 코드가 68번째 줄입니다. 73번째 줄을 보면 Interrupt acknowledge 레지스터에서 값을 읽어옵니다. 이 값이 현재 하드웨어에서 대기 중인 인터럽트 IRQ ID 번호입니다. 앞서 Hal_interrupt_register_handler() 함수에서 IRQ ID 번호를 기준으로 인터럽트 핸들러를 등록했기 때문에 Interrupt acknowledge 레지스터에서 읽은 값을 그대로 배열 인덱스로 이용해서 인터럽트 핸들러 함수 포인터를 찾을 수 있습니다. 75번째 줄에서 에러를 처리하고 77번째 줄에서 함수 포인터를 바로 실행합니다. 인터럽트 핸들러를 실행하고 나면 인터럽트가 다 처리된 것입니다. 그러므로 인터럽트 컨트롤러에 해당 인터럽트에 대한 처리가 끝났다는 것을 알려 줘야 합니다. 그 동작을 하는 코드가 80번째 줄의 End of interrupt 레지스터에 IRQ ID를 써넣어 주는 코드입니다.

여기까지 해서 Interrupt.c 파일에 대한 설명이 끝났습니다. 생각보다 그렇게 어렵지는 않지요? 데이터시트를 잘 읽고 의미를 파악한 다음 테스트를 몇 번 해 보면 처음 해보는 인터럽트 컨트롤러라도 금방 활용할 수 있을 것입니다. 다들 비슷하거든요.

이제 아까 잠시 미뤄뒀던 cspr의 IRQ 마스크를 끄는 코드를 설명하겠습니다 (cspr의 IRQ 마스크에 대한 내용은 A.1절을 참고해 주세요). lib/armcpu.c 파일과 lib/armcpu.h 파일을 각각 생성하고 코딩을 먼저 합니다. 짧습니다.

코드 6.6은 armcpu.h 헤더 파일입니다.

코드 6.6 lib/armcpu.h

```
1   #ifndef LIB_ARMCPU_H_
2   #define LIB_ARMCPU_H_
3
4   void enable_irq(void);
```

```
5   void enable_fiq(void);
6   void disable_irq(void);
7   void disable_fiq(void);
8
9   #endif /* LIB_ARMCPU_H_ */
```

간단히 함수 네 개가 선언되어 있고, 그나마도 IRQ를 켜고 끄는 함수가 두 개, FIQ를 켜고 끄는 함수가 두 개입니다. 따라서 IRQ/FIQ를 켜는 함수 두 개, 끄는 함수 두 개로 묶어도 됩니다. 코드 패턴이 똑같습니다.

cspr을 제어하려면 어셈블리어를 사용할 수밖에 없습니다. GCC가 아닌 ARM 사에서 제공하는 ARMCC는 아무래도 ARM을 만든 회사에서 제공하는 컴파일러라 그런지 컴파일러의 빌트인 변수로 cspr에 접근할 수 있는데, GCC는 그렇지 않아서 직접 어셈블리어를 사용해야 합니다. 두 가지 방법이 있습니다. Entry.S 처럼 어셈블리어 소스 파일을 만들어 완전히 어셈블리어로 작성하는 방법과 C 언어 소스 파일을 만들고 C 언어 함수 속에서 인라인 어셈블리어를 사용하는 방법입니다. 어느 쪽이든 다 좋습니다. 코드 6.7은 인라인 어셈블리어를 사용한 코드입니다.

코드 6.7 **lib/armcpu.c**

```
1   #include "armcpu.h"
2
3   void enable_irq(void)
4   {
5       __asm__ ("PUSH {r0, r1}");
6       __asm__ ("MRS  r0, cpsr");
7       __asm__ ("BIC  r1, r0, #0x80");
8       __asm__ ("MSR  cpsr, r1");
9       __asm__ ("POP {r0, r1}");
10  }
11
12  void enable_fiq(void)
13  {
14      __asm__ ("PUSH {r0, r1}");
15      __asm__ ("MRS  r0, cpsr");
16      __asm__ ("BIC  r1, r0, #0x40");
17      __asm__ ("MSR  cpsr, r1");
18      __asm__ ("POP {r0, r1}");
19  }
20
21  void disable_irq(void)
22  {
23      __asm__ ("PUSH {r0, r1}");
```

```
24      __asm__ ("MRS  r0, cpsr");
25      __asm__ ("ORR  r1, r0, #0x80");
26      __asm__ ("MSR  cpsr, r1");
27      __asm__ ("POP {r0, r1}");
28 }
29
30 void disable_fiq(void)
31 {
32      __asm__ ("PUSH {r0, r1}");
33      __asm__ ("MRS  r0, cpsr");
34      __asm__ ("ORR  r1, r0, #0x40");
35      __asm__ ("MSR  cpsr, r1");
36      __asm__ ("POP {r0, r1}");
37 }
```

인라인 어셈블리어를 사용하면 장점이 있습니다. 스택에 레지스터를 백업 및 복구하는 코드와 리턴 처리하는 코드를 컴파일러가 자동으로 만듭니다. 만약 인라인 어셈블리어가 아니라 완전 어셈블리어 코드로 작성한다면 모든 작업을 어셈블리어로 작성해야 합니다.

다음 코드는 enable_irq() 함수를 빌드한 후 오브젝트 파일을 역어셈블해서 추출한 코드입니다.

```
00000000 <enable_irq>:
   0:  e52db004    push    {fp}                ; (str fp, [sp, #-4]!)
   4:  e28db000    add     fp, sp, #0
   8:  e92d0003    push    {r0, r1}
   c:  e10f0000    mrs     r0, CPSR
  10:  e3c01080    bic     r1, r0, #128        ; 0x80
  14:  e129f001    msr     CPSR_fc, r1
  18:  e8bd0003    pop     {r0, r1}
  1c:  e24bd000    sub     sp, fp, #0
  20:  e49db004    pop     {fp}                ; (ldr fp, [sp], #4)
  24:  e12fff1e    bx      lr
```

오프셋 0x08부터 0x18까지 코드는 코드 6.7에서 작성한 인라인 어셈블리어 코드와 동일합니다. 그리고 앞뒤에 push, add, pop 등이 컴파일러가 자동으로 생성한 코드입니다. 만약 인라인 어셈블리어를 사용하지 않고 Entry.S처럼 어셈블리어 소스 파일을 쓴다면 이 컴파일러가 만든 코드도 우리가 작성해야 합니다.

코드 자체는 매우 쉽습니다. 코드 6.7의 코드는 모두 동일한 패턴을 반복합니다. 중요한 부분은 7번째, 16번째, 25번째, 34번째 줄입니다. 0x80은 cspr의 IRQ 마스크 비트 위치인 7번 비트에 1이 있는 값이고, 0x40은 FIQ의 마스크 비트인

6번 비트에 1이 있는 값입니다. BIC 명령어를 사용하면 1이 있는 비트에 0을 쓰고, ORR 명령어를 사용하면 반대로 1을 씁니다. 그래서 BIC 명령을 쓰면 해당 비트를 0으로 클리어하고, ORR 명령을 쓰면 해당 비트에 1을 설정합니다. 그래서 enable_irq() 함수와 enable_fiq() 함수에 BIC 명령을 사용했고, disable_irq() 함수와 disable_fiq() 함수에 ORR 명령을 사용했습니다.

6.2 UART 입력과 인터럽트 연결

이제 GIC를 설정하는 작업은 마무리했습니다. 그런데 GIC만 설정해서는 실제로 인터럽트를 활용할 수 없습니다. 왜냐하면 인터럽트를 발생시키는 하드웨어와 연결되어 있지 않기 때문입니다. 인터럽트를 받고 처리할 준비를 했으므로 하드웨어를 설정해서 인터럽트 컨트롤러로 인터럽트를 보내야 인터럽트를 활용할 수 있습니다. 역시 가장 먼저 작업하는 하드웨어는 UART입니다. UART도 은근 인터럽트 소스가 많습니다. 그래서 입력이 있을 때, 출력이 있을 때, 에러가 발생했을 때 등등 여러 가지로 설정할 수 있습니다. 가장 대표적이고 많이 쓰이면서 직관적인 것은 입력 인터럽트입니다. 그리고 사실 입력에 대한 인터럽트만 설정해도 충분합니다.

먼저 하드웨어 의존적인 UART 코드가 있는 Uart.c 파일의 Hal_uart_init() 함수를 수정합니다.

코드 6.8 Uart.c 파일의 Hal_uart_init() 함수 수정

```
1    #include "stdint.h"
2    #include "Uart.h"
3    #include "HalUart.h"
4    #include "HalInterrupt.h"
5
6    extern volatile PL011_t* Uart;
7
8    static void interrupt_handler(void);
9
10   void Hal_uart_init(void)
11   {
12       // Enable UART
13       Uart->uartcr.bits.UARTEN = 0;
14       Uart->uartcr.bits.TXE = 1;
15       Uart->uartcr.bits.RXE = 1;
16       Uart->uartcr.bits.UARTEN = 1;
17
```

```
18      // Enable input interrupt
19      Uart->uartimsc.bits.RXIM = 1;
20
21      // Register UART interrupt handler
22      Hal_interrupt_enable(UART_INTERRUPT0);
23      Hal_interrupt_register_handler(interrupt_handler, UART_INTERRUPT0);
24   }
```

코드 6.8의 4번째 줄에 #include 구문을 추가했습니다. 새로 만든 HalInterrupt.h 파일을 포함한다는 의미입니다. 이것은 곧 인터럽트 설정 관련 함수를 사용하겠다는 뜻이지요. 22번째와 23번째 줄을 보면 인터럽트 API를 호출합니다. UART IRQ ID인 44번 인터럽트를 켜고 interrupt_handler() 함수를 핸들러로 연결하는 코드입니다.

코드 6.9 UART 입력 인터럽트 핸들러

```
1   static void interrupt_handler(void)
2   {
3       uint8_t ch = Hal_uart_get_char();
4       Hal_uart_put_char(ch);
5   }
```

UART 입력이 발생하면 코드 6.9의 interrupt_handler() 함수를 코어가 자동으로 실행합니다. 인터럽트 핸들러는 현시점에서 별다른 동작을 하지 않습니다. 그냥 UART 하드웨어에서 읽은 입력 값을 다시 그대로 UART 출력으로 내보냅니다. 이전에 main() 함수에 100번 한정으로 작업했던 바로 그 에코 코드입니다. 지금은 인터럽트로 처리하므로 100번 제한이 없고 QEMU가 켜져 있는 동안 제한 없이 에코가 동작합니다.

여기까지 작업했으면 UART와 인터럽트를 연결하는 작업은 마무리입니다. 별 거 없지요. 인터럽트와 UART가 독립되어 있지 않고 연결되었으므로 초기화 순서를 맞춰줘야 합니다. 다시 Main.c 파일에서 하드웨어 초기화 코드를 수정합니다.

코드 6.10 하드웨어 초기화 코드 수정

```
1   static void Hw_init(void)
2   {
3       Hal_interrupt_init();
4       Hal_uart_init();
5   }
```

코드 6.10에 원래는 Hal_uart_init() 함수만 하나 있었는데, Hal_interrupt_init() 함수를 추가했습니다. 중요한 것은 순서입니다. 인터럽트 컨트롤러를 초기화하는 Hal_interrupt_init() 함수를 UART 초기화 함수보다 먼저 호출해야합니다. 왜냐하면 Hal_uart_init() 함수 내부에서 인터럽트 관련 함수를 호출하므로 그 전에 인터럽트 컨트롤러를 초기화해 놔야 정상적으로 동작하기 때문입니다.

6.3 IRQ 익셉션 벡터 연결

이쯤에서 지금까지 작업한 내용을 정리해 보면 다음과 같습니다.

- main() 함수를 무한 루프로 종료하지 않게 변경
- 인터럽트 컨트롤러 초기화
- cspr의 IRQ 마스크를 해제
- UART 인터럽트 핸들러를 인터럽트 컨트롤러에 등록
- 인터럽트 컨트롤러와 UART 하드웨어 초기화 순서 조정

이제 마지막 작업이 남았습니다. 인터럽트가 발생하면 인터럽트 컨트롤러는 이 인터럽트를 접수해서 ARM 코어로 바로 전달합니다. 몇 번 언급했듯이 ARM에는 FIQ와 IRQ라는 두 종류의 인터럽트가 있습니다. 이 책에서는 IRQ만 사용합니다. 그래서 ARM 코어는 인터럽트를 받으면 IRQ 익셉션을 발생시킵니다. 그리고 동작 모드를 IRQ 모드로 바꾸면서 동시에 익셉션 벡터 테이블의 IRQ 익셉션 벡터로 바로 점프합니다. 그래서 하드웨어 동작을 빼고 소프트웨어 동작만 보면, 인터럽트 종류가 무엇이든 일단 익셉션 벡터 테이블의 IRQ 익셉션 핸들러가 무조건 실행됩니다. 그렇다면 남은 작업은 익셉션 벡터 테이블의 IRQ 익셉션 벡터와 인터럽트 컨트롤러의 인터럽트 핸들러를 연결하는 작업입니다.

그 전에 먼저 익셉션 핸들러부터 만들겠습니다. boot/Handler.c 파일을 만듭니다.

코드 6.11 익셉션 핸들러

```
1   #include "stdbool.h"
2   #include "stdint.h"
3   #include "HalInterrupt.h"
4
```

```
5    __attribute__ ((interrupt ("IRQ"))) void Irq_Handler(void)
6    {
7        Hal_interrupt_run_handler();
8    }
9
10   __attribute__ ((interrupt ("FIQ"))) void Fiq_Handler(void)
11   {
12       while(true);
13   }
```

지금은 일단 IRQ 익셉션 핸들러와 FIQ 익셉션 핸들러만 작성했습니다. 그나마도 FIQ 익셉션 핸들러는 더미(dummy)입니다.

코드 구현을 설명하기 전에, GCC 확장 기능을 활용해 익셉션 핸들러 함수를 선언하는 방법을 먼저 살펴보겠습니다. 5번째 줄과 10번째 줄을 보면 그냥 함수 이름 선언이 아니라 앞에 이상한 문장이 붙어 있습니다. __attribute__는 GCC의 컴파일러 확장 기능을 사용하겠다는 지시어입니다. GCC 매뉴얼을 보면 매우 많은 __attribute__ 기능을 볼 수 있습니다. 이 중 __attribute__ ((interrupt ("IRQ")))와 __attribute__ ((interrupt ("FIQ")))는 ARM용 GCC의 전용 확장 기능입니다. IRQ와 FIQ의 핸들러에 진입하는 코드와 나가는 코드를 자동으로 만들어 줍니다. A.1절에 각 익셉션 핸들러별로 리턴 주소를 정하는 방법을 설명해 놓았습니다. 바로 그 리턴 주소를 컴파일러가 자동으로 만들어 줍니다. 정말 그런가 볼까요?

코드 6.11을 빌드하고 생성한 오브젝트 파일을 역어셈블하면 다음과 같은 코드가 나옵니다.

```
00000000 <Irq_Handler>:
   0:   e24ee004    sub     lr, lr, #4
   4:   e92d581f    push    {r0, r1, r2, r3, r4, fp, ip, lr}
   8:   e28db01c    add     fp, sp, #28
   c:   ebfffffe    bl      0 <Hal_interrupt_run_handler>
  10:   e24bd01c    sub     sp, fp, #28
  14:   e8fd981f    ldm     sp!, {r0, r1, r2, r3, r4, fp, ip, pc}^
```

중요한 코드는 0번 오프셋과 가장 마지막 0x14 오프셋의 코드입니다. LR에서 4를 빼는 것이 핵심입니다. 그럼 __attribute__ ((interrupt ("IRQ")))를 작성하지 않고 빌드하면 컴파일러는 어떤 코드를 만들어 낼까요? 바로 다음과 같은 코드를 만들어 냅니다.

```
00000000 <Irq_Handler>:
   0:   e92d4800    push    {fp, lr}
   4:   e28db004    add     fp, sp, #4
   8:   ebffffffe   bl      0 <Hal_interrupt_run_handler>
   c:   e8bd8800    pop     {fp, pc}
```

LR에서 4를 빼는 코드가 없지요? 이러면 ARM의 구조상 IRQ 익셉션 핸들러를 수행하고 제대로 된 위치로 복귀하지 못하고 펌웨어가 오동작하게 됩니다. 매우 중요한 차이입니다.

익셉션 핸들러를 만들었으니 이제 간단하게 익셉션 벡터 테이블에서 코드 6.11의 함수 이름으로 연결만 해주면 됩니다.

코드 6.12는 Entry.S 파일의 익셉션 벡터 테이블 부분입니다.

코드 6.12 익셉션 벡터 테이블에서 IRQ와 FIQ 익셉션 핸들러 연결

```
1     vector_start:
2         LDR PC, reset_handler_addr
3         LDR PC, undef_handler_addr
4         LDR PC, svc_handler_addr
5         LDR PC, pftch_abt_handler_addr
6         LDR PC, data_abt_handler_addr
7         B   .
8         LDR PC, irq_handler_addr
9         LDR PC, fiq_handler_addr
10
11        reset_handler_addr:     .word reset_handler
12        undef_handler_addr:     .word dummy_handler
13        svc_handler_addr:       .word dummy_handler
14        pftch_abt_handler_addr: .word dummy_handler
15        data_abt_handler_addr:  .word dummy_handler
16        irq_handler_addr: .word Irq_Handler
17        fiq_handler_addr: .word Fiq_Handler
18    vector_end:
```

16번째 줄과 17번째 줄을 수정했습니다. 기존에 dummy_handler로 연결하던 코드를 코드 6.11에서 작성한 Irq_Handler() 함수와 Fiq_Handler() 함수로 연결하도록 수정했습니다.

이제 다 했습니다. 빌드하고 테스트해 보면 됩니다. 정말 기대했던 대로 동작할까요?

```
$ qemu-system-arm -M realview-pb-a8 -kernel build/navilos.axf -nographic
pulseaudio: set_sink_input_volume() failed
```

```
pulseaudio: Reason: Invalid argument
pulseaudio: set_sink_input_mute() failed
pulseaudio: Reason: Invalid argument
NNNNNNNNNNNNNNNNNNNNNNNNNNNNNNNNNNNNNNNNNNN
NNNNNNNNNNNNNNNNNNNNNNNNNNNNNNNNNNNNNNNNNNNNNNNNNNNN
Hello World!
Hello printf
output string pointer: printf pointer test
(null) is null pointer, 10 number
5 = 5
dec=255 hex=FF
print zero 0
Interrupt works well, This is echo data!
```

잘 동작합니다. 가장 아랫줄에 "Interrupt works well, This is echo data!"라고 나온 부분이 제가 QEMU를 실행한 상태에서 키보드로 입력한 문장입니다. 이번 장을 시작할 때는 main() 함수가 무한 루프로 막혀 있는 탓에 키보드 입력에 아무런 반응이 없었습니다. 그리고 지금은 인터럽트를 연결하고 키보드 입력을 인터럽트로 전달하여 키보드 입력에 반응하는 모습을 눈으로 볼 수 있습니다.

다음은 지금까지 작업한 소스 코드의 디렉터리 구조입니다.

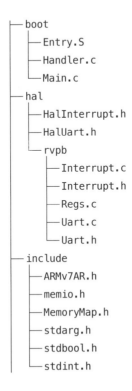

```
├── boot
│   ├── Entry.S
│   ├── Handler.c
│   └── Main.c
├── hal
│   ├── HalInterrupt.h
│   ├── HalUart.h
│   └── rvpb
│       ├── Interrupt.c
│       ├── Interrupt.h
│       ├── Regs.c
│       ├── Uart.c
│       └── Uart.h
├── include
│   ├── ARMv7AR.h
│   ├── memio.h
│   ├── MemoryMap.h
│   ├── stdarg.h
│   ├── stdbool.h
│   └── stdint.h
```

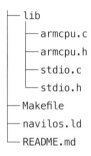

```
    ├── lib
    │   ├── armcpu.c
    │   ├── armcpu.h
    │   ├── stdio.c
    │   └── stdio.h
    ├── Makefile
    ├── navilos.ld
    └── README.md
```

boot/Handler.c가 새로 생겼습니다. 그리고 hal/HalInterrupt.h 파일도 새로 추가 되었군요. GIC용으로 hal/rvpb/Interrupt.c와 hal/rvpb/Interrupt.h 파일을 추가 했습니다. 그 과정에서 보조 함수를 만들 필요가 생겼습니다. SET_BIT, CLR_BIT 같은 매크로와 enable_irq() 함수 같은 녀석들이죠. 그래서 include/memio.h 파일을 만들었고 lib/armcpu.c 파일과 lib/armcpu.h 파일도 추가했습니다. 디렉 터리를 새로 만들지는 않았으므로 Makefile은 수정하지 않아도 됩니다.

6.4 요약

이 장에서는 인터럽트 컨트롤러를 사용해서 키보드 입력을 받았습니다. 인터럽 트로 키보드 입력을 받기 때문에 펌웨어가 키보드 입력을 대기하기 위해서 멈춰 있을 필요가 없습니다. 대표적으로 키보드 입력을 예로 들었지만 인터럽트는 펌 웨어의 기능을 구현하는 데 매우 핵심적이고 중요한 요소입니다. 임베디드 시스 템의 모든 것은 인터럽트라고 봐도 과언이 아닙니다. 인터럽트에 대한 이해는 매우 중요합니다. 다음 장에서는 또 다른 하드웨어인 타이머를 다뤄 보겠습니 다. 이제 우리는 시간을 제어할 수 있게 될 것입니다.

7장

타이머

다음으로 연습해 볼 하드웨어는 타이머입니다. 타이머는 중요한 장치입니다. 임베디드 시스템에서는 시간에 의존해서 동작을 제어해야 하는 상황이 꽤나 많거든요. 그러려면 시간을 알아야 합니다. 여기서 시간이라는 말은 얼마나 시간이 흘렀는지를 측정하는 것을 말합니다. 스톱워치 같은 것이죠. 그 기능을 해주는 것이 타이머입니다.

일반적으로 타이머는 목표 카운트 레지스터와 측정 카운트 레지스터를 조합해서 활용합니다. 목표 카운트 레지스터 값을 지정하고 측정 카운트 레지스터를 증가 혹은 감소로 설정합니다. 측정 카운트가 증가할 때는 0부터 시작해서 목표 카운트 값과 같아지면 인터럽트를 발생시킵니다. 반대로 측정 카운트가 감소할 때는 목표 카운트부터 시작해서 0이 되면 인터럽트를 발생시킵니다. 이 동작은 카운터 하드웨어의 구현에 따라 다릅니다.

RealViewPB는 SP804라는 타이머 하드웨어를 가지고 있습니다. 이 타이머는 측정 카운터가 감소하는 형식입니다. 우리의 목표는 일정 시간 간격으로 타이머 인터럽트를 발생시켜서 얼마만큼 시간이 지났는지 알아내는 것입니다. 이것을 알아낼 수 있으면 다양한 응용이 가능합니다. 대표적인 것이 delay() 함수 구현입니다. 따라서 이번 장의 목표는 잘 동작하는 delay() 함수를 구현하는 것입니다.

이 장의 소스 코드는 다음 명령을 이용해서 다운로드할 수 있습니다. 자세한 내용은 1.6절을 참고해 주세요.

· 7장: $ **wget https://github.com/navilera/Navilos/archive/fcd6a32.zip**

7.1 타이머 하드웨어 초기화

언제나처럼 새로운 하드웨어를 추가하는 첫 작업은 해당 하드웨어의 레지스터를 구조체로 추상화하여 hal에 추가하는 작업입니다.

코드 7.1 **SP804 하드웨어의 레지스터**

```
1   #ifndef HAL_RVPB_TIMER_H_
2   #define HAL_RVPB_TIMER_H_
3
4   typedef union TimerXControl_t
5   {
6       uint32_t all;
7       struct {
8           uint32_t OneShot:1;     // 0
9           uint32_t TimerSize:1;   // 1
10          uint32_t TimerPre:2;    // 3:2
11          uint32_t Reserved0:1;   // 4
12          uint32_t IntEnable:1;   // 5
13          uint32_t TimerMode:1;   // 6
14          uint32_t TimerEn:1;     // 7
15          uint32_t Reserved1:24;  // 31:8
16      } bits;
17  } TimerXControl_t;
18
19  typedef union TimerXRIS_t
20  {
21      uint32_t all;
22      struct {
23          uint32_t TimerXRIS:1;   // 0
24          uint32_t Reserved:31;   // 31:1
25      } bits;
26  } TimerXRIS_t;
27
28  typedef union TimerXMIS_t
29  {
30      uint32_t all;
31      struct {
32          uint32_t TimerXMIS:1;   // 0
33          uint32_t Reserved:31;   // 31:1
34      } bits;
```

```
35  } TimerXMIS_t;
36
37  typedef struct Timer_t
38  {
39      uint32_t        timerxload;     // 0x00
40      uint32_t        timerxvalue;    // 0x04
41      TimerXControl_t timerxcontrol;  // 0x08
42      uint32_t        timerxintclr;   // 0x0C
43      TimerXRIS_t     timerxris;      // 0x10
44      TimerXMIS_t     timerxmis;      // 0x14
45      uint32_t        timerxbgload;   // 0x18
46  } Timer_t;
47
48  #define TIMER_CPU_BASE  0x10011000
49  #define TIMER_INTERRUPT 36
50
51  #define TIMER_FREERUNNING   0
52  #define TIMER_PERIOIC       1
53
54  #define TIMER_16BIT_COUNTER 0
55  #define TIMER_32BIT_COUNTER 1
56
57  #define TIMER_1MZ_INTERVAL      (1024 * 1024)
58
59  #endif /* HAL_RVPB_TIMER_H_ */
```

SP804의 레지스터는 그렇게 많지 않아서 코드 7.1에 전체를 다 담았습니다. Timer_t 타입의 구조체를 보면 레지스터 7개가 정의되어 있습니다. 39번째 줄의 timerxload는 카운터의 목표 값을 지정하는 레지스터입니다. 40번째 줄의 timerxvalue는 감소하는 레지스터지요. 그래서 타이머가 켜지면 timerxvalue에 timerxload의 값을 복사하고 timerxvalue가 감소합니다. 감소하다가 0이 되면 인터럽트가 발생하는 것이지요. timerxcontrol은 타이머 하드웨어의 속성을 설정하는 레지스터입니다. 42번째 줄의 timerxintclr은 인터럽트 처리가 완료되었음을 타이머 하드웨어에 알려주는 레지스터입니다. 나머지 레지스터 세 개는 현재 사용하지 않습니다.

4~17번째 줄에 있는 TimerXControl_t는 타이머 하드웨어의 속성을 설정합니다. OneShot이 1이면 타이머 인터럽트가 한 번 발생하고 타이머가 바로 꺼집니다. 다시 켜려면 수동으로 레지스터를 설정해야 합니다. TimerSize는 39번째 줄의 timerxload와 40번째 줄의 timerxvalue의 크기를 설정합니다. 0이면 16비트만 사용하고 1이면 32비트를 모두 사용합니다. TimerPre는 클럭마다 카운터를

줄일지, 16번마다 줄일지, 256번마다 줄일지를 설정합니다. 계산하기 귀찮으니까 그냥 클럭 1번에 카운터 1씩 줄이는 걸로 설정하겠습니다. IntEnable은 타이머 하드웨어의 인터럽트를 켭니다. TimerMode는 timerxload를 사용할지 사용하지 않을지를 결정합니다. 0이면 사용하지 않습니다. 그래서 timerxvalue는 최댓값(16비트일 때는 0xFFFF, 32비트일 때는 0xFFFFFFFF)부터 0까지 카운트가 내려가야 인터럽트가 발생합니다. 하드웨어 제조업체는 이 모드를 프리-러닝(free-running) 모드라고 이름 붙여 놨습니다. 1일 때는 timerxload를 사용합니다. 그래서 timerxload에 지정한 값부터 0까지 카운트가 내려가면 인터럽트가 발생합니다. 하드웨어 제조업체는 이 모드를 피리오딕(periodic) 모드라고 이름 붙여 놨습니다. 우리는 피리오딕 모드를 사용할 것입니다. TimerEn은 타이머 하드웨어 전체를 끄고 켜는 레지스터입니다.

48번째 줄의 TIMER_CPU_BASE는 타이머 하드웨어 레지스터가 할당되어 있는 메모리 주소입니다. RealViewPB의 데이터시트에 보면 0x10011000에 타이머 0과 1이 할당되어 있습니다. 우리는 타이머를 한 개만 사용할 것이므로 멀티타이머는 현 시점에서 고려하지 않겠습니다. 다음 줄에 나오는 TIMER_INTERRUPT는 타이머 하드웨어가 인터럽트를 발생시킬 때 GIC에 전달하는 인터럽트 번호입니다. 코드 7.1의 나머지 코드는 동작 구현을 설명할 때 같이 설명하겠습니다.

레지스터 헤더 파일을 만들었으니까 이제 초기화 코드를 작성할 차례입니다. UART나 인터럽트 컨트롤러와 마찬가지로 hal/HalTimer.h 파일을 먼저 만들어서 공용 인터페이스 API를 확정하고 그것에 맞춰서 구현 코드를 만들겠습니다.

코드 7.2 hal/HalTimer.h 공용 인터페이스 API

```
1   #ifndef HAL_HALTIMER_H_
2   #define HAL_HALTIMER_H_
3
4   void    Hal_timer_init(void);
5
6   #endif /* HAL_HALTIMER_H_ */
```

코드 7.2에 보면 타이머를 초기화하는 Hal_timer_init() 함수만 선언되어 있습니다. 아직까지는 필요한 타이머 관련 API를 도출해 내지 못했기 때문입니다. 개발을 진행하는 과정에서 하나씩 추가해 나갈 것입니다.

앞서 작업한 UART나 GIC와 마찬가지로 공용 API를 구현하는 하드웨어 의존적인 코드를 hal/rvpb/Timer.c에 작성하겠습니다.

코드 7.3 타이머 HAL 구현

```c
1   #include "stdint.h"
2   #include "Timer.h"
3   #include "HalTimer.h"
4   #include "HalInterrupt.h"
5
6   extern volatile Timer_t* Timer;
7
8   static void interrupt_handler(void);
9
10  static uint32_t internal_1ms_counter;
11
12  void Hal_timer_init(void)
13  {
14      // interface reset
15      Timer->timerxcontrol.bits.TimerEn = 0;
16      Timer->timerxcontrol.bits.TimerMode = 0;
17      Timer->timerxcontrol.bits.OneShot = 0;
18      Timer->timerxcontrol.bits.TimerSize = 0;
19      Timer->timerxcontrol.bits.TimerPre = 0;
20      Timer->timerxcontrol.bits.IntEnable = 1;
21      Timer->timerxload = 0;
22      Timer->timerxvalue = 0xFFFFFFFF;
23
24      // set periodic mode
25      Timer->timerxcontrol.bits.TimerMode = TIMER_PERIOIC;
26      Timer->timerxcontrol.bits.TimerSize = TIMER_32BIT_COUNTER;
27      Timer->timerxcontrol.bits.OneShot = 0;
28      Timer->timerxcontrol.bits.TimerPre = 0;
29      Timer->timerxcontrol.bits.IntEnable = 1;
30
31      uint32_t interval_1ms = TIMER_1MZ_INTERVAL / 1000;
32
33      Timer->timerxload = interval_1ms;
34      Timer->timerxcontrol.bits.TimerEn = 1;
35
36      internal_1ms_counter = 0;
37
38      // Register Timer interrupt handler
39      Hal_interrupt_enable(TIMER_INTERRUPT);
40      Hal_interrupt_register_handler(interrupt_handler, TIMER_INTERRUPT);
41  }
42
43  static void interrupt_handler(void)
44  {
45      internal_1ms_counter++;
46
47      Timer->timerxintclr = 1;
48  }
```

코드 7.3에는 공용 인터페이스 API를 만든 `Hal_timer_init()` 함수의 구현과 타이머 인터럽트의 인터럽트 핸들러인 `interrupt_handler()` 함수의 구현이 있습니다.

먼저 `Hal_timer_init()` 함수부터 보도록 하죠. 15~22번째 줄은 타이머 하드웨어의 인터페이스 초기화 코드입니다. SP804의 데이터시트에서 해당 절차를 찾아볼 수 있습니다. 그 절차 그대로 코드로 옮긴 것입니다. 데이터시트에 설명되어 있는 인터페이스 초기화 절차는 다음과 같습니다.

1. 타이머를 끕니다(`TimerEn = 0`).
2. 프리-러닝 모드로 설정해 놓습니다(`TimerMode = 0, OneShot = 0`).
3. 16비트 카운터 모드로 설정합니다(`TimerSize = 0`).
4. 프리스케일러 분주(divider)는 1로 설정합니다(`TimerPre = 0`).
5. 인터럽트를 켭니다(`IntEnable = 1`).
6. 로드 레지스터를 켭니다.
7. 카운터 레지스터는 0xFFFFFFFF로 설정합니다.

실험 결과 QEMU에서는 앞의 인터페이스 초기화 과정을 하지 않아도 타이머 동작에는 문제가 없었습니다. 하지만 에뮬레이터와 실제 하드웨어의 차이 때문에 실제 하드웨어에서는 앞의 인터페이스 초기화 과정이 필요할 수도 있습니다. 그래서 에뮬레이터에서는 없어도 되는 코드이지만 실제 하드웨어라고 생각하고 코드를 작성했습니다.

인터페이스 초기화 코드 이후에 나오는 25~34번째 줄의 코드가 피리오딕 모드로 1밀리초 간격으로 인터럽트를 발생하게 타이머를 설정하는 코드입니다. 이 코드에서 가장 중요한 코드는 31번째 줄의 `interval` 변수의 값을 정하는 코드입니다. 이 `interval` 변수의 값이 로드 레지스터로 들어갑니다. 따라서 이 값이 타이머 인터럽트의 발생 간격을 지정하는 것입니다. 실제 하드웨어라면 클럭 지정과 관련된 다른 레지스터의 설정을 알아야 하는 등 작업할 일이 많은 부분입니다. QEMU는 이 부분을 상당히 단순화시켜 놔서 QEMU의 구현 특징만 알고 있으면 원하는 동작을 하게 만들 수 있습니다.

```
#define TIMER_1MZ_INTERVAL  (1024 * 1024)
TIMER_1MZ_INTERVAL / 1000;
```

이 두 줄을 이해해야 왜 31번째 줄에서 간격을 1밀리초로 설정했는지 알 수 있습니다. RealViewPB는 타이머 클럭 소스(clock source)로 1MHz 클럭을 받거나 32.768kHz짜리 크리스탈 오실레이터를 클럭으로 쓸 수 있습니다. 그러면 QEMU의 RealViewPB는 둘 중 어떤 것을 타이머 클럭으로 사용할까요? RealViewPB의 데이터시트에 시스템 컨트롤 레지스터0의 15번 비트가 타이머 클럭이 1MHz 혹은 32.768kHz 중 어떤 것으로 설정되어 있는지 알려 준다고 나와 있습니다. 시스템 컨트롤 레지스터는 이름이 SYSCTRL0이고 메모리 주소는 0x10001000입니다. 이 값을 읽어 보도록 하지요. 읽는 방법은 간단합니다. 앞서 만든 debug_printf() 함수로 그냥 메모리 값을 찍어보면 됩니다.

코드 7.4 Main.c 파일에 SYSCTRL0 값을 출력하는 코드 추가

```
1   static void Printf_test(void)
2   {
3       char* str = "printf pointer test";
4       char* nullptr = 0;
5       uint32_t i = 5;
6       uint32_t* sysctrl0 = (uint32_t*)0x10001000;
7
8       debug_printf("%s\n", "Hello printf");
9       debug_printf("output string pointer: %s\n", str);
10      debug_printf("%s is null pointer, %u number\n", nullptr, 10);
11      debug_printf("%u = 5\n", i);
12      debug_printf("dec=%u hex=%x\n", 0xff, 0xff);
13      debug_printf("print zero %u\n", 0);
14      debug_printf("SYSCTRL0 %x\n", *sysctrl0);
15  }
```

앞 장에서 UART를 테스트하려고 만든 Printf_test() 함수에 6번째 줄과 14번째 줄을 추가했습니다. 바로 실행해 보도록 하지요. 어떤 값이 나올까요?

```
Hello World!
Hello printf
output string pointer: printf pointer test
(null) is null pointer, 10 number
5 = 5
dec=255 hex=FF
print zero 0
SYSCTRL0 0
```

SYSCTRL0 레지스터의 모든 비트 값은 전부 0입니다. 따라서 QEMU의 RealViewPB는 타이머의 클럭으로 1MHz를 쓴다는 것을 알 수 있습니다. 하지만 QEMU는 소프트웨어 에뮬레이터이므로 이 기준 클럭이 정확하게 동작하지는 않습니다. 얼추 비슷하게 동작할 뿐입니다.

기준 클럭이 1MHz라는 것을 알았으니 이제 타이머의 로드 레지스터에 값을 어떻게 설정해야 하는지 찾아보겠습니다. PL804의 데이터시트에 공식이 있습니다.

$$\text{TimerXLoad} = \left[\frac{\text{Interval} \times \textbf{TIMCLK}_{\text{FREQ}}}{\textbf{TIMCLKENX}_{\text{DIV}} \times \textbf{PRESCALE}_{\text{DIV}}} \right]$$

그림 7.1 PL804 데이터시트 인터벌 설정

그림 7.1은 PL804의 데이터시트에서 발췌한 로드 레지스터 설정 공식입니다. TIMCLK이 1048576(1024 * 1024 = 1M)이고 TIMCLKENX가 1이고 PRESCALE도 1이므로 분모는 신경 쓰지 않아도 됩니다. 그러므로 클럭 값 자체가 로드 레지스터 값이 됩니다. 공식대로라면 1M인 1048576을 설정하면 타이머 인터럽트가 1초마다 한 번씩 발생하게 됩니다. 우리가 원하는 것은 1밀리초이므로 숫자를 1/1000로 줄입니다. 그래서 1048576을 1000으로 나눈 값을 로드 레지스터에 설정하는 것입니다.

코드 7.3의 43~48번째 줄의 코드는 인터럽트 핸들러입니다. 앞서 작성한 코드가 제대로 동작한다면 이 핸들러는 1밀리초마다 실행될 것이므로 internal_1ms_counter 변수의 값은 1밀리초마다 1씩 증가하게 됩니다. 변수 값을 증가시킨 다음에는 반드시 47번째 줄처럼 타이머 하드웨어에서 인터럽트를 클리어해야 합니다. 그렇지 않으면 하드웨어가 인터럽트 신호를 계속 GIC에 보내서 원하는 동작을 하지 않게 됩니다.

7.2 타이머 카운터 오버플로

우리는 1밀리초 단위로 증가하는 타이머 카운터를 만들었습니다. 임베디드 시스템에 전원이 들어오면 숫자가 증가하기 시작해서 전원이 꺼질 때까지 계속 증가합니다. 여기서 고려해야 할 점은 이 변수의 크기가 32비트라는 것입니다. 이말은 32비트의 최대 크기까지 카운터가 증가하고 나면 다시 변수의 값이 0이 된다는 뜻입니다. 그래서 타이머 카운터를 이용하는 코드를 만들 때는 항상 이 오버플로(overflow) 문제를 염두에 두고 작성해야 합니다.

그럼 최댓값이 얼마인지 계산해 볼까요? 32비트 변수의 최댓값은 0xFFFFFFFF

입니다. 10진수로는 4294967295입니다. 1밀리초마다 1씩 증가하므로 타이머 카운트가 1000씩 올라갈 때마다 1초가 지난 것입니다. 1000으로 나누면 4294967.295입니다. 즉, 약 4294967초가 이 타이머 카운터가 오버플로를 일으키지 않고 잴 수 있는 최대 시간이라는 뜻입니다. 이 시간을 분 단위로 바꾸면 71582.78825분이고 시간 단위로 바꾸면 1193.04647시간입니다. 24로 나누면 49.71026입니다. 그러므로 시스템을 50일 정도 계속 켜 놓으면 50일이 다 지나기 전에 타이머 카운터는 오버플로를 일으켜서 0이 될 것입니다.

'50일 정도면 긴 시간 아닌가'라고 생각하는 독자도 있을 겁니다. 반은 맞고 반은 틀렸습니다. 왜냐하면 이 기준은 해당 하드웨어의 동작 목적에 따라 다르기 때문입니다. 어떤 하드웨어는 동작 규정상 하루에 한 번씩 혹은 50일 이전마다 전원을 껐다가 켜야 하는 것들도 있고, 또 어떤 하드웨어는 몇 달 혹은 몇 년이 지나도 전원을 계속 켜놓고 사용해야 하는 것들도 있습니다. 우리는 언제나 최악의 상황에서도 동작하는 소프트웨어를 만들어야 합니다. 그래서 타이머 카운터의 오버플로를 고려하라고 강조하는 것입니다.

다음 절에서 만들 delay() 함수도 타이머 카운터를 사용합니다. 그래서 타이머 카운트 오버플로가 생겼을 때도 정상 동작하는지를 확인해야 합니다. 다음 절에서 어떤 방식으로 오버플로 상황을 고려하는지 설명합니다.

7.3 delay() 함수

타이머 하드웨어를 활성화하고 타이머 카운터를 만들어서 시간을 측정하는 이유는 다양한 형태의 시간 지연 함수를 만들어 사용하기 위해서입니다. 이번 장에서는 가장 간단한 형태의 시간 지연 함수인 delay() 함수를 만들어 보겠습니다. delay() 함수는 특정 시간만큼 아무 일도 하지 않고 시간이 지날 때까지 기다리는 함수입니다.

먼저 stdlib.h 파일을 lib 디렉터리 밑에 만듭니다. delay() 함수와 같은 유틸리티 관련 함수를 stdlib.h에 정의할 생각입니다. 현재는 delay() 함수 하나뿐이므로 코드 7.5처럼 간단한 코드입니다.

코드 7.5 delay() 함수 선언

```
1   #ifndef LIB_STDLIB_H_
2   #define LIB_STDLIB_H_
```

```
3
4   void delay(uint32_t ms);
5
6   #endif /* LIB_STDLIB_H_ */
```

delay() 함수는 밀리초를 파라미터로 받습니다. 임베디드 시스템을 개발하다 보면 가장 많이 사용하는 시간의 단위가 밀리초입니다. 초 단위는 현 시대의 임베디드 시스템에서는 너무 긴 시간이고 마이크로초 단위는 변수의 숫자가 너무 커지므로 활용성이 떨어집니다. 앞으로 계속 임베디드 시스템이 빨라지고 점점 고도화되면 밀리초가 긴 시간 취급을 받을 날이 올지도 모릅니다. 그러나 아직까지는 밀리초가 적당합니다.

이어서 함수 본체를 작성해 보겠습니다. delay() 함수는 타이머 카운터 변수의 값을 이용합니다. 타이머 카운터 변수는 로컬 전역 변수이므로 다른 파일에서 값을 이용하려면 글로벌 전역 변수로 바꾸든지 값을 읽을 수 있는 인터페이스 함수를 만들어야 합니다. 저는 이런 상황에서 인터페이스 함수를 만들어 사용하는 것을 선호합니다. 인터페이스 함수를 만들어 사용하면 소프트웨어의 구조를 유연하게 만들 수 있기 때문입니다. 예를 들어, 미래에 특정 기능을 여러 코어로 분리해야 하는 상황이 생길 수도 있습니다. 이때 글로벌 전역 변수를 사용하면 공유 메모리에 전역 변수를 배치해야 하는 등 번거로운 일이 많이 생기지만, 인터페이스 함수를 만들어 사용하면 함수의 리턴값으로 필요한 정보를 전달할 수 있어 복잡한 작업을 많이 줄일 수 있습니다.

타이머 공용 인터페이스에 타이머 카운터 변수의 값을 읽을 수 있는 인터페이스 함수를 선언합니다.

코드 7.6 hal/HalTimer.h 공용 인터페이스 API에 추가

```
1   #ifndef HAL_HALTIMER_H_
2   #define HAL_HALTIMER_H_
3
4   void    Hal_timer_init(void);
5   uint32_t Hal_timer_get_1ms_counter(void);
6
7   #endif /* HAL_HALTIMER_H_ */
```

간단히 추가했습니다. 그리고 타이머 카운터 변수의 값을 리턴하는 함수 본체를 작성합니다. hal/rvpb/Timer.c에 코드 7.7을 추가합니다.

코드 7.7 **hal/HalTimer.h 공용 인터페이스 API**

```
1   uint32_t Hal_timer_get_1ms_counter(void)
2   {
3       return internal_1ms_counter;
4   }
```

타이머 카운터 변수인 internal_1ms_counter의 값을 바로 리턴하고 끝입니다. 이제 이 함수를 이용해서 delay() 함수의 본체를 만들어 보겠습니다. 파일은 lib/stdlib.c입니다.

코드 7.8 **delay() 함수**

```
1   #include "stdint.h"
2   #include "stdbool.h"
3   #include "HalTimer.h"
4
5   void delay(uint32_t ms)
6   {
7       uint32_t goal = Hal_timer_get_1ms_counter() + ms;
8
9       while(goal != Hal_timer_get_1ms_counter());
10  }
```

딱 두 줄짜리 코드입니다. goal 변수는 말 그대로 목적하는 시간입니다. 예를 들어 delay() 함수가 호출되는 바로 그 순간의 타이머 카운터 값이 100이고 delay() 함수를 통해서 10밀리초의 시간 지연을 구현하고 싶다면 타이머 카운터가 110이 될 때까지 기다리면 되는 것입니다. goal 변수에는 110이 들어가게 되는 것이죠.

현재 타이머 카운터가 goal에 도달하는지 확인하는 방법은 두 가지가 있습니다. 첫 번째는 타이머 카운터가 goal보다 큰 동안 대기하는 것입니다. 두 번째는 타이머 카운터가 goal과 같은지를 비교하는 것입니다. 보통은 첫 번째 방법이 더 안전합니다. 그러나 우리는 타이머 카운터 변수의 오버플로를 고려해야 합니다.

생각을 쉽게 하기 위해서 타이머 카운터 변수의 최댓값이 99라고 가정하겠습니다. 그러면 타이머 카운터 변수는 0부터 99까지 커지다가 다시 0이 됩니다. 만약 현재 타이머 카운터 변수의 값이 80인데 30밀리초가 delay() 함수의 파라미터로 넘어왔다고 하면 goal은 110이 아니라 10이 됩니다. 100에서 오버플로가 발생해서 0이 되거든요. 그럼 이 상황에서 대기하는 코드를 다음과 같이 작성한다면 목적하는 동작을 하지 않게 됩니다.

```
while(goal > Hal_timer_get_1ms_counter());
```

오버플로가 발생하지 않을 때는 유효한 코드입니다. 하지만 오버플로가 발생하면 goal은 10입니다. 타이머 카운터 변수는 81, 82, 83, . . .으로 증가합니다. 그러면 while 문의 조건절은 10>81, 10>82, 10>83 . . .으로 항상 false입니다. 즉, while 문이 전혀 동작하지 않는다는 뜻입니다. while 문이 동작하지 않으면 delay() 함수의 목적을 달성하지 못합니다. 그래서 코드 7.8처럼 코드를 만들어야 오버플로가 발생해도 의도하는 delay() 함수의 동작을 구현할 수 있습니다.

이제 간단한 테스트 코드를 작성해서 의도한 대로 동작하는지 확인해 보겠습니다. boot/Main.c 파일에 delay() 함수를 테스트하는 코드를 작성해서 타이머 관련 기능을 모두 테스트합니다.

코드 7.9 delay() 함수를 테스트하는 코드

```
1    ⋮
2   전략
3    ⋮
4
5   #include "HalTimer.h"
6
7   #include "stdio.h"
8   #include "stdlib.h"
9
10  static void Hw_init(void);
11
12  static void Printf_test(void);
13  static void Timer_test(void);
14
15   ⋮
16  중략
17   ⋮
18
19  static void Timer_test(void)
20  {
21      while(true)
22      {
23          debug_printf("current count : %u\n", Hal_timer_get_1ms_counter());
24          delay(1000);
25      }
26  }
```

중간중간 추가된 코드는 많지만 대부분 #include 구문이거나 함수 선언입니다. 중요한 내용은 19~26번째 줄에 있는 Timer_test() 함수의 구현입니다. 구현 내용도 어렵지 않습니다. 무한 루프를 돌면서 1초(1000밀리초)를 대기하고 타이머 카운터 변수의 값을 UART로 출력하는 코드입니다. 제대로 동작한다면 1초마다 한 번씩 메시지가 화면에 나와야 합니다.

다음과 같이 QEMU를 실행했을 때 "current count : xxxx"라는 메시지가 1초 마다 한 번씩 나오면 제대로 동작하는 것입니다.

```
$ qemu-system-arm -M realview-pb-a8 -kernel build/navilos.axf -nographic
pulseaudio: set_sink_input_volume() failed
pulseaudio: Reason: Invalid argument
pulseaudio: set_sink_input_mute() failed
pulseaudio: Reason: Invalid argument
NNNNNNNNNNNNNNNNNNNNNNNNNNNNNNNNNNNNNNNNNNNNNNN
NNNNNNNNNNNNNNNNNNNNNNNNNNNNNNNNNNNNNNNNNNNNNNNNNN
Hello World!
Hello printf
output string pointer: printf pointer test
(null) is null pointer, 10 number
5 = 5
dec=255 hex=FF
print zero 0
SYSCTRL0 0
current count : 2
current count : 1002
current count : 2002
current count : 3002
current count : 4002
current count : 5002
current count : 6002
current count : 7002
current count : 8002
current count : 9002
current count : 10002
current count : 11002
current count : 12002
current count : 13002
current count : 14002
current count : 15002
```

QEMU는 실물 하드웨어가 아니므로 타이머 같은 것이 정확히 동작하지 않습니 다. 대략 1초마다 나오면 맞다고 보고 나중에 실제 하드웨어로 옮길 때 다시 값 을 조정하는 식으로 개발을 진행합니다.

현재까지 작업한 소스 코드 트리의 구조는 다음과 같습니다.

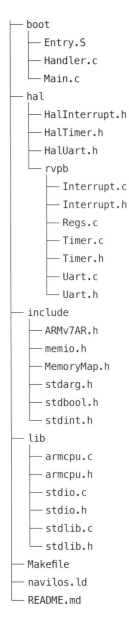

```
├─ boot
│   ├─ Entry.S
│   ├─ Handler.c
│   └─ Main.c
├─ hal
│   ├─ HalInterrupt.h
│   ├─ HalTimer.h
│   ├─ HalUart.h
│   └─ rvpb
│       ├─ Interrupt.c
│       ├─ Interrupt.h
│       ├─ Regs.c
│       ├─ Timer.c
│       ├─ Timer.h
│       ├─ Uart.c
│       └─ Uart.h
├─ include
│   ├─ ARMv7AR.h
│   ├─ memio.h
│   ├─ MemoryMap.h
│   ├─ stdarg.h
│   ├─ stdbool.h
│   └─ stdint.h
├─ lib
│   ├─ armcpu.c
│   ├─ armcpu.h
│   ├─ stdio.c
│   ├─ stdio.h
│   ├─ stdlib.c
│   └─ stdlib.h
├─ Makefile
├─ navilos.ld
└─ README.md
```

타이머 하드웨어 처리와 delay() 함수 구현으로 파일이 몇 개 생겼습니다. hal/
rvpb/Timer.c와 hal/rvpb/Timer.h 파일로 SP804의 하드웨어 처리를 구현했습니
다. 그리고 hal/HalTimer.h는 타이머를 처리하는 공용 HAL 인터페이스를 정의
하고 있습니다. delay() 함수를 구현하는 lib/stdlib.h와 lib/stdlib.c 파일도 추가
되었습니다.

7.4 요약

이 장에서는 타이머 하드웨어를 제어하는 방법을 공부했습니다. 임베디드 시스템에서 시간을 다루는 일은 매우 중요합니다. 중요한 동기화 처리를 위해 일정 시간 동안 어떤 정보를 기다려야 하는 상황은 매우 흔합니다. 이럴 때 시간을 정확하게 제어할 수 있어야 딱 필요한 시간만큼만 기다릴 수 있습니다. 혹은 어떤 하드웨어를 딱 정해진 시간만큼만 제어해야 하는 상황도 매우 자주 있습니다. 이럴 때는 시간을 제어하는 것이 필수입니다. 다음 장에서는 드디어 RTOS다운 기능을 구현합니다. 바로 태스크 구현이지요. 지금까지는 펌웨어 자체를 구현했다면 이제부터는 펌웨어를 RTOS라고 부를 수 있는 기능들을 만들 것입니다.

8장

태스크

지금까지 꽤 많은 내용을 설명하고 코드를 작성했습니다. 하지만 아직까지 본격적으로 RTOS에 관련된 내용은 설명하지 않았습니다. RTOS를 만들려면 임베디드 시스템과 펌웨어에 대한 기본적인 지식이 필요하므로 아무것도 없는 맨바닥에서 펌웨어가 어떻게 만들어지는지를 설명했습니다. 그 과정에서 RTOS를 만드는 데 필요한 몇 가지 라이브러리 함수를 만들었습니다. 이 함수들을 이용해서 이제부터 RTOS를 만들어 보겠습니다.

RTOS를 포함한 운영체제라는 것을 한 문장으로 설명한다면 어떻게 해야 할까요? 저는 태스크를 관리하여 사용자가 하고 싶은 것을 할 수 있도록 도와주는 것이라고 말하고 싶습니다.

예를 들어 핸드폰의 볼륨 버튼을 생각해 보겠습니다. 사용자는 볼륨을 높이거나 낮추고자 합니다. 그래서 볼륨을 높이는 버튼을 누르거나 볼륨을 낮추는 버튼을 누릅니다. 그러면 핸드폰의 운영체제는 볼륨을 조절하는 태스크를 실행해서 어떤 볼륨 버튼이 눌렸는지 판단한 다음 시스템의 파라미터를 변경해서 볼륨을 조정합니다.

조금 더 복잡한 예를 들어보겠습니다. 네트워크 시스템을 예로 들겠습니다. 네트워크 시스템이 처리해야 하는 데이터를 간단하게 두 종류, 즉 빠르게 처리해야 하는 데이터와 좀 천천히 처리해도 되는 데이터로 나눠보죠. 그리고 데이터 처리 태스크는 거의 쉬지 않고 계속 동작 중입니다. 이런 상황에서 해당 시스템을 디버깅할 일이 생겨 UART 입력이 들어옵니다. 그러면 운영체제에서는 UART 인터럽트를 처리하고 UART 명령을 처리하는 태스크가 동작해야 합니다.

그러나 만약 현재 실행되고 있는 태스크가 빠르게 처리해야만 하는 데이터를 작업 중이라면 현재 태스크의 우선순위가 UART 태스크보다 높습니다. 이럴 때 운영체제는 무조건 UART 태스크를 처리하지 않고 우선순위가 높은 태스크 처리를 마칠 때까지 기다립니다. 그리고 대기하고 있는 태스크 중에서 UART 태스크가 가장 우선순위가 높을 때 UART 태스크를 실행합니다. 여기서 상황을 더 복잡하게 만들어 볼까요? 상황에 따라서는 몇 시간 혹은 며칠이 지나도 UART 태스크가 실행이 안 될 수도 있습니다. 무슨 일인지는 몰라도 계속해서 UART 태스크보다 우선순위가 높은 태스크가 계속 실행되어야만 하는 상황이 며칠째 계속되는 것이지요. 이상해 보여도 불가능한 상황은 아닙니다. 충분히 있을 수 있는 일이지요. 물론 시스템의 요구사항에 따라서 진짜 며칠이 지나도 UART 태스크가 실행이 안 되도록 해야 하는 것이 맞을 수도 있습니다. 하지만 어떤 상황에서도 모든 입력에 대한 응답은 10초 안에 처리되어야 한다는 요구사항이 있을 수도 있습니다. 이렇게 된다면 운영체제는 대기 중인 태스크의 대기 시간이 10초를 넘으면 안 되도록 태스크의 실행을 조절해야 합니다.

중심에는 태스크라는 것이 있고 이 태스크가 인터럽트와도 연관되어 있습니다. 그리고 우선순위라는 것이 있어서 어떤 태스크는 다른 태스크에 의해서 동작이 지연될 수도 있습니다. 앞으로 이런 것들을 어떻게 설계하고 구현하는지를 설명하겠습니다.

> ✓ 위 설명에 나오는 태스크라는 용어는 윈도우나 리눅스 같은 범용 운영체제에서는 프로그램 혹은 프로세스라고 봐도 됩니다. RTOS에서는 일반적으로 태스크라고 부릅니다. 그래서 RTOS를 개발하는 과정에서 가장 먼저 해야 하는 일은 태스크라는 것 자체를 추상화하고 설계하는 일입니다. 태스크를 어떻게 관리해야 할지 결정하는 것이지요.

> ✓ 이 장의 소스 코드는 다음 명령을 이용해서 다운로드할 수 있습니다. 자세한 내용은 1.6절을 참고해 주세요.
>
> · 8장: $ **wget https://github.com/navilera/Navilos/archive/e9b04bb.zip**

8.1 태스크 컨트롤 블록

태스크 컨트롤 블록(task control block)이란 개별 태스크 자체를 추상화하는 자료 구조를 말합니다. 그렇다면 무엇을 포함하고 있어야 태스크를 추상화한다고 말할 수 있는 것일까요? 이것은 사람에 따라서 다른 대답이 나올 수 있습니다. 그래서 이 책에서는 그 누구도 반박할 수 없는 필수적인 내용만 태스크 컨트롤 블록에 구현하겠습니다. 그 외의 확장은 여러분의 몫입니다.

태스크는 운영체제에서 동작하는 프로그램 그 자체입니다. 태스크가 바뀐다는 것은 동작하는 프로그램이 바뀐다는 말입니다. 예를 들어 여러분이 워드프로세서에 어떤 내용을 타이핑하고 있다가 화면을 전환해서 웹 브라우저에 또 다른 내용을 타이핑한다면 그 순간 워드프로세서 프로그램이 웹 브라우저 프로그램으로 바뀐 것입니다. 이것을 RTOS 용어로 바꾸면 현재 실행 중인 태스크가 워드프로세서 태스크에서 웹 브라우저 태스크로 전환(switching)되었다고 표현합니다. 윈도우나 리눅스에서는 창을 여러 개 띄워놓고 여러 프로그램을 사용하더라도 각각의 프로그램을 사용하면서 아무런 문제도 느끼지 못합니다. 마우스로 이전에 사용하던 창을 클릭하면 본인이 직전에 사용하던 상황부터 그대로 이어서 사용할 수 있습니다. RTOS에서도 이와 동일하게 태스크 간 전환이 생길 때 프로그램의 흐름에 어떤 문제가 생기면 안 됩니다. 이것을 보장하기 위해서 태스크 컨트롤 블록은 현재 진행 중인 프로그램의 현재 상태 정보를 기록하고 있어야 합니다. 이 프로그램의 현재 상태 정보를 컨텍스트(context)라고 합니다.

컨텍스트 말고도 태스크 컨트롤 블록에 정보를 더 추가할 수 있습니다. 대표적인 것이 태스크의 이름입니다. 태스크의 이름은 없어도 상관없지만 태스크 컨트롤 블록이 태스크의 이름 정보를 가지고 있으면 실행 중인 태스크의 정보를 표시해 주는 별도의 기능을 구현하는 데 사용할 수 있습니다. 그 외에 태스크 번호라든가 태스크 우선순위 등 개발자가 판단하여 태스크를 관리하는 데 필요한 부수적인 정보를 태스크 컨트롤 블록에 넣을 수 있습니다.

태스크 컨트롤 블록 구현은 RTOS 커널을 만드는 첫 번째 작업입니다. kernel 이라는 디렉터리를 새로 만들고 task.c 파일과 task.h 파일을 만들겠습니다.

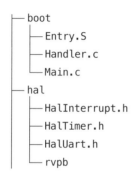

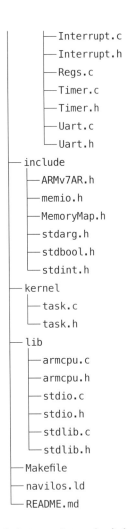

```
          │     ├── Interrupt.c
          │     ├── Interrupt.h
          │     ├── Regs.c
          │     ├── Timer.c
          │     ├── Timer.h
          │     ├── Uart.c
          │     └── Uart.h
          ├── include
          │     ├── ARMv7AR.h
          │     ├── memio.h
          │     ├── MemoryMap.h
          │     ├── stdarg.h
          │     ├── stdbool.h
          │     └── stdint.h
          ├── kernel
          │     ├── task.c
          │     └── task.h
          ├── lib
          │     ├── armcpu.c
          │     ├── armcpu.h
          │     ├── stdio.c
          │     ├── stdio.h
          │     ├── stdlib.c
          │     └── stdlib.h
          ├── Makefile
          ├── navilos.ld
          └── README.md
```

제법 소스 리스트가 길어졌습니다. 소스 파일도 많이 생겼군요. 이 중 kernel/
task.h에 태스크 컨트롤 블록을 정의합니다.

코드 8.1에 핵심 내용인 태스크 컨트롤 블록과 태스크 관련 API 함수들을 정의
해 놓았습니다.

코드 8.1 태스크 컨트롤 블록과 관련 함수 정의 task.h

```
1    #ifndef KERNEL_TASK_H_
2    #define KERNEL_TASK_H_
3
4    #include "MemoryMap.h"
5
6    #define NOT_ENOUGH_TASK_NUM 0xFFFFFFFF
7
```

```
8   #define USR_TASK_STACK_SIZE     0x100000
9   #define MAX_TASK_NUM            (TASK_STACK_SIZE / USR_TASK_STACK_SIZE)
10
11  typedef struct KernelTaskContext_t
12  {
13      uint32_t spsr;
14      uint32_t r0_r12[13];
15      uint32_t pc;
16  } KernelTaskContext_t;
17
18  typedef struct KernelTcb_t
19  {
20      uint32_t sp;
21      uint8_t* stack_base;
22  } KernelTcb_t;
23
24  typedef void (*KernelTaskFunc_t)(void);
25
26  void Kernel_task_init(void);
27  uint32_t Kernel_task_create(KernelTaskFunc_t startFunc);
28
29  #endif /* KERNEL_TASK_H_ */
```

먼저 4번째 줄에 MemoryMap.h를 포함시킨 이유는 9번째 줄에서 TASK_STACK_SIZE를 사용하기 때문입니다. 이 값은 4.3.1절에서 동작 모드별 스택을 리셋 핸들러에서 설정할 때 만든 값입니다. 태스크 스택용으로 사용하려고 미리 계획한 값이지요. 8번째 줄의 USR_TASK_STACK_SIZE는 개별 태스크의 스택 크기입니다. 0x100000은 10진수로 (1024×1024)입니다. 많이 본 숫자죠? 네, 1MB입니다. 각 태스크별로 1MB씩 스택을 할당하겠다는 것입니다. 여러 번 말씀드리지만 제가 이렇게 1MB씩 메모리를 할당할 수 있는 것은 지금 QEMU에서 개발을 하고 있기 때문입니다. 실무 프로젝트에서는 기껏해야 몇 KB의 스택도 간신히 사용하는 경우가 대부분입니다.

태스크의 스택 크기는 모든 태스크가 같도록 설계했습니다. 당연히 개별 태스크마다 필요에 따라 스택 크기를 다르게 하는 것이 더 유연한 설계입니다. 하지만 이 책에서는 구현을 최대한 간단하게 하기 위해서 그 부분을 고려하지 않았습니다. 만약 필요하다면 직접 코드를 수정해서 나빌로스의 기능을 확장해 보기를 추천합니다.

태스크 스택용으로 64MB를 할당해 놓았고 각각의 태스크가 동일하게 1MB씩 스택을 쓸 수 있으므로 코드 8.1 구현에서 나빌로스는 태스크를 최대 64개까지 사용할 수 있습니다. 만약 USR_TASK_STACK_SIZE를 반으로 줄이면 태스크를 128개까지 사용할 수 있습니다. 역으로 TASK_STACK_SIZE를 줄이면 당연히 사용할 수 있는 태스크의 개수는 줄어듭니다.

26번째와 27번째 줄에 선언한 Kernel_task_init() 함수와 Kernel_task_create() 함수는 각각 커널의 태스크 관련 기능을 초기화하는 함수와 커널에 태스크를 생성(등록)하는 함수입니다. 함수 구현은 다음 장에서 설명하겠습니다.

이제 이번 장의 핵심인 태스크 컨트롤 블록에 대해서 알아보겠습니다. 11~22번째 줄에 있는 KernelTaskContext_t와 KernelTcb_t 구조체가 태스크 컨트롤 블록입니다. KernelTaskContext_t는 컨텍스트를 추상화한 자료 구조입니다. A.1절에서 설명한 ARM의 프로그램 상태 레지스터와 범용 레지스터를 백업할 수 있는 영역을 구조체로 확보해 놓은 것입니다. 이것이 바로 컨텍스트의 실체입니다. 별거 아니죠? 그리고 KernelTcb_t에는 스택 관련 정보만 저장하고 있습니다. sp는 범용 레지스터에 있는 스택 포인터입니다. stack_base 멤버 변수는 컨텍스트에 포함되지 않는 부가 데이터라고 볼 수 있습니다. 그냥 개별 태스크의 스택 베이스 주소를 저장하려고 만들었습니다.

태스크 컨텍스트는 결국 레지스터와 스택 포인터의 값입니다. 스택 포인터도 레지스터의 일부이므로 태스크 컨텍스트를 전환한다는 것은 코어의 레지스터 값을 다른 태스크의 것으로 바꾼다는 말과 같습니다.

8.2 태스크 컨트롤 블록 초기화

이제 실제 메모리에 태스크 컨트롤 블록 인스턴스를 만들고 기본값을 할당하는 코드를 작성해 보겠습니다. 앞 장의 코드 8.1에서 이름만 나왔던 Kernel_task_init() 함수를 구현해 보겠습니다. kernel/task.c 파일에 코드를 작성합니다.

코드 8.2에 Kernel_task_init() 함수를 구현해 놓았습니다. Kernel_task_create() 함수는 다음 장에서 구현하겠습니다. 그래서 지금은 그냥 에러를 리턴하는 코드만 있습니다.

코드 8.2 **태스크 컨트롤 블록 초기화 코드 task.c**

```
1    #include "stdint.h"
2    #include "stdbool.h"
3
4    #include "ARMv7AR.h"
5    #include "task.h"
```

```
6
7   static KernelTcb_t   sTask_list[MAX_TASK_NUM];
8   static uint32_t      sAllocated_tcb_index;
9
10  void Kernel_task_init(void)
11  {
12      sAllocated_tcb_index = 0;
13
14      for(uint32_t i = 0 ; i < MAX_TASK_NUM ; i++)
15      {
16          sTask_list[i].stack_base = (uint8_t*)(TASK_STACK_START +
                                            (i * USR_TASK_STACK_SIZE));
17          sTask_list[i].sp = (uint32_t)sTask_list[i].stack_base +
                                    USR_TASK_STACK_SIZE - 4;
18
19          sTask_list[i].sp -= sizeof(KernelTaskContext_t);
20          KernelTaskContext_t* ctx = (KernelTaskContext_t*)sTask_list[i].sp;
21          ctx->pc = 0;
22          ctx->spsr = ARM_MODE_BIT_SYS;
23      }
24  }
25
26  uint32_t Kernel_task_create(KernelTaskFunc_t startFunc)
27  {
28      return NOT_ENOUGH_TASK_NUM;
29  }
```

7번째 줄에 태스크 컨트롤 블록을 64개 배열로 선언했습니다. 메모리에 태스크 컨트롤 블록용으로 자리를 잡아 놓은 것이지요. 동적 메모리 할당을 피하기 위해 일종의 객체 풀(object pool)로 만든 것입니다. 객체 풀에서 객체를 하나씩 가져와서 관리하려고 만든 배열입니다. 이름은 태스크 리스트라고 지었습니다.

8번째 줄에 선언한 sAllocated_tcb_index 변수는 생성한 태스크 컨트롤 블록 인덱스를 저장하고 있는 변수입니다. 태스크를 생성할 때마다 하나씩 이 변수의 값을 늘립니다. 그래서 태스크를 몇 개까지 생성했는지 이 변수 값을 보고 추적할 수 있습니다. Kernel_task_create() 함수가 한 번 호출될 때마다 sTask_list 배열에서 태스크 컨트롤 블록을 한 개씩 사용합니다. 그러므로 커널은 배열에서 어떤 인덱스가 아직 사용되지 않고 있는지 알아야 합니다. 쉽게 말해서 sTask_list 배열의 64개 객체들 중에서 sAllocated_tcb_index의 값보다 인덱스가 작은 태스크 컨트롤 블록 객체는 이미 할당된 것이고 sAllocated_tcb_index의 값보다 인덱스가 큰 것들은 아직 할당되지 않은 것입니다. 다음 장에서 Kernel_task_create() 함수를 구현하게 되면 이해할 수 있습니다. 그래서 일단은 12번째 줄에서 sAllocated_tcb_index 변수의 값을 0으로 초기화합니다. C 언어는 배열의 시작이 0이기 때문입니다.

14~23번째 줄은 태스크 컨트롤 블록 배열을 모두 순회하면서 초기화하는 코드입니다. 22번째 줄에서 태스크의 프로그램 상태 레지스터 기본값을 SYS 모드로 설정합니다. 저는 나빌로스가 익셉션 상황을 제외하고 별다른 동작 모드를 제어하지 않는 것으로 결정했습니다. PC는 0으로 초기화합니다. 16번째 줄에서 스택 베이스 주소를 간단한 계산으로 설정합니다. 1MB씩 늘려가면서 지정해 주는 것입니다. 그리고 17번째 줄에서 스택 포인터를 할당합니다. 스택은 거꾸로 내려가므로 스택 포인터는 stack_base 값에서 USR_TASK_STACK_SIZE만큼 증가한 값을 지정합니다. 태스크 간의 스택 경계를 표시하고자 4바이트를 비웠습니다. 중요한 부분은 19번째 줄과 20번째 줄입니다. 이 두 코드가 나빌로스의 태스크 관리의 중요 특징을 만듭니다.

나빌로스는 태스크의 컨텍스트를 태스크 컨트롤 블록이 아니라 해당 태스크의 스택에 저장합니다. 태스크의 컨텍스트를 어디에 저장하느냐는 개발자가 설계를 어떻게 하느냐에 따라 달라지는 문제이지 정답이 없습니다. 저는 태스크 컨텍스트가 태스크의 스택에 있는 것이 구현하거나 설명하기 간단하다는 판단하에 태스크의 컨텍스트를 해당 태스크의 스택에 저장하기로 결정했습니다.

코드 8.2에서 초기화 한 태스크 스택 구조를 그림으로 나타내면 그림 8.1과 같습니다.

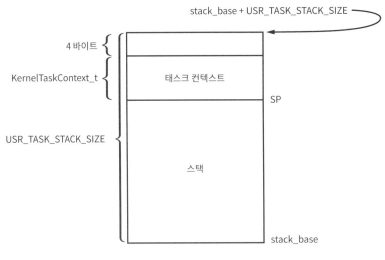

그림 8.1 태스크 스택 구조

간단하죠? 스택 포인터가 태스크 컨텍스트 다음에 위치하긴 하지만 태스크 컨텍스트는 앞으로 설명할 컨텍스트 스위칭 작업에 의해서 모두 레지스터로 복사되고 스택 포인터는 태스크 컨텍스트가 없는 위치로 이동하게 됩니다. 그래서 동작 중인 태스크의 스택에는 태스크 컨텍스트가 존재하지 않습니다.

8.3 태스크 생성

이어서 앞 절에서 비워뒀던 Kernel_task_create() 함수를 만들어 보겠습니다. 이 함수는 태스크로 동작할 함수를 태스크 컨트롤 블록에 등록합니다. 그리고 태스크 컨트롤 블록을 커널에 만듭니다.

코드 8.3 태스크 생성 task.c

```
1    uint32_t Kernel_task_create(KernelTaskFunc_t startFunc)
2    {
3        KernelTcb_t* new_tcb = &sTask_list[sAllocated_tcb_index++];
4
5        if (sAllocated_tcb_index > MAX_TASK_NUM)
6        {
7            return NOT_ENOUGH_TASK_NUM;
8        }
9
10       KernelTaskContext_t* ctx = (KernelTaskContext_t*)new_tcb->sp;
11       ctx->pc = (uint32_t)startFunc;
12
13       return (sAllocated_tcb_index - 1);
14   }
```

3번째 줄이 태스크 리스트에서 사용하지 않은 태스크 컨트롤 블록 객체를 하나 가져오는 코드입니다. sAllocated_tcb_index는 바로 하나 증가해서 그다음 비어 있는 배열 인덱스를 표시합니다. 5~8번째 줄은 에러 검사 코드입니다. sAllocated_tcb_index가 태스크 리스트의 최대 크기보다 커지면 안 되기 때문입니다. 10번째 줄이 핵심입니다. 현재 스택에 저장되어 있는 컨텍스트 메모리 주소 포인터를 가져오는 코드입니다. 11번째 줄의 코드도 중요합니다. 파라미터로 넘어오는 함수의 시작 주소를 PC에 넣어줍니다. 이 코드가 태스크 함수를 태스크 컨트롤 블록에 등록하는 코드입니다. 13번째 줄은 sAllocated_tcb_index에서 1을 빼서 리턴합니다. 3번째 줄에서 sAllocated_tcb_index의 값은 이미 1 올라가 있습니다. 그래서 현재 작업한 인덱스 값은 1을 뺀 값이어야 합니다.

현재 작업한 태스크 리스트의 이 인덱스 값을 태스크 컨트롤 블록의 아이디로 사용하겠습니다.

현 시점에서 아직 태스크를 동작시켜 볼 수는 없습니다. 태스크를 동작시키려면 앞으로 설명할 스케줄러와 컨텍스트 스위칭까지 다 만들어야 하거든요. 지금은 태스크 생성과 등록에 관련된 작업을 미리 다 하겠습니다. 보통은 전체 시스템을 각 기능별로 나누어 개발하고 해당 기능을 실행하는 태스크 함수를 대표로 하나 만듭니다. 그리고 펌웨어가 시작될 때 RTOS를 초기화하는 코드에서 개별적으로 태스크를 등록합니다. 예를 들면 네트워크를 처리하는 기능을 구현하는 소스 파일들은 별도의 디렉터리에 들어 있고 그중 한 소스 파일에 태스크 함수가 있는 것이죠. 마찬가지로 화면 출력 기능이라면 해당 기능을 구현하는 소스 파일들은 또 별도의 디렉터리에 모여 있고 그중 하나에 대표 태스크 함수가 있는 식입니다. 하지만 지금은 그런 것이 없으므로 일단은 Main.c 파일에 더미 태스크 함수를 만들고 커널에 등록하도록 하겠습니다.

코드 8.4 태스크 등록 Main.c

```
1   void User_task0(void);
2   void User_task1(void);
3   void User_task2(void);
4   ⋮
5   중략
6   ⋮
7   static void Kernel_init(void)
8   {
9       uint32_t taskId;
10
11      Kernel_task_init();
12
13      taskId = Kernel_task_create(User_task0);
14      if (NOT_ENOUGH_TASK_NUM == taskId)
15      {
16          putstr("Task0 creation fail\n");
17      }
18
19      taskId = Kernel_task_create(User_task1);
20      if (NOT_ENOUGH_TASK_NUM == taskId)
21      {
22          putstr("Task1 creation fail\n");
23      }
24
25      taskId = Kernel_task_create(User_task2);
26      if (NOT_ENOUGH_TASK_NUM == taskId)
```

```
27      {
28          putstr("Task2 creation fail\n");
29      }
30  }
31   ⋮
32  중략
33   ⋮
34  void User_task0(void)
35  {
36      debug_printf("User Task #0\n");
37
38      while(true);
39  }
40
41  void User_task1(void)
42  {
43      debug_printf("User Task #1\n");
44
45      while(true);
46  }
47
48  void User_task2(void)
49  {
50      debug_printf("User Task #2\n");
51
52      while(true);
53  }
```

더미 태스크 함수를 3개 등록하는 코드를 작성했습니다. 줄여서 썼는데도 반복되는 코드가 3개씩 있어서 코드가 좀 길군요. 길어도 어차피 중요한 코드는 두 줄입니다. 첫 번째는 반복되는 13번째, 19번째, 25번째 줄입니다. 함수 포인터를 파라미터로 Kernel_task_create()에 넘깁니다. 해당 함수 포인터는 태스크 컨트롤 블록의 PC에 저장됩니다. 그러면 나중에 컨텍스트 스위칭을 할 때 ARM 코어의 PC 레지스터에 태스크 컨트롤 블록의 PC 값이 저장됩니다. 그 순간 해당 태스크 함수가 호출(실행)되는 것입니다. 두 번째로 중요한 부분은 38번째, 45번째, 52번째 줄의 while 무한 루프입니다. 이게 중요한 이유는 현재 나빌로스의 태스크 관리 설계에는 태스크의 종료를 보장하는 기능이 없기 때문입니다. 쉽게 말해, 태스크는 종료되면 안 됩니다. 한번 시작된 태스크는 계속 실행 중이어야 합니다.

8.4 요약

이 장에서는 태스크 컨트롤 블록 자료 구조를 설계하고 구현했습니다. 그리고 태스크 컨트롤 블록에 함수 포인터를 연결해서 함수를 태스크로 만들었습니다. 각 태스크 함수는 겉보기에는 그냥 C 언어 함수와 다를 바 없이 생겼지만 각 태스크 함수는 스택 주소와 레지스터를 독립적으로 가지고 있습니다. 기능적으로 완전히 독립된 프로세스라고 볼 수 있지요. 다음 장에서는 스케줄러를 만들 것입니다. 스케줄러로 태스크 동작 순서를 정하는 것이지요.

9장

스케줄러

스케줄러란 지금 실행 중인 태스크 다음에 실행할 태스크가 무엇인지 골라주는 녀석입니다. 스케줄러를 얼마나 효율적으로 만드느냐에 따라서 RTOS의 성능이 좌우되기도 할 정도로 중요합니다. 하지만 가장 단순하고 쉬운 스케줄러로도 충분한 성능과 목적을 달성할 수 있기도 합니다.

 이 장의 소스 코드는 다음 명령을 이용해서 다운로드할 수 있습니다. 자세한 내용은 1.6절을 참고해 주세요.

· 9장: $ **wget https://github.com/navilera/Navilos/archive/f02ff6b.zip**

9.1 간단한 스케줄러

먼저 가장 간단한 스케줄러를 만들어 보겠습니다. 스케줄러란 다음에 실행할 태스크가 무엇인지 골라주는 녀석이라고 했습니다. 그렇다면 다음에 실행할 태스크를 선택하는 가장 간단한 방법이 무엇인지 생각해 보면 됩니다. 그 방법은 당연히 현재 실행 중인 태스크 컨트롤 블록의 바로 다음 태스크 컨트롤 블록을 선택하면 됩니다. 예를 들어 현재 실행 중인 태스크 컨트롤 블록의 배열 인덱스가 1이라면 다음에 실행할 태스크 컨트롤 블록의 태스크 인덱스로 2를 선택하는 것입니다.

다른 추가 계산 없이 그냥 인덱스를 계속 증가시키면서 대상을 선택하는 알고리즘을 라운드 로빈(round robin) 알고리즘이라고 부릅니다. 중요한 점은 인덱스가 끊임없이 증가하는 것이 아니라 정해진 최댓값에 이르면 다시 0이 된다는 것입니다. 예를 들어 태스크 컨트롤 블록이 현재 3까지 할당되어 있고 4는 비어있는 인덱스 상태에서 라운드 로빈 알고리즘을 적용하면 인덱스 숫자는 3까지 커지고 그다음에 다시 0이 됩니다. 이렇게 숫자가 커지다가 맨 처음으로 돌아가는 과정을 계속 반복합니다. 그래서 이름에 라운드라는 단어가 들어가는 것입니다.

스케줄러 역시 태스크 관련 작업이므로 계속해서 kernel/task.c 파일을 수정합니다.

라운드 로빈 알고리즘을 적용한 스케줄러의 코드는 코드 9.1과 같이 매우 간단합니다.

코드 9.1 라운드 로빈 알고리즘 task.c

```
1   static uint32_t      sCurrent_tcb_index;
2   static KernelTcb_t* Scheduler_round_robin_algorithm(void);
3   ⋮
4   중략
5   ⋮
6   static KernelTcb_t* Scheduler_round_robin_algorithm(void)
7   {
8       sCurrent_tcb_index++;
9       sCurrent_tcb_index %= sAllocated_tcb_index;
10
11      return &sTask_list[sCurrent_tcb_index];
12  }
```

sCurrent_tcb_index라는 변수를 새로 만듭니다. 이 변수에 현재 실행 중인 태스크의 태스크 컨텍스트 블록 인덱스를 저장합니다. 8번째 줄이 현재 태스크 컨트롤 블록 인덱스를 증가시켜 다음에 동작할 태스크 컨트롤 블록 인덱스로 만드는 코드입니다. 9번째 줄에서 나머지 연산을 사용하여 sCurrent_tcb_index가 sAllocated_tcb_index를 넘지 않도록 합니다. 나머지 연산을 하기 때문에 값이 같아지면 sCurrent_tcb_index의 값이 0이 됩니다. 마지막 11번째 줄에서 sTask_list 배열을 읽어 다음에 동작할 태스크 컨트롤 블록을 리턴합니다.

라운드 로빈 스케줄러의 구현은 이걸로 끝입니다. 리턴 코드를 제외하면 두 줄입니다. 이렇게 만든 알고리즘 코드를 컨텍스트 스위칭에 적용하면 됩니다.

9.2 우선순위 스케줄러

이 책에서 나빌로스에 우선순위 스케줄러를 만들지는 않을 생각입니다. 에뮬레이터라는 QEMU의 제약으로 적당한 테스트 케이스를 만들기는 어렵기 때문입니다. 다만 어떤 식으로 우선순위 스케줄러를 만드는지 설명으로 대신하겠습니다.

우선순위 스케줄러란 태스크 우선순위(priority)가 있어서 스케줄러가 낮은 우선순위 태스크를 높은 우선순위 태스크가 동작하는 동안 다음에 동작할 태스크로 선택하지 않는 것을 말합니다. 이를 구현하려면 태스크 컨트롤 블록에 우선순위를 부여해야 합니다. 태스크를 생성할 때 개발자가 태스크에 적당한 우선순위를 설정해서 값을 지정합니다.

먼저 다음 코드처럼 간단하게 태스크 컨트롤 블록에 멤버 변수를 하나 추가하는 것으로 우선순위를 부여합니다.

```
typedef struct KernelTcb_t
{
    uint32_t sp;
    uint8_t* stack_base;
    uint32_t priority;          // 우선순위를 태스크 컨트롤 블록에 추가
} KernelTcb_t;
```

이제 이 확장된 자료 구조를 사용하는 코드로 관련된 함수를 변경합니다.

```
uint32_t Kernel_task_create(KernelTaskFunc_t startFunc, uint32_t priority)
{
    KernelTcb_t* new_tcb = &sTask_list[sAllocated_tcb_index++];

    if (sAllocated_tcb_index > MAX_TASK_NUM)
    {
        return NOT_ENOUGH_TASK_NUM;
    }

    new_tcb->priority = priority;                // 우선순위를 TCB에 등록

    KernelTaskContext_t* ctx = (KernelTaskContext_t*)new_tcb->sp;
    ctx->pc = (uint32_t)startFunc;

    return (sAllocated_tcb_index - 1);
}
```

위와 같은 코드로 Kernel_task_create() 함수의 기능을 확장합니다. 우선순위를

파라미터로 받고 추가로 받은 우선순위를 그대로 TCB에 저장합니다. 이렇게 저장한 우선순위는 스케줄러가 사용합니다.

다음 코드와 같은 형태로 우선순위 스케줄러의 스케줄링 알고리즘을 작성합니다.

```
static KernelTcb_t* Scheduler_priority_algorithm(void)
{
    for(uint32_t i = 0 ; i < sAllocated_tcb_index ; i++)
    {
        KernelTcb_t* pNextTcb = &sTask_list[i];
        if (pNextTcb != sCurrent)
        {
            if (pNextTcb->priority <= sCurrent->priority)
            {
                return pNextTcb;
            }
        }
    }
    return sCurrent_tcb;
}
```

현재 할당된 태스크 컨트롤 블록을 하나씩 읽어서 현재 동작 중인 태스크의 우선순위와 비교합니다. 당연히 현재 동작 중인 태스크 컨트롤 블록과 동일한 것은 비교할 필요가 없겠지요. 그런 다음 태스크 컨트롤 블록의 priority 멤버 변수 값이 작거나 같으면 다음에 실행할 태스크로 선택합니다. 만약 현재 할당된 태스크 컨트롤 블록을 모두 비교하고서도 현재 동작 중인 태스크보다 우선순위가 높거나 같은 태스크가 없으면 그냥 현재 동작 중인 태스크를 계속 실행합니다. 개발자가 구현하기 나름이겠지만 저는 우선순위라는 이름 때문인지 작은 숫자의 우선순위가 큰 숫자의 우선순위보다 높은 우선순위라고 간주했습니다. 예를 들어 우선순위 2가 우선순위 5보다 높은 것입니다. 실제로 운동경기 같이 순위를 매길 때 2위가 5위보다 높습니다. 그래서 숫자가 작을수록 높은 우선순위로 판단하도록 코드를 작성했습니다. 물론 반대로 숫자가 크면 우선순위가 높은 것이라고 규칙을 정하고 코드를 만들어도 됩니다.

9.3 요약

이 장에서는 스케줄러를 만들었습니다. 스케줄러는 여러 알고리즘으로 구현할 수 있습니다. 스케줄러로 어떤 알고리즘을 쓰느냐에 따라 태스크 컨트롤 블록의 설계가 달라지기도 합니다. 저는 이 책에서 이해하기 쉬운 코드를 만드는 것을 가장 중요한 목표로 하고 있으므로 가장 기본적인 라운드 로빈 스케줄러를 만들 었습니다. 아직은 태스크 간 전환을 할 수 없습니다. 다음 장에서 컨텍스트 스위 칭을 구현해야만 커널이 태스크를 여러 개 실행할 수 있습니다. 그러면 멀티태 스킹 커널이 되는 것이지요. 그럼 멀티태스킹 커널을 만들어 보겠습니다.

10장

컨텍스트 스위칭

컨텍스트 스위칭이란 이름이 그 뜻을 모두 설명하고 있습니다. 말 그대로 컨텍스트를 전환(switching)한다는 것입니다. 태스크란 동작하는 프로그램이고, 동작하는 프로그램의 정보는 컨텍스트입니다. 이 컨텍스트를 어딘가에 저장하고 또다른 어딘가에서 컨텍스트를 가져다가 프로세서 코어에 복구하면 다른 프로그램이 동작합니다. 바로 태스크가 바뀐 것이지요.

앞에서 나빌로스의 태스크 컨텍스트를 태스크의 스택에 저장하겠다고 결정했습니다. 그러므로 나빌로스의 컨텍스트 스위칭은 다음 과정으로 진행됩니다.

1. 현재 동작하고 있는 태스크의 컨텍스트를 현재 스택에 백업합니다.
2. 다음에 동작할 태스크 컨트롤 블록을 스케줄러에서 받습니다.
3. 2에서 받은 태스크 컨트롤 블록에서 스택 포인터를 읽습니다.
4. 3에서 읽은 태스크의 스택에서 컨텍스트를 읽어서 ARM 코어에 복구합니다.
5. 다음에 동작할 태스크의 직전 프로그램 실행 위치로 이동합니다. 이러면 이제 현재 동작하고 있는 태스크가 됩니다.

위 절차를 코드로 옮기면 코드 10.1과 같습니다. 계속해서 kernel/task.c 파일을 수정합니다.

코드 10.1 스케줄러 함수 task.c

```
1   static KernelTcb_t* sCurrent_tcb;
2   static KernelTcb_t* sNext_tcb;
3   ⋮
```

```
 4    중략
 5     :
 6  void Kernel_task_scheduler(void)
 7  {
 8      sCurrent_tcb = &sTask_list[sCurrent_tcb_index];
 9      sNext_tcb = Scheduler_round_robin_algorithm();
10
11      Kernel_task_context_switching();
12  }
```

sCurrent_tcb는 현재 동작 중인 태스크 컨트롤 블록의 포인터입니다. sNext_tcb
는 라운드 로빈 알고리즘이 선택한 다음에 동작할 태스크 컨트롤 블록의 포인터
입니다. 이 두 포인터를 확보해 놓고 컨텍스트 스위칭을 수행합니다. 11번째 줄
에서 컨텍스트 스위칭 함수를 호출합니다.

코드 10.2에 컨텍스트 스위칭 함수의 코드가 있습니다.

코드 10.2 컨텍스트 스위칭 함수

```
1  __attribute__ ((naked)) void Kernel_task_context_switching(void)
2  {
3      __asm__ ("B Save_context");
4      __asm__ ("B Restore_context");
5  }
```

중요한 부분은 시작하자마자 나오는 __attribute__ ((naked))입니다. 이것은
GCC의 컴파일러 어트리뷰트 기능인데, 어트리뷰트를 naked라고 설정하면 컴파
일러가 함수를 컴파일할 때 자동으로 만드는 스택 백업, 복구, 리턴 관련 어셈블
리어가 전혀 생성되지 않고 내부에 코딩한 코드 자체만 그대로 남습니다. 비교
해 볼까요?

코드 10.2의 Kernel_task_context_switching() 함수를 역어셈블해서 보면 다
음과 같습니다.

```
0000021c <Kernel_task_context_switching>:
 21c:  ea000000      b       224 <Save_context>
 220:  ea000006      b       240 <Restore_context>
```

정말 인라인 어셈블리로 코딩한 두 줄이 그대로 컴파일되어 있고 다른 코드는
없습니다. 만약 __attribute__ ((naked)) 부분을 지우고 컴파일해서 역어셈블
해 보면 어떻게 나올까요?

```
0000021c <Kernel_task_context_switching>:
 21c:  e52db004      push    {fp}            ; (str fp, [sp, #-4]!)
 220:  e28db000      add     fp, sp, #0
 224:  ea000003      b       238 <Save_context>
 228:  ea000009      b       254 <Restore_context>
 22c:  e24bd000      sub     sp, fp, #0
 230:  e49db004      pop     {fp}            ; (ldr fp, [sp], #4)
 234:  e12fff1e      bx      lr
```

C 언어 코드 파일에서 코딩한 내용의 앞뒤로 스택을 확보하는 코드와 리턴하는 코드가 추가됐습니다. 나빌로스는 컨텍스트를 스택에 백업하고 스택에서 복구할 것이므로 컨텍스트 스위칭을 할 때 되도록 스택을 그대로 유지하는 것이 좋습니다. 그래서 __attribute__ ((naked))를 사용하였습니다. 더불어, Save_context와 Restore_context를 호출할 때 ARM 인스트럭션 B를 사용한 것 역시 LR을 변경하지 않기 위함입니다. 위 코드를 일반적인 C 언어 함수 호출로 이해하면 안 됩니다. 스택 확보도 안 하고 LR에 리턴 주소도 넣지 않았기 때문입니다. 그러나 앞으로 설명할 Save_context와 Restore_context에서 어셈블리어를 이용해 직접 제어를 하여 문제가 없도록 만들었기에 마치 함수를 호출하는 것처럼 태스크를 전환합니다.

그림 10.1에 나빌로스의 컨텍스트 스위칭 과정을 간략히 그림으로 설명해 놓았습니다.

Task#1이 현재 동작 중인 태스크입니다. Task#2가 다음에 동작할 태스크입니다. Task#1의 현재 스택 포인터에 그대로 현재 컨텍스트를 백업합니다. 이것은 사실 함수를 호출했을 때 함수의 시작 부분에서 하는 작업과 완전히 동일한 작업입니다. 다만 함수에서는 함수 내에서 사용하는 레지스터만 최소한으로 백업하지만, 여기서는 전체 컨텍스트를 모두 백업합니다. 그리고 스택 포인터를 태스크 컨트롤 블록에 저장합니다. 스택 포인터만 따로 저장하는 이유는 커널이 스택 포인터의 위치를 쉽게 가져올 수 있어야 스택에서 컨텍스트를 복구할 수 있기 때문입니다. Task#2의 상황을 보면 이해할 수 있습니다.

Task#2의 태스크 컨트롤 블록에서 스택 포인터 값을 읽습니다. 그리고 범용 레지스터 SP에 그 값을 씁니다. 그러면 ARM 코어에서는 스택 포인터가 바로 바뀝니다. 그 상태에서 스택 관련 어셈블리 명령을 사용해서 컨텍스트를 복구합니다. 컨텍스트를 복구하면서 자연스럽게 스택 포인터를 Task#2가 컨텍스트 스위칭을 하기 직전의 정상적인 스택 포인터 위치로 복구합니다. 이 작업 역시 C 언

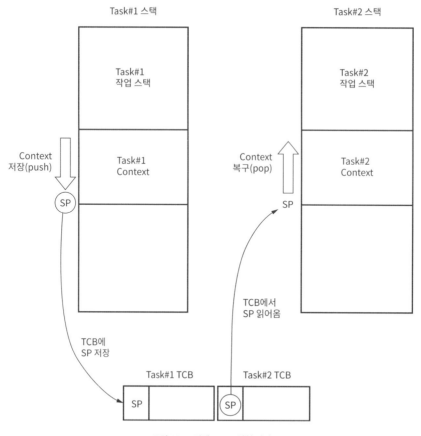

그림 10.1 컨텍스트 스위칭 과정

어에서 함수를 나가기 직전에 스택을 복구하는 작업과 완전히 동일합니다. 스택에서 읽은 실행 위치로 PC 값을 바꾸는 작업은 함수 리턴 작업과 개념적으로 동일합니다.

나빌로스의 컨텍스트 스위칭은 엄밀하게 말해서 윈도우나 리눅스의 프로세스를 전환하는 컨텍스트 스위칭보다는 한 프로세스 안에서 쓰레드(thread) 간에 전환을 하는 모습에 더 가깝습니다. 하지만 의미적으로 둘은 거의 차이가 없습니다.

 이 장의 소스 코드는 다음 명령을 이용해서 다운로드할 수 있습니다. 자세한 내용은 1.6절을 참고해 주세요.

· 10장: $ **wget https://github.com/navilera/Navilos/archive/273b961.zip**

10.1 컨텍스트 백업하기

컨텍스트는 현재 동작 중인 태스크의 스택에 직접 백업합니다. 따라서 앞서 정의한 컨텍스트 자료 구조에 따라 스택 명령어의 순서를 맞춰야 합니다.

앞 장에서 봤던 컨텍스트 자료 구조를 다시 보죠.

```
typedef struct KernelTaskContext_t
{
    uint32_t spsr;
    uint32_t r0_r12[13];
    uint32_t pc;
} KernelTaskContext_t;
```

spsr, r0_r12, pc 순서입니다. C 언어에서 구조체의 멤버 변수는 메모리 주소가 작은 값에서부터 큰 값으로 배정됩니다. spsr이 0x04에 저장된다면 r0은 0x08, r1은 0x0C, r2는 0x10에 저장되는 식입니다. 하지만 스택은 메모리 주소가 큰 값에서 작은 값으로 진행하죠. 그래서 KernelTaskContext_t에 맞춰 컨텍스트를 스택에 백업할 때는 pc, r0_r12, spsr 순서로 백업해야 의도한 자료 구조 의미에 맞는 메모리 주소에 값이 저장됩니다.

컨텍스트를 백업하는 코드 자체는 길지 않습니다. 코드 10.3에 Save_context() 함수의 구현이 있습니다.

코드 10.3 컨텍스트 백업 코드

```
1   static __attribute__ ((naked)) void Save_context(void)
2   {
3       // save current task context into the current task stack
4       __asm__ ("PUSH {lr}");
5       __asm__ ("PUSH {r0, r1, r2, r3, r4, r5, r6, r7, r8, r9, r10, r11, r12}");
6       __asm__ ("MRS    r0, cpsr");
7       __asm__ ("PUSH {r0}");
8       // save current task stack pointer into the current TCB
9       __asm__ ("LDR    r0, =sCurrent_tcb");
10      __asm__ ("LDR    r0, [r0]");
11      __asm__ ("STMIA r0!, {sp}");
12  }
```

4번째 줄에서 LR을 스택에 푸시합니다. 그러면 LR은 KernelTaskContext_t의 pc 멤버 변수에 저장됩니다. 나중에 태스크가 다시 스케줄링을 받았을 때 복귀하는 위치는 pc 멤버 변수가 저장하고 있고, 이 위치는 Kernel_task_context_ switching() 함수의 리턴 주소입니다. 그러므로 pc 멤버 변수에 현재 컨텍스트의 LR 값을 그대로 저장하는 것입니다.

5번째 줄이 범용 레지스터인 R0부터 R12까지를 스택에 푸시하는 코드입니다. 여기까지 진행하면서 현재 R0부터 R12에 다른 값을 덮어 쓰지 않았으므로 이 값은 Kernel_task_context_switching() 함수를 호출하기 직전의 값이 계속 유지되고 있습니다. 계속 __attribute__ ((naked)) 컴파일러 어트리뷰트 지시어를 사용하고 있는 이유입니다.

6번째 줄과 7번째 줄이 CPSR을 KernelTaskContext_t의 spsr 멤버 변수 위치에 저장하는 코드입니다. 프로그램 상태 레지스터는 직접 메모리에 저장할 수 없으므로 R0를 사용합니다. 5번째 줄에서 필요한 범용 레지스터의 값은 이미 백업했으므로 이제 범용 레지스터는 값을 덮어쓰고 활용해도 됩니다. 어차피 나중에 컨텍스트를 복구할 때는 백업해 놓은 값이 복구되므로 지금 사용하는 값은 컨텍스트 복구에 영향을 주지 못합니다.

9번째 줄은 현재 동작 중인 태스크 컨텍스트 블록의 포인터 변수를 읽는 코드입니다. 10번째 줄에서 포인터에 저장된 값을 읽습니다. 포인터에 저장된 값이 주솟값이므로 r0로 태스크 컨트롤 블록의 온전한 메모리 위치를 읽습니다. 그리고 11번째 줄은 10번째 줄에서 읽은 값을 베이스 메모리 주소로 해서 SP를 저장하는 코드입니다. 9~11번째 줄을 C 언어로 표현하면 다음과 같습니다.

```
sCurrent_tcb->sp = ARM_코어_SP_레지스터값;
```

이 코드는 다음과 같이 표현할 수도 있습니다.

```
(uint32_t)(*sCurrent_tcb) = ARM_코어_SP_레지스터값;
```

어느 쪽이든 같은 동작입니다. 태스크 컨트롤 블록 자료 구조인 KernelTcb_t의 첫 번째 멤버 변수가 sp이므로 포인터 값을 읽어서 그대로 사용했습니다. 만약 두 번째 멤버 변수이면 추가로 4바이트를 더해야겠지요. 태스크 컨트롤 블록의 첫 번째 멤버 변수를 sp로 정한 이유가 바로 이 코드에서 추가 작업을 하지 않기 위함입니다.

이렇게 해서 컨텍스트를 스택에 백업하고 스택 포인터를 태스크 컨트롤 블록에 백업하는 작업을 완료했습니다.

10.2 컨텍스트 복구하기

컨텍스트를 복구하는 작업은 컨텍스트를 백업하는 작업의 역순입니다. 정확하게 반대로 동작하는 코드를 작성하면 됩니다.

코드 10.4의 Restore_context() 함수는 컨텍스트를 복구하는 함수입니다. 형태가 Save_context() 함수와 같습니다. 동작만 역순일 뿐입니다.

코드 10.4 컨텍스트 복구 코드

```
1   static __attribute__ ((naked)) void Restore_context(void)
2   {
3       // restore next task stack pointer from the next TCB
4       __asm__ ("LDR   r0, =sNext_tcb");
5       __asm__ ("LDR   r0, [r0]");
6       __asm__ ("LDMIA r0!, {sp}");
7       // restore next task context from the next task stack
8       __asm__ ("POP  {r0}");
9       __asm__ ("MSR   cpsr, r0");
10      __asm__ ("POP  {r0, r1, r2, r3, r4, r5, r6, r7, r8, r9, r10, r11, r12}");
11      __asm__ ("POP  {pc}");
12  }
```

백업 동작의 역순이므로 첫 번째 작업은 당연히 sNext_tcb에서 스택 포인터 값을 읽어오는 작업입니다. 4·6번째 줄이 태스크 컨트롤 블록의 sp 멤버 변수의 값을 읽어서 ARM 코어의 SP에 값을 쓰는 작업입니다.

8번째 줄과 9번째 줄이 스택에 저장되어 있는 cpsr의 값을 꺼내서 ARM 코어의 CPSR에 값을 쓰는 작업입니다. 백업할 때는 PUSH 어셈블리어 명령을 사용하고 복구할 때는 POP 어셈블리어 명령을 사용합니다. 반대로 동작해야 하니까 당연하죠.

이어서 10번째 줄이 R0부터 R12까지의 범용 레지스터를 복구하는 코드입니다. 이 시점 이후로는 R0부터 R12까지의 레지스터 값을 변경하면 컨텍스트 복구에 실패하게 됩니다. 그래서 다른 작업을 하지 않고 바로 11번째 줄에서 스택 값을 꺼내 PC에 저장하면서 태스크 코드로 점프합니다.

11번째 줄이 실행되는 그 순간 ARM 코어는 컨텍스트가 백업되기 직전의 코드 위치로 PC를 옮기고 실행을 이어서 합니다. 태스크 입장에서는 누락되는 코드 없이 그대로 이어서 프로그램이 계속 실행되는 것이지요.

10.3 yield 만들기

스케줄러와 컨텍스트 스위칭이 있으면 태스크를 전환할 수 있습니다. 스케줄러와 컨텍스트 스위칭을 합쳐서 스케줄링(scheduling)이라고 합니다. 그렇다면 언제 스케줄링할 것이냐를 결정해야 합니다.

만약 정기적으로 발생하는 타이머 인터럽트에 연동해서 스케줄링을 하고 각 태스크가 일정한 시간만 동작하고 다음 태스크로 전환되는 시스템이라면 이 시스템의 운영체제를 시분할 시스템이라고 합니다. 각 태스크가 시간을 분할해서 사용한다는 의미입니다. 예를 들어 100밀리초마다 스케줄링을 하도록 설정해 놓으면 태스크들은 각각 100밀리초씩만 동작하고 다음 태스크로 전환됩니다. 각 태스크가 100밀리초씩 시간을 분할해서 사용하는 것입니다.

태스크가 명시적으로 스케줄링을 요청하지 않았는데 커널이 강제로 스케줄링하는 시스템을 선점형 멀티태스킹 시스템이라고 합니다. 반대로 태스크가 명시적으로 스케줄링을 요청하지 않으면 커널이 스케줄링하지 않는 시스템을 비선점형 멀티태스킹 시스템이라고 합니다.

일반적으로 시분할 시스템은 거의 선점형 멀티태스킹 시스템입니다. 태스크에 할당한 시간이 만료되면 커널이 강제로 스케줄링하는 방식이 직관적이고 복잡하지 않기 때문입니다. RTOS를 시분할로 할지 하지 않을지 그리고 선점형으로 할지 비선점형으로 할지 하는 결정은 RTOS가 동작할 임베디드 시스템의 요구사항에 따라 달라집니다.

나빌로스 프로젝트에서는 시분할이 아닌 시스템에 비선점형 스케줄링을 사용하겠습니다. 이 말은 스케줄링하려면 태스크가 명시적으로 커널에 스케줄링을 요청해야 한다는 말입니다. 태스크가 커널에 스케줄링을 요청하는 동작은 태스크가 CPU 자원을 다음 태스크에 양보한다는 의미로 해석할 수 있습니다. 그래서 일반적으로 이런 동작을 하는 함수의 이름은 양보한다는 의미로 yield를 많이 씁니다. 우리도 yield() 함수를 만들겠습니다.

구현하기 전에 yield() 함수를 커널 태스크 모듈에 둘지 아니면 조금 더 상위 레벨에 둘지를 결정해야 합니다. 제 생각에 yield()는 커널 API가 더 잘 어울리는 것 같습니다. 그래서 커널 API를 별도로 만들어서 외부에서 사용하도록 하겠습니다. 커널 API 용으로 kernel/Kernel.c와 kernel/Kernel.h 파일을 만들겠습니다.

다음과 같이 kernel 디렉터리 밑에 Kernel.c와 Kernel.h 파일을 새로 만들었습니다.

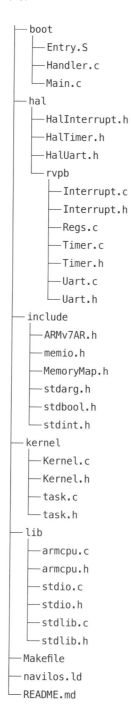

이제 yield() 함수를 커널 API로 만들겠습니다. 먼저 kernel/Kernel.h 파일을 작성해서 함수 프로토타입을 정의합니다.

코드 10.5에 Kernel_yield() 함수를 정의했습니다. 호출만 하면 알아서 동작하도록 만들 것이기 때문에 별다른 파라미터나 리턴 타입은 없습니다.

코드 10.5 yield 커널 API 정의 Kernel.h

```
1    #ifndef KERNEL_KERNEL_H_
2    #define KERNEL_KERNEL_H_
3
4    #include "task.h"
5
6    void Kernel_yield(void);
7
8    #endif /* KERNEL_KERNEL_H_ */
```

이제 구현을 볼까요?

코드 10.6 yield 커널 API 구현 Kernel.c

```
1    #include "stdint.h"
2    #include "stdbool.h"
3
4    #include "Kernel.h"
5
6    void Kernel_yield(void)
7    {
8        Kernel_task_scheduler();
9    }
```

구현은 매우 간단합니다. 그냥 Kernel_task_scheduler() 함수를 직접 호출하는 것이 전부입니다. 태스크가 더 이상 할 일이 없을 때 Kernel_yield() 함수를 호출하면 즉시 스케줄러를 호출해서 다음에 동작할 태스크를 선정합니다. 그리고 컨텍스트 스위칭을 수행합니다. Kernel_yield()를 호출한 태스크의 컨텍스트를 스택에 백업하고 스케줄러가 선정해 준 태스크의 스택 포인터를 복구합니다. 그리고 스택 포인터로부터 컨텍스트를 복구합니다. 그러면 다음에 동작할 코드의 위치는 태스크의 Kernel_yield()의 리턴 코드 직전입니다. 즉, 스케줄링 직후로 돌아와서 다음 태스크가 CPU를 사용하는 것입니다.

10.4 커널 시작하기

앞 장에서 커널에 태스크를 세 개 생성했습니다. 그때는 태스크를 생성만 하고 더 이상의 작업을 할 수 없었습니다. 그러나 지금은 스케줄러도 있고 컨텍스트 스위칭도 만들었기 때문에 커널을 시작해서 태스크 세 개를 동작시킬 수 있습니다. 방법은 매우 간단합니다. 그냥 스케줄러를 실행하면 됩니다. 그런데 처음 커널을 시작할 때 스케줄러를 그냥 실행하면 태스크가 동작하지 않습니다. 왜 안 될까요?

왜냐하면 커널을 시작할 때는 현재 동작 중인 태스크가 없기 때문입니다. 앞 장에서 설명했던 컨텍스트 스위칭의 순서를 다시 떠올려 봅시다. 현재 실행 중인 태스크의 컨텍스트를 해당 태스크의 스택에 백업하고 태스크 컨트롤 블록에 스택 포인터를 백업합니다. 스케줄러가 다음에 동작할 태스크를 알려줍니다. 스케줄러가 알려준 태스크 컨트롤 블록에서 스택 포인터를 받아 해당 스택에서 태스크의 컨텍스트를 복구합니다. 이 동작 순서는 현재 동작 중인 태스크가 있다는 것을 가정하고 있습니다. 커널이 시작하는 시점에는 현재 동작 중인 태스크가 없습니다. 그래서 컨텍스트를 스위칭할 때 커널 스택에 현재 커널의 컨텍스트가 저장되어 버리는 문제가 생깁니다. 사실 커널 스택에 쓰레기 데이터가 쌓일 뿐 동작에는 문제가 없긴 하지만, 엄밀하게 동작해야 할 RTOS가 쓰레기 값을 남기면 안 되지요. 그렇다면 이 문제를 어떻게 해결해야 할까요?

해결 방법은 매우 간단합니다. 그냥 최초로 스케줄링할 때는 컨텍스트 백업을 하지 않으면 됩니다. 최초로 스케줄링할 때는 컨텍스트 복구만 하는 것이지요. 최초 스케줄링이니까 스케줄러를 거치지 말고 그냥 0번 태스크 컨트롤 블록을 컨텍스트 복구 대상으로 삼습니다. 커널 소스 코드에 있는 태스크 컨트롤 블록의 인덱스를 저장하고 있는 정적 전역 변수의 초기 값을 바로 사용합니다. Kernel_task_init() 함수의 코드를 수정하고 적당한 최초 스케줄링을 처리하는 함수를 만들겠습니다.

코드 10.7에 수정한 Kernel_task_init() 함수와 새로 추가한 Kernel_task_start() 함수가 있습니다.

코드 10.7 첫 번째 스케줄링만 처리하는 코드 task.c

```
1   static KernelTcb_t   sTask_list[MAX_TASK_NUM];
2   static KernelTcb_t*  sCurrent_tcb;
```

```
3   static KernelTcb_t* sNext_tcb;
4   static uint32_t     sAllocated_tcb_index;
5   static uint32_t     sCurrent_tcb_index;
6    ⋮
7   중략
8    ⋮
9   void Kernel_task_init(void)
10  {
11      sAllocated_tcb_index = 0;
12      sCurrent_tcb_index = 0;
13
14      for(uint32_t i = 0 ; i < MAX_TASK_NUM ; i++)
15      {
16          sTask_list[i].stack_base = (uint8_t*)(TASK_STACK_START +
                  (i * USR_TASK_STACK_SIZE));
17          sTask_list[i].sp = (uint32_t)sTask_list[i].stack_base +
                  USR_TASK_STACK_SIZE - 4;
18
19          sTask_list[i].sp -= sizeof(KernelTaskContext_t);
20          KernelTaskContext_t* ctx = (KernelTaskContext_t*)sTask_list[i].sp;
21          ctx->pc = 0;
22          ctx->spsr = ARM_MODE_BIT_SYS;
23      }
24  }
25
26  void Kernel_task_start(void)
27  {
28      sNext_tcb = &sTask_list[sCurrent_tcb_index];
29      Restore_context();
30  }
```

5번째 줄은 현재 실행 중인 태스크의 태스크 컨트롤 블록 인덱스를 저장하고 있는 정적 전역 변수 sCurrent_tcb_index를 선언한 코드입니다. 이 변수를 12번째 줄에서 0으로 초기화합니다. 그리고 26~30번째 줄에서 구현한 Kernel_task_start() 함수는 바로 커널을 시작할 때 최초 한 번만 호출하는 함수입니다.

Kernel_task_start() 함수의 코드는 Kernel_task_scheduler() 함수에서 반, Kernel_task_context_switching() 함수에서 반씩 가져와 만든 함수입니다. Kernel_task_start() 함수의 28번째 줄을 보면 sNext_tcb에 sCurrent_tcb_index 변수의 값으로 태스크 컨트롤 블록을 가져옵니다. 스케줄러 호출을 생략한 것입니다. Kernel_task_start()는 커널이 시작할 때 한 번만 호출되는 함수이므로 해당 시점에 sCurrent_tcb_index 변수의 값은 반드시 0이어야 합니다. 그러므로 sNext_tcb에는 0번 태스크 컨트롤 블록의 포인터가 저장됩니다.

첫 번째로 생성된 태스크의 태스크 컨트롤 블록인 것이지요. 그러고 나서 바로 Restore_context() 함수를 호출합니다. 컨텍스트 백업을 하지 않았으므로 현재 ARM 코어의 컨텍스트는 모두 사라지고 스택에 저장했던 태스크의 컨텍스트를 ARM 코어에 덮어 씁니다.

준비는 끝났습니다. Kernel_task_start() 함수를 커널 API인 Kernel_start() 함수에 연결하고 main() 함수에서 호출하여 실행해 보겠습니다.

코드 10.8 Kernel_start() 함수를 추가 Kernel.h

```
1   #ifndef KERNEL_KERNEL_H_
2   #define KERNEL_KERNEL_H_
3
4   #include "task.h"
5
6   void Kernel_start(void);
7   void Kernel_yield(void);
8
9   #endif /* KERNEL_KERNEL_H_ */
```

앞으로 추가할 커널 관련 초기화 함수를 Kernel_start() 함수에 모아서 한번에 실행할 생각입니다. Kernel_start() 함수에서 커널 초기화를 담당하는 것입니다. 아직은 태스크 관련 기능밖에 없으므로 태스크 시작 함수만 Kernel_start() 함수에 넣으면 되겠군요.

코드 10.9 최초의 Kernel_start() 함수 Kernel.c

```
1   void Kernel_start(void)
2   {
3       Kernel_task_start();
4   }
```

Kernel_start() 함수를 호출하는 코드를 main() 함수에 추가하고 QEMU를 실행해서 정말로 어떻게 동작하는지 확인해 보겠습니다.

앞서 작성했던 Kernel_init() 함수의 마지막에 Kernel_start() 함수를 호출하는 코드를 한 줄 추가하면 끝입니다.

코드 10.10 main() 함수에서 커널 시작하기

```
1   static void Kernel_init(void)
2   {
3       uint32_t taskId;
4
```

```
5       Kernel_task_init();
6
7       taskId = Kernel_task_create(User_task0);
8       if (NOT_ENOUGH_TASK_NUM == taskId)
9       {
10          putstr("Task0 creation fail\n");
11      }
12
13      taskId = Kernel_task_create(User_task1);
14      if (NOT_ENOUGH_TASK_NUM == taskId)
15      {
16          putstr("Task1 creation fail\n");
17      }
18
19      taskId = Kernel_task_create(User_task2);
20      if (NOT_ENOUGH_TASK_NUM == taskId)
21      {
22          putstr("Task2 creation fail\n");
23      }
24
25      Kernel_start();
26  }
```

여기에 더불어 사용자 태스크가 제대로 스택을 할당받았는지 확인해 보는 코드
를 추가해서 우리가 의도한 모든 것이 다 잘되었는지를 확인해 봅시다.

태스크의 스택 주소를 어떻게 확인하면 될까요? 간단합니다. 로컬 변수의 주
소를 읽어보면 됩니다. 우리는 훌륭한 디버깅 도구인 debug_printf() 함수를 이
미 가지고 있습니다. 그러므로 아무 이름으로나 로컬 변수를 하나 선언하고 그
변수의 주소 값을 debug_printf() 함수를 이용해서 출력합니다. 이 코드가 코드
10.11입니다.

코드 10.11 사용자 태스크의 스택 주소를 확인하는 코드

```
1   void User_task0(void)
2   {
3       uint32_t local = 0;
4
5       while(true)
6       {
7           debug_printf("User Task #0 SP=0x%x\n", &local);
8           Kernel_yield();
9       }
10  }
11
12  void User_task1(void)
```

```
13  {
14      uint32_t local = 0;
15
16      while(true)
17      {
18          debug_printf("User Task #1 SP=0x%x\n", &local);
19          Kernel_yield();
20      }
21  }
22
23  void User_task2(void)
24  {
25      uint32_t local = 0;}
26
27      while(true)
28      {
29          debug_printf("User Task #2 SP=0x%x\n", &local);
30          Kernel_yield();
31      }
32  }
```

세 태스크 모두 local이라는 이름으로 로컬 변수를 선언하고 해당 변수의 주소 값을 출력하는 코드가 이어집니다. 해당 코드는 3, 7, 14, 18, 25, 29번째 줄의 코드입니다. 그리고 8, 19, 30번째 줄에는 Kernel_yield() 함수를 호출하는 코드가 있습니다. while 무한 루프 인에 있으므로 의도한 대로 동작한다면 세 태스크의 로컬 변수 주소(스택 주소)가 반복적으로 출력되며 멈추지 않고 계속 동작할 것입니다. 그리고 출력되는 로컬 변수의 메모리 주소가 앞서 우리가 설계한 메모리 맵에 맞게 들어가 있으면 성공입니다. 확인해 보도록 하죠.

```
$ qemu-system-arm -M realview-pb-a8 -kernel build/navilos.axf -nographic
pulseaudio: set_sink_input_volume() failed
pulseaudio: Reason: Invalid argument
pulseaudio: set_sink_input_mute() failed
pulseaudio: Reason: Invalid argument
NNNNNNNNNNNNNNNNNNNNNNNNNNNNNNNNNNNNNNNNNNN
NNNNNNNNNNNNNNNNNNNNNNNNNNNNNNNNNNNNNNNNNNNNNNNNNNNNNNN
Hello World!
Hello printf
output string pointer: printf pointer test
(null) is null pointer, 10 number
5 = 5
dec=255 hex=FF
print zero 0
SYSCTRL0 0
```

```
current count : 0
current count : 1000
current count : 2000
current count : 3000
current count : 4000
User Task #0 SP=0x8FFFF0
User Task #1 SP=0x9FFFF0
User Task #2 SP=0xAFFFF0
User Task #0 SP=0x8FFFF0
User Task #1 SP=0x9FFFF0
User Task #2 SP=0xAFFFF0
User Task #0 SP=0x8FFFF0
User Task #1 SP=0x9FFFF0
User Task #2 SP=0xAFFFF0
User Task #0 SP=0x8FFFF0
User Task #1 SP=0x9FFFF0
    :
반복
    :
```

일단 종료하지 않고 끝없이 반복하면 무언가 출력되므로 Kernel_yield()가 잘 동작하는 것을 확인할 수 있습니다. 그러면 스택이 제대로 할당되었는지 값을 확인해 보겠습니다. Task#0의 스택은 0x8FFFF0입니다. 그리고 Task#2의 스택은 0x9FFFF0, Task#3의 스택은 0xAFFFF0입니다. 각 태스크의 스택 주소 차이가 0x100000이므로 간격이 딱 1MB씩입니다. 처음에 태스크를 설계할 때 모든 태스크의 스택 공간 크기는 1MB씩 할당하기로 했으므로 일단 스택 간격은 의도한 대로 잘 할당되었습니다. 그러면 주소 값을 보겠습니다.

잊었을 수도 있으니 include/MemoryMap.h 파일의 일부를 가져오겠습니다.

```
#define INST_ADDR_START       0
#define USRSYS_STACK_START    0x00100000
#define SVC_STACK_START       0x00300000
#define IRQ_STACK_START       0x00400000
#define FIQ_STACK_START       0x00500000
#define ABT_STACK_START       0x00600000
#define UND_STACK_START       0x00700000
#define TASK_STACK_START      0x00800000
#define GLOBAL_ADDR_START     0x04800000
#define DALLOC_ADDR_START     0x04900000
```

TASK_STACK_START의 값이 0x800000으로 적혀 있습니다. 이 값이 Task#0의 스택 베이스 주소입니다. 스택 포인터에는 스택 공간의 최댓값을 할당합니다. 그리고 태스크 스택 간에 4바이트 간격을 패딩으로 설계했습니다. 따라서 태스크 컨트롤 블록 초기화 후 할당된 스택 포인터의 초기 값은 0x8FFFFC입니다. 여기에 컴파일러가 사용하는 스택이 몇 개 되고 그다음에 로컬 변수가 스택에 잡히므로 스택 메모리 주소가 0x8FFFF0으로 출력된 것입니다. 마찬가지 원리로 Task#1과 Task#2 스택 메모리 주소도 같은 끝자리가 출력되었습니다.

의도했던 모든 것이 잘 동작하는 것을 확인했습니다. 드디어 RTOS에서 가장 어려운 부분이 끝났습니다. 여기까지 오는 동안 계속해서 난도가 높아졌습니다. 이제부터는 난도가 다시 천천히 낮아집니다. 계속 이어 가도록 하지요.

10.5 요약

이 장에서는 컨텍스트 스위칭을 만들어 보았습니다. 아마 이 책에서 가장 어려운 부분이었을 텐데요. 일반적으로 쉽게 이해할 수 있는 함수의 호출-리턴 관계가 아니라 강제로 컨텍스트를 백업-리스토어하는 것이라 익숙하지 않기 때문일 것입니다. 그러나 이 책에서 설명한 과정과 코드를 천천히 생각하면서 손으로 그림도 그려가며 이해하려 노력하다 보면 생각보다 어렵진 않을 것입니다. 결국엔 한 방향으로 흘러가는 끊이지 않는 흐름입니다. 이제 여러 태스크가 동시에 동작하는 것처럼 보입니다. 그렇나면 이 태스크 간에 성보 교환을 할 수 있어야 할 텐데요. 다음 장에서는 이벤트를 구현해서 일단 태스크 간에 간단한 신호부터 주고 받아 보겠습니다.

11장

C r e a t i n g   E m b e d d e d   O S

이벤트

이런저런 컴퓨터 프로그래밍 언어를 공부하다 보면 이벤트라는 용어를 종종 접하게 됩니다. 그중 가장 많이 접하는 분야는 GUI 프로그래밍입니다. 윈도우 프로그램에서 버튼을 누르면 프로그램 내부에서는 버튼을 눌렀다는 이벤트가 발생하고 이벤트 핸들러로 전달됩니다. 해당 버튼의 이벤트 핸들러에서는 버튼이 눌렸다는 이벤트를 받아서 버튼이 눌렸을 때 해야 하는 동작을 하는 것이지요. RTOS에서의 이벤트도 비슷한 일을 합니다. 어디선가 이벤트가 발생하고 태스크는 이벤트를 받아서 해당 이벤트에 맞는 일을 하는 것입니다.

예를 들어 보겠습니다. 어떤 임베디드 시스템에 있는 버튼을 사용자가 눌렀습니다. 시스템 내부적으로는 버튼에 연결된 스위치에서 전기가 연결됩니다. 컨트롤러는 해당 전기 신호를 인식합니다. 그러면 이제부터 물리적 전기 신호를 소프트웨어적인 인터럽트로 처리합니다. ARM이라면 IRQ나 FIQ가 발생하는 것이지요. 앞 장에서 설명한 대로 IRQ나 FIQ의 핸들러에서 인터럽트 컨트롤러의 레지스터를 읽어서 어떤 인터럽트인지 확인합니다. 그리고 해당 인터럽트의 핸들러를 호출하면 인터럽트 핸들러에서 버튼이 눌렸을 때의 처리를 합니다.

지금은 RTOS 커널이 태스크를 관리하고 있으므로 좀 더 멋있고 유연하게 동작하려면 인터럽트 핸들러의 구체적인 기능을 태스크로 옮기는 것이 더 좋습니다. 그렇다면 인터럽트와 태스크 간의 연결 매체가 필요한데 이때 사용하는 것이 이벤트입니다.

다시 GUI의 버튼 클릭을 예로 들겠습니다. 윈도우에서 버튼을 마우스로 클릭하는 것을 인터럽트의 발생이라고 생각할 수 있습니다. 윈도우의 닷넷 프레임워크(.NET framework)나 리눅스의 X-윈도우 시스템(X Window system)이 버튼 클릭을 이벤트로 바꿔서 해당 프로그램의 핸들러 함수로 전달합니다. 이 역할을 RTOS 커널이 하는 것이지요. 그리고 개별 프로그램의 버튼 클릭 이벤트 함수가 태스크에 있는 이벤트 핸들러 함수와 같은 역할을 합니다.

 이 장의 소스 코드는 다음 명령을 이용해서 다운로드할 수 있습니다. 자세한 내용은 1.6절을 참고해 주세요.

· 11.1절, 11.2절: $ **wget https://github.com/navilera/Navilos/archive/df3716b.zip**
· 11.3절, 11.4절: $ **wget https://github.com/navilera/Navilos/archive/92d0358.zip**

11.1 이벤트 플래그

이벤트는 개발자가 정한 어떤 값으로 전달됩니다. 개발자가 처리할 수 있는 어떤 형태로든 이벤트를 만들 수 있습니다. 저는 이벤트를 비트맵(bitmap)으로 처리하는 것을 좋아합니다. 이벤트를 비트맵(bitmap)으로 만들면 각각의 이벤트를 명확하게 구분할 수 있고 이벤트를 구분하는 코드를 간단하게 구현할 수 있기 때문입니다. 각각의 이벤트 값을 겹치지 않는 비트 위치에 할당합니다. 특정 비트 위치에 독립된 이벤트를 할당해서 이벤트가 있다 없다를 표시하는 방식입니다. 마치 해당 비트 위치에 깃발을 올렸다 내렸다를 표시하는 것과 같아서 이벤트 플래그(event flag)라고 부릅니다.

그림 11.1에 간단한 이벤트 플래그 개념을 그려놓았습니다.

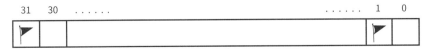

그림 11.1 이벤트 플래그

그림 11.1에 보면 1번 비트와 31번 비트에 플래그가 올라가 있습니다. 이것을 2진수 숫자로 표현하면 10000......010입니다. 익숙한 16진수로 표현하면 0x80000002입니다. 비트맵 표현이므로 0x80000002는 0x80000000에 해당하는 이벤트와 0x00000002에 해당하는 이벤트 두 개가 현재 발생해서 처리 대기 중(pending)이라는 뜻입니다. 이것을 처리하는 커널의 기능을 만들어 보겠습니다. kernel 디렉터리에 event.h와 event.c 파일 두 개를 만들겠습니다.

event.h와 event.c 파일을 만들고 나면 나빌로스 프로젝트의 전체 소스 코드 구성은 다음과 같습니다.

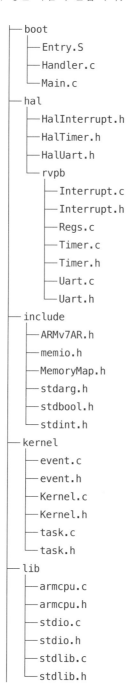

```
├─ boot
│   ├─ Entry.S
│   ├─ Handler.c
│   └─ Main.c
├─ hal
│   ├─ HalInterrupt.h
│   ├─ HalTimer.h
│   ├─ HalUart.h
│   └─ rvpb
│       ├─ Interrupt.c
│       ├─ Interrupt.h
│       ├─ Regs.c
│       ├─ Timer.c
│       ├─ Timer.h
│       ├─ Uart.c
│       └─ Uart.h
├─ include
│   ├─ ARMv7AR.h
│   ├─ memio.h
│   ├─ MemoryMap.h
│   ├─ stdarg.h
│   ├─ stdbool.h
│   └─ stdint.h
├─ kernel
│   ├─ event.c
│   ├─ event.h
│   ├─ Kernel.c
│   ├─ Kernel.h
│   ├─ task.c
│   └─ task.h
├─ lib
│   ├─ armcpu.c
│   ├─ armcpu.h
│   ├─ stdio.c
│   ├─ stdio.h
│   ├─ stdlib.c
│   └─ stdlib.h
```

```
├─ Makefile
├─ navilos.ld
└─ README.md
```

event.h에는 이벤트 플래그를 처리하는 함수와 이벤트 플래그 자체를 선언해 놓을 것입니다. event.c에는 이벤트 플래그 데이터를 처리하는 코드가 들어갑니다. 먼저 이벤트 플래그를 선언한 event.h 파일 코드를 보겠습니다.

코드 11.1 **kernel/event.h**

```
1   #ifndef KERNEL_EVENT_H_
2   #define KERNEL_EVENT_H_
3
4   typedef enum KernelEventFlag_t
5   {
6       KernelEventFlag_UartIn      = 0x00000001,
7       KernelEventFlag_Reserved01  = 0x00000002,
8       KernelEventFlag_Reserved02  = 0x00000004,
9       KernelEventFlag_Reserved03  = 0x00000008,
10      KernelEventFlag_Reserved04  = 0x00000010,
11      KernelEventFlag_Reserved05  = 0x00000020,
12      KernelEventFlag_Reserved06  = 0x00000040,
13      KernelEventFlag_Reserved07  = 0x00000080,
14      KernelEventFlag_Reserved08  = 0x00000100,
15      KernelEventFlag_Reserved09  = 0x00000200,
16      KernelEventFlag_Reserved10  = 0x00000400,
17      KernelEventFlag_Reserved11  = 0x00000800,
18      KernelEventFlag_Reserved12  = 0x00001000,
19      KernelEventFlag_Reserved13  = 0x00002000,
20      KernelEventFlag_Reserved14  = 0x00004000,
21      KernelEventFlag_Reserved15  = 0x00008000,
22      KernelEventFlag_Reserved16  = 0x00010000,
23      KernelEventFlag_Reserved17  = 0x00020000,
24      KernelEventFlag_Reserved18  = 0x00040000,
25      KernelEventFlag_Reserved19  = 0x00080000,
26      KernelEventFlag_Reserved20  = 0x00100000,
27      KernelEventFlag_Reserved21  = 0x00200000,
28      KernelEventFlag_Reserved22  = 0x00400000,
29      KernelEventFlag_Reserved23  = 0x00800000,
30      KernelEventFlag_Reserved24  = 0x01000000,
31      KernelEventFlag_Reserved25  = 0x02000000,
32      KernelEventFlag_Reserved26  = 0x04000000,
33      KernelEventFlag_Reserved27  = 0x08000000,
34      KernelEventFlag_Reserved28  = 0x10000000,
35      KernelEventFlag_Reserved29  = 0x20000000,
36      KernelEventFlag_Reserved30  = 0x40000000,
37      KernelEventFlag_Reserved31  = 0x80000000,
```

```
38
39      KernelEventFlag_Empty        = 0x00000000,
40  } KernelEventFlag_t;
41
42  void Kernel_event_flag_set(KernelEventFlag_t event);
43  void Kernel_event_flag_clear(KernelEventFlag_t event);
44  bool Kernel_event_flag_check(KernelEventFlag_t event);
45
46  #endif /* KERNEL_EVENT_H_ */
```

코드가 다소 길긴 하지만 대부분은 이벤트 플래그 선언입니다. 아직은 이벤트
플래그와 이벤트 처리 기능 자체를 구현하는 단계이므로 이벤트를 추가하지 않
고 6번째 줄에 UartIn 이벤트만 선언해 놨습니다. 이벤트가 제대로 동작하는지
확인할 때 UART를 사용할 예정이기 때문입니다. 그 외에 나머지 이벤트 플래그
는 아직 정해놓지 않았습니다. 32비트 변수 한 개로는 이벤트 플래그 32개를 표
시할 수 있으므로 37번째 줄까지 이벤트 플래그 자리 32개를 예약해 놨습니다.
필요하다면 변수를 더 써서 64개나 96개나 128개 등 이벤트 플래그 개수를 계속
늘려갈 수 있습니다. 물론 그에 맞춰서 42~44번째 줄에 선언한 이벤트 플래그
처리 함수의 파라미터와 뒤에서 설명할 event.c의 구현체가 달라져야 할 것입니
다. 지금은 일단 이벤트 플래그는 최대 32개만 지원하는 것으로 기능을 한정하
겠습니다.

kernel/event.c 파일의 구현은 코드 11.2에 있습니다.

코드 11.2 kernel/event.c

```
1   #include "stdint.h"
2   #include "stdbool.h"
3
4   #include "stdio.h"
5   #include "event.h"
6
7   static uint32_t sEventFlag;
8
9   void Kernel_event_flag_init(void)
10  {
11      sEventFlag = 0;
12  }
13
14  void Kernel_event_flag_set(KernelEventFlag_t event)
15  {
16      sEventFlag |= (uint32_t)event;
17  }
```

```
18
19  void Kernel_event_flag_clear(KernelEventFlag_t event)
20  {
21      sEventFlag &= ~((uint32_t)event);
22  }
23
24  bool Kernel_event_flag_check(KernelEventFlag_t event)
25  {
26      if (sEventFlag & (uint32_t)event)
27      {
28          Kernel_event_flag_clear(event);
29          return true;
30      }
31      return false;
32  }
```

7번째 줄에 있는 sEventFlag는 이벤트 플래그를 32개 기록하고 있으면서 태스크에 전달하는 역할을 하는 커널 자료 구조입니다. Kernel_event_flag_init() 함수는 sEventFlag를 0으로 초기화하는 역할을 합니다. Kernel_event_flag_set() 함수와 Kernel_event_flag_clear() 함수는 간단히 sEventFlag에 특정 비트를 1로 바꾸거나 0으로 바꾸는 역할을 합니다. 어느 특정 비트를 바꾸어야 하는지는 파라미터인 event로 전달됩니다. 이 값은 event.h에 선언해 놓은 이벤트 플래그 값입니다. 이벤트 플래그 값은 서로 중복되지 않는 비트 값으로 선언되어 있으므로 비트맵이 오류 없이 잘 동작합니다. Kernel_event_flag_check() 함수는 파라미터로 전달된 특정 이벤트가 sEventFlag에 1로 세팅되어 있는지 확인하는 함수입니다. 1로 세팅되어 있으면 true를 리턴해서 호출자에게 해당 이벤트가 대기 중임을 알리고 sEventFlag에서 해당 이벤트 플래그를 제거합니다. 당연히 이벤트가 대기 중이 아닐 때는 false를 리턴합니다.

태스크 관련 함수와 마찬가지로 태스크에서는 커널 API를 통해서 이벤트를 처리하게 하고 싶습니다. 그래서 코드 11.3처럼 kernel/Kernel.c와 kernel/Kernel.h에 함수 두 개, 즉 Kernel_send_events()와 Kernel_wait_events() 함수를 추가합니다.

코드 11.3 이벤트 관련 커널 API 추가 kernel/Kernel.c

```
1   void Kernel_send_events(uint32_t event_list)
2   {
3       for (uint32_t i = 0 ; i < 32 ; i++)
4       {
5           if ((event_list >> i) & 1)
```

```
 6          {
 7              KernelEventFlag_t sending_event = KernelEventFlag_Empty;
 8              sending_event = (KernelEventFlag_t)SET_BIT(sending_event, i);
 9              Kernel_event_flag_set(sending_event);
10          }
11      }
12  }
13
14  KernelEventFlag_t Kernel_wait_events(uint32_t waiting_list)
15  {
16      for (uint32_t i = 0 ; i < 32 ; i++)
17      {
18          if ((waiting_list >> i) & 1)
19          {
20              KernelEventFlag_t waiting_event = KernelEventFlag_Empty;
21              waiting_event = (KernelEventFlag_t)SET_BIT(waiting_event, i);
22
23              if (Kernel_event_flag_check(waiting_event))
24              {
25                  return waiting_event;
26              }
27          }
28      }
29
30      return KernelEventFlag_Empty;
31  }
```

Kernel_send_events() 함수는 이벤트를 전달하는 함수입니다. 이벤트는 전달 시점에는 누가 이벤트를 받아서 처리하는지 몰라도 됩니다. 일단 이벤트를 보내고 누군가 알아서 처리하라고 내버려 두는 것이지요. '이벤트를 보낸다'라는 본연의 기능에만 충실한 함수입니다. 그래야 다른 코드와 커플링(coupling)을 최소화할 수 있습니다. Kernel_wait_events()는 이벤트를 기다리는 함수입니다. 마찬가지로 누가 이벤트를 보냈는지 모릅니다. 그냥 어디선가 날라온 이벤트를 처리하는 것이지요. 눈여겨볼 점은 파라미터가 event.h에서 선언한 KernelEventFlag_t가 아니라 그냥 uint32_t라는 것입니다. 그리고 구현을 봐도 for loop도 돌고 시프트 연산도 있고 복잡합니다. 한번에 이벤트를 여러 개 보내고 받기 위한 구현입니다.

예를 들어 누군가 event1, event2, event3, event4를 한번에 보내고 싶어 합니다. 이때 이벤트를 보내는 커널 API를 네 번 호출하는 것이 아니라 이벤트 자체가 비트맵이라는 것을 이용해서 다음과 같이 한 번만 호출해서 이벤트를 여러 개 보낼 수 있습니다.

```
Kernel_send_events(event1|event2|event3|event4)
```

서로 겹치는 값이 아니므로 비트 OR 연산으로 합쳐서 보내도 모든 이벤트를 구분해 낼 수 있습니다. 마찬가지로 이제 이벤트를 받아서 처리하는 핸들러 측에서도 자신이 기다리는 이벤트의 전체 목록을 Kernel_wait_events()에 한번에 보내서 처리할 수 있습니다. 그리고 이벤트를 보내는 쪽과 받는 쪽이 서로 직접적인 관계가 없으므로 event1, event2, event3, event4를 여러 태스크에서 나눠서 처리할 수도 있습니다. 다음과 같이 말이지요.

```
Task#1
Kernel_wait_events(event1|event3)

Task#2
Kernel_wait_events(event2)

Task#3
Kernel_wait_events(event4)
```

보낼 때는 event1, event2, event3, event4를 한번에 보냈는데, 처리할 때는 위의 코드처럼 태스크 세 개가 나눠서 처리할 수도 있습니다. 이것은 앞으로 계속 설명하는 이벤트 관련 예제 및 코드를 통해서 이해할 수 있을 것입니다.

　여기까지 해서 나빌로스에서 이벤트를 처리하는 코드는 모두 구현했습니다. 간단하죠? 이어서 이번 장에서 구현한 함수를 이용해서 이벤트를 어떤 식으로 활용하는지 설명하겠습니다.

11.2 인터럽트와 이벤트

이벤트는 인터럽트와 엮어서 사용하는 것이 일반적입니다. QEMU라는 에뮬레이팅 환경의 제약 때문에 이용할 수 있는 인터럽트가 별로 없습니다. 그리고 이 책의 범위에서 사용할 수 있는 인터럽트는 UART와 타이머뿐이지요. 타이머는 너무 자주 발생합니다. 그래서 사실상 사용할 수 있는 이벤트는 UART뿐입니다.

　지금까지 구현은 UART 인터럽트 핸들러에서 UART 입력 인터럽트가 발생하면 UART 하드웨어에서 입력된 글자를 받아서 다시 그대로 UART로 출력하는 일을 하는 것입니다. 저의 목표는 이 기능을 태스크의 이벤트 핸들러로 옮기는 것입니다. 일단 지금은 그 중간 단계로 이벤트부터 발생시켜서 태스크의 이벤트 핸들러가 동작하는 것을 먼저 확인해 보겠습니다. 코드 11.4처럼 인터럽트 핸들러를 수정하겠습니다.

코드 11.4 UART 인터럽트 핸들러 수정 Uart.c

```
1   중략
2    ⋮
3   static void interrupt_handler(void)
4   {
5       uint8_t ch = Hal_uart_get_char();
6       Hal_uart_put_char(ch);
7
8       Kernel_send_events(KernelEventFlag_UartIn);
9   }
```

이미 구현했던 hal/rvpb/Uart.c의 interrupt_handler() 함수에 코드 11.4의 8번째 줄 코드처럼 kernel/event.h에 선언한 KernelEventFlag_UartIn 이벤트 플래그를 커널로 보냅니다. 이렇게 코드를 딱 한 줄 추가함으로써 인터럽트와 이벤트의 연결이 끝났습니다. 태스크에서 이벤트를 받아서 처리하는 코드를 넣어보고 시험해 보겠습니다.

코드 11.5에 Main.c를 수정한 코드가 있습니다.

코드 11.5 Main.c 파일을 수정해서 이벤트 처리 테스트

```
1   static void Kernel_init(void)
2   {
3       uint32_t taskId;
4
5       Kernel_task_init();
6       Kernel_event_flag_init();
7
8       taskId = Kernel_task_create(User_task0);
9       if (NOT_ENOUGH_TASK_NUM == taskId)
10      {
11          putstr("Task0 creation fail\n");
12      }
13
14      taskId = Kernel_task_create(User_task1);
15      if (NOT_ENOUGH_TASK_NUM == taskId)
16      {
17          putstr("Task1 creation fail\n");
18      }
19
20      taskId = Kernel_task_create(User_task2);
21      if (NOT_ENOUGH_TASK_NUM == taskId)
22      {
23          putstr("Task2 creation fail\n");
24      }
```

```
25
26     Kernel_start();
27  }
28     :
29  중략
30     :
31  void User_task0(void)
32  {
33      uint32_t local = 0;
34
35      debug_printf("User Task #0 SP=0x%x\n", &local);
36
37      while(true)
38      {
39          KernelEventFlag_t handle_event = Kernel_wait_events(KernelEventFlag_UartIn);
40          switch(handle_event)
41          {
42          case KernelEventFlag_UartIn:
43              debug_printf("\nEvent handled\n");
44              break;
45          }
46          Kernel_yield();
47      }
48  }
```

크게 두 부분입니다. 첫 번째는 Kernel_init()에 이벤트 플래그의 초기화 함수를 호출하는 부분을 추가하는 것입니다. 6번째 줄에 Kernel_event_flag_init() 함수를 호출하는 코드가 있습니다. 그리고 두 번째는 User_task0() 함수에 이벤트 처리 함수를 추가하는 것입니다. 그것을 위해서 35번째 줄에서 원래 while loop 안에 있던 스택 주소 출력 코드를 while loop 밖으로 뺐습니다. 태스크 결과 출력을 쉽게 보기 위함입니다. 그리고 39번째 줄에 앞 장에서 새로 만들었던 Kernel_wait_events() 커널 API를 사용하는 코드가 있습니다. 기다리는 이벤트는 당연히 KernelEventFlag_UartIn 이벤트입니다. Kernel_wait_events() 커널 API는 기다리는 이벤트 중 하나가 도착하면 이벤트 값 자체를 리턴합니다. 지금은 기다리는 이벤트도 한 개, 리턴으로 받는 이벤트도 한 개입니다. 리턴 값을 switch-case 문으로 구분해서 이벤트 핸들러를 처리합니다. 만약 기다리는 이벤트가 커널에 없으면 그냥 Kernel_yield() 커널 API를 호출해서 다른 태스크로 컨텍스트를 넘깁니다.

여기까지 작업을 하고 나면 어떤 동작을 기대할 수 있을까요? 먼저 QEMU를 실행하고 키보드를 입력하기 전까지는 아무런 반응이 없을 것입니다. 그러다가 키보드 자판을 누르면 해당 자판의 글자가 화면에 나오고 아래 줄에 "Event handled"라는 문장이 출력될 것입니다. 진짜 그런지 확인해 보겠습니다.

```
$ qemu-system-arm -M realview-pb-a8 -kernel build/navilos.axf -nographic
pulseaudio: set_sink_input_volume() failed
pulseaudio: Reason: Invalid argument
pulseaudio: set_sink_input_mute() failed
pulseaudio: Reason: Invalid argument
NNNNNNNNNNNNNNNNNNNNNNNNNNNNNNNNNNNNNNNNNN
NNNNNNNNNNNNNNNNNNNNNNNNNNNNNNNNNNNNNNNNNNNNNNNNNNNNN
Hello World!
Hello printf
output string pointer: printf pointer test
(null) is null pointer, 10 number
5 = 5
dec=255 hex=FF
print zero 0
SYSCTRL0 0
current count : 0
current count : 1000
current count : 2000
current count : 3000
current count : 4000
User Task #0 SP=0x8FFFEC
User Task #1 SP=0x9FFFF0
User Task #2 SP=0xAFFFF0
a
Event handled
b
Event handled
c
Event handled
d
Event handled
e
Event handled
f
Event handled
g
Event handled
```

QEMU를 실행하고 순서대로 키보드의 a, b, c, d, e, f, g를 눌렀습니다. a, b, c, d, e, f, g가 화면에 출력되고 아래 줄에 우리가 기대하는 "Event handled" 메시지가 출력되었습니다. 키보드의 글자가 그대로 출력되는 것은 인터럽트 핸들러가 한 일이고 "Event handled" 메시지는 이벤트 핸들러에서 한 일입니다. 멋지게 잘 동작하는군요!

11.3 사용자 정의 이벤트

이벤트는 꼭 인터럽트와 연관지어서 사용해야 할까요? 당연히 아닙니다. 필요하다고 생각되면 사용하지 않는 이벤트 플래그 하나에 이름을 주어서 태스크에서 태스크로 이벤트를 보낼 수도 있습니다. 이 특징이 인터럽트와 이벤트의 차이입니다. 인터럽트 핸들러에서 인터럽트의 발생 소식을 태스크로 전달하기 위해 이벤트를 이용하는 것이지 이벤트가 반드시 인터럽트와 연결되어야만 하는 것은 아닙니다.

앞 장에서 UART 입력에 KernelEventFlag_UartIn 이벤트를 연결했습니다. 그리고 Task0에서 이 이벤트를 받았다는 것을 알려주는 출력을 하여 이벤트를 처리했습니다. 이 상태에서 사용하지 않는 이벤트 플래그 하나에 이름을 붙여 주고 이 이벤트 플래그를 Task0에서 보내겠습니다. 그리고 Task1에서 이벤트 플래그를 받아보도록 하지요.

```
typedef enum KernelEventFlag_t
{
    KernelEventFlag_UartIn     = 0x00000001,
    KernelEventFlag_CmdIn      = 0x00000002,
    KernelEventFlag_Reserved02 = 0x00000004,
    KernelEventFlag_Reserved03 = 0x00000008,
              ⋮
          중략
              ⋮
    KernelEventFlag_Empty      = 0x00000000,
} KernelEventFlag_t;
```

Reserved01로 예약되어 있던 안 쓰는 이벤트 플래그에 CmdIn이라는 이름을 붙여 주었습니다. 별 의미 없는 이름입니다. 지금은 이렇게 쓰다가 나중에 다른 용도로 필요하게 되면 관련 코드를 제거하고 다른 쓸모 있는 이름으로 바꿔서 사용해도 됩니다.

그리고 코드 11.6과 같이 Main.c 파일의 Task0과 Task1 함수를 수정합니다.

코드 11.6 Task0과 Task1 함수 수정 Main.c

```
1   void User_task0(void)
2   {
3       uint32_t local = 0;
4
5       debug_printf("User Task #0 SP=0x%x\n", &local);
6
```

```
7      while(true)
8      {
9          KernelEventFlag_t handle_event =
               Kernel_wait_events(KernelEventFlag_UartIn);
10         switch(handle_event)
11         {
12         case KernelEventFlag_UartIn:
13             debug_printf("\nEvent handled by Task0\n");
14             Kernel_send_events(KernelEventFlag_CmdIn);
15             break;
16         }
17         Kernel_yield();
18     }
19 }
20
21 void User_task1(void)
22 {
23     uint32_t local = 0;
24
25     debug_printf("User Task #1 SP=0x%x\n", &local);
26
27     while(true)
28     {
29         KernelEventFlag_t handle_event =
               Kernel_wait_events(KernelEventFlag_CmdIn);
30         switch(handle_event)
31         {
32         case KernelEventFlag_CmdIn:
33             debug_printf("\nEvent handled by Task1\n");
34             break;
35         }
36         Kernel_yield();
37     }
38 }
```

먼저 29~35번째 줄은 Task1의 이벤트 처리 루틴 코드입니다. 코드의 형태는 Task0의 코드와 같습니다. 이벤트 플래그의 이름만 다를 뿐입니다. 그리고 중요한 코드는 14번째 줄입니다. 14번째 줄의 Kernel_send_events() 커널 API는 Task0의 이벤트 처리 루틴 코드 안에서 호출됩니다. 즉, UART 인터럽트 핸들러에서 KernelEventFlag_UartIn 이벤트를 보내고 스케줄러에 의해 Task0이 실행되면 9번째 줄에서 KernelEventFlag_UartIn 이벤트를 확인하고 받아옵니다. 그러면 12번째 줄부터 15번째 줄 사이에 있는 이벤트 처리 코드가 실행됩니다. 이 이벤트 처리 코드 안에 또 다시 Kernel_send_events() 커널 API를 호출해서 KernelEventFlag_CmdIn 이벤트를 보냅니다. 그리고 Kernel_yield()를 호출해서 스케줄링을 하죠. 다음에 스케줄링을 받는 태스크는 Task1입니다. Task1은 29번째 줄에서 KernelEventFlag_CmdIn 이벤트를 기다리고 있습니다. 그리고 32번째 줄에서 34번째 줄 사이의 코드가 이벤트를 처리하죠.

코드 11.6이 의도한 대로 동작한다면 어떤 동작을 할지 예측해 봅시다. QEMU를 실행하고 키보드를 눌러서 UART 인터럽트를 발생시키면 KernelEventFlag_UartIn 이벤트가 발생합니다. 이 이벤트를 Task0이 받아서 처리하죠. 그러면 화면에서는 내가 방금 누른 글자와 Task0에서 출력하는 "Event handled by Task0"이라는 문장이 출력될 것입니다. 그리고 Task0은 KernelEventFlag_CmdIn 이벤트를 보냅니다. 이 이벤트는 Task1이 받습니다. Task1에서는 "Event handled by Task1"이라는 문장을 바로 아래 줄에 출력할 것입니다. 우리의 예상이 맞을지 확인해 보겠습니다.

```
$ qemu-system-arm -M realview-pb-a8 -kernel build/navilos.axf -nographic
pulseaudio: set_sink_input_volume() failed
pulseaudio: Reason: Invalid argument
pulseaudio: set_sink_input_mute() failed
pulseaudio: Reason: Invalid argument
NNNNNNNNNNNNNNNNNNNNNNNNNNNNNNNNNNNNNNNNNN
NNNNNNNNNNNNNNNNNNNNNNNNNNNNNNNNNNNNNNNNNNNNNNNNNNN
Hello World!
Hello printf
output string pointer: printf pointer test
(null) is null pointer, 10 number
5 = 5
dec=255 hex=FF
print zero 0
SYSCTRL0 0
current count : 1
current count : 1001
current count : 2001
current count : 3001
current count : 4001
User Task #0 SP=0x8FFFEC
User Task #1 SP=0x9FFFEC
User Task #2 SP=0xAFFFF0
d
Event handled by Task0

Event handled by Task1
e
Event handled by Task0

Event handled by Task1
```

f

Event handled by Task0

Event handled by Task1

처음에 키보드의 d 키를 눌렀습니다. 바로 이어서 "Event handled by Task0"와 "Event handled by Task1"이 출력됩니다. 시험 삼아 e와 f 키를 눌렀을 때도 의도한 대로 동작하는 것을 볼 수 있습니다. 사용자 정의 이벤트는 꽤 쉽습니다.

11.4 여러 이벤트 플래그를 동시에 보내고 처리하기

이벤트 플래그를 설계할 때 비트맵을 사용한 가장 큰 이유는 바로 이벤트 플래그를 동시에 여러 개 보내고 받을 수 있게끔 코딩할 수 있게 하기 위해서입니다. 이것을 시험해 보겠습니다. 지금 우리는 이벤트 플래그를 두 개 사용하고 있습니다. 한 개 더 추가해서 3개를 만들어 보죠.

```
typedef enum KernelEventFlag_t
{
    KernelEventFlag_UartIn      = 0x00000001,
    KernelEventFlag_CmdIn       = 0x00000002,
    KernelEventFlag_CmdOut      = 0x00000004,
    KernelEventFlag_Reserved03  = 0x00000008,
    KernelEventFlag_Reserved04  = 0x00000010,
            ⋮
        중략
            ⋮
    KernelEventFlag_Empty       = 0x00000000,
} KernelEventFlag_t;
```

Reserved02였던 사용하지 않는 이벤트 플래그에 CmdOut이라는 이름을 붙였습니다. 이름엔 의미가 없고 기능을 설명하려고 만든 이벤트 플래그입니다. 그리고 UART 인터럽트 핸들러를 수정하겠습니다. 코드 11.7처럼 인터럽트 핸들러를 수정해서 동시에 이벤트를 여러 개 보내보겠습니다.

코드 11.7 동시에 이벤트를 여러 개 보내도록 UART 핸들러 수정하기

```
1   static void interrupt_handler(void)
2   {
3       uint8_t ch = Hal_uart_get_char();
4       Hal_uart_put_char(ch);
5
6       Kernel_send_events(KernelEventFlag_UartIn|KernelEventFlag_CmdIn);
```

```
7
8        if (ch == 'X')
9        {
10            Kernel_send_events(KernelEventFlag_CmdOut);
11        }
12    }
```

코드 11.7의 6번째 줄을 보면 이벤트 플래그 두 개를 한번에 보냅니다. 비트 OR 연산자(|)로 원하는 이벤트 플래그를 쭉 이어서 사용할 수 있습니다. 코딩을 덜 할 수도 있습니다. 이벤트 플래그를 비트맵으로 설계하지 않아도 이벤트 기능을 구현할 수는 있으나 그렇게 되면 코드 11.7의 6번째 줄처럼 편하게 한 줄로 코딩할 수 있게 만들기가 어렵습니다. 앞 장에서 Task0에서 임의로 보냈던 KernelEventFlag_CmdIn 이벤트를 이번에는 UART 핸들러에서 KernelEventFlag_UartIn 이벤트와 함께 동시에 보냅니다. 이렇게 하면 UART 핸들러에서는 이벤트 두 개를 한번에 보냅니다. 받아서 처리하는 쪽 코드에 변경이 없다면 Task0이 KernelEventFlag_UartIn 이벤트를 처리하고 Task1이 KernelEventFlag_CmdIn을 각각 처리할 것입니다. 그래서 아마 실행 결과로 보이는 출력 순서는 같을 것입니다. 나중에 확인해 보겠습니다. 그리고 추가로 재미있는 기능을 넣어봤습니다. 8~11번째 줄에 작성한 코드입니다. 대문자 X를 눌렀을 때만 KernelEventFlag_CmdOut 이벤트를 발생시키는 코드입니다.

그러면 이제 다시 Main.c 파일에 있는 Task0 함수를 수정하겠습니다. 코드 11.8처럼 User_task0 코드를 수정하면 이벤트를 여러 개 받을 수 있습니다.

코드 11.8 이벤트를 여러 개 받아 처리하는 Task0

```
1    void User_task0(void)
2    {
3        uint32_t local = 0;
4
5        debug_printf("User Task #0 SP=0x%x\n", &local);
6
7        while(true)
8        {
9            KernelEventFlag_t handle_event =
10               Kernel_wait_events(KernelEventFlag_UartIn|KernelEventFlag_CmdOut);
11           switch(handle_event)
12           {
13           case KernelEventFlag_UartIn:
14               debug_printf("\nEvent handled by Task0\n");
15               break;
16           case KernelEventFlag_CmdOut:
```

```
17                debug_printf("\nCmdOut Event by Task0\n");
18                break;
19            }
20          Kernel_yield();
21      }
22  }
```

Task1의 코드는 변경이 없고 Task0의 이벤트 처리 코드를 수정했습니다. 먼저 코드 11.8의 10번째 줄을 보면 KernelEventFlag_UartIn 이벤트와 KernelEventFlag_CmdOut 이벤트를 비트맵으로 설정했습니다. 이렇게 하면 비트맵으로 설정한 두 이벤트 중 하나가 커널에 대기 중일 때 해당 이벤트 값을 Kernel_wait_events() 함수가 리턴합니다. 물론 이벤트 두 개를 동시에 처리하지는 않습니다. 호출 한 번에 한 개씩 받아옵니다. 새로 추가한 사용자 정의 이벤트인 KernelEventFlag_CmdOut을 처리하는 코드가 16번째 줄에 있습니다.

이렇게 코드를 수정하고 동작을 확인해 보도록 하겠습니다.

```
$ qemu-system-arm -M realview-pb-a8 -kernel build/navilos.axf -nographic
pulseaudio: set_sink_input_volume() failed
pulseaudio: Reason: Invalid argument
pulseaudio: set_sink_input_mute() failed
pulseaudio: Reason: Invalid argument
NNNNNNNNNNNNNNNNNNNNNNNNNNNNNNNNNNNNNNNNNNNN
NNNNNNNNNNNNNNNNNNNNNNNNNNNNNNNNNNNNNNNNNNNNNNNNNNNN
Hello World!
Hello printf
output string pointer: printf pointer test
(null) is null pointer, 10 number
5 = 5
dec=255 hex=FF
print zero 0
SYSCTRL0 0
current count : 0
current count : 1000
current count : 2000
current count : 3000
current count : 4000
User Task #0 SP=0x8FFFEC
User Task #1 SP=0x9FFFEC
User Task #2 SP=0xAFFFF0
a
Event handled by Task0

Event handled by Task1
b
Event handled by Task1
```

```
Event handled by Task0
X
Event handled by Task0

Event handled by Task1

CmdOut Event by Task0
```

키보드의 a와 b를 눌렀을 때는 KernelEventFlag_UartIn 이벤트와 KernelEvent
Flag_CmdIn 이벤트를 UART 핸들러가 동시에 보냅니다. 동시에 보낸 두 이벤트
를 Task0과 Task1이 각각 받아서 "Event handled by Task0"는 Task0에서 출력하
고 "Event handled by Task1"은 Task1에서 출력합니다. 그리고 새로 추가한 기능
으로 대문자 X를 누르면 UART 핸들러는 KernelEventFlag_UartIn, KernelEvent
Flag_CmdIn, KernelEventFlag_CmdOut 이벤트를 모두 보냅니다. 이 중 Kernel
EventFlag_UartIn 이벤트와 KernelEventFlag_CmdOut 이벤트는 Task0에서 처리
하고 KernelEventFlag_CmdIn 이벤트는 Task1에서 처리합니다. 결과는 다음과 같
습니다.

```
X
Event handled by Task0 --> UartIn 이벤트 응답 (Task0)

Event handled by Task1 --> CmdIn 이벤트 응답 (Task1)

CmdOut Event by Task0 --> CmdOut 이벤트 응답 (Task0)
```

스케줄링 순서대로 Task0과 Task1에서 이벤트를 처리하고 다시 Task0에서 남은
이벤트를 처리했습니다. 이상하지 않습니까? Task0에서 KernelEventFlag_UartIn
이벤트와 KernelEventFlag_CmdOut 이벤트를 처리하는데, 결과를 보면 한 번
에 이벤트를 한 개씩만 처리합니다. 그것은 while과 Kernel_wait_events() 및
Kernel_yield()의 호출 위치의 관계 때문입니다. 지금은 while 루프 한 번에
Kernel_wait_events() 커널 API가 한 번만 호출되고 바로 Kernel_yield()를 호
출합니다. 따라서 한 번 스케줄링을 받을 때마다 이벤트를 한 개만 가져옵니다.
만약 코드를 다음과 같이 수정한다면 해당 태스크가 처리할 이벤트가 없을 때까
지 모든 이벤트를 다 처리하고 Kernel_yield()를 호출할 것입니다.

```
while(true)
{
    bool pendingEvent = true;
```

```
        while(pendingEvent)
        {
            KernelEventFlag_t handle_event =
                Kernel_wait_events(KernelEventFlag_UartIn|KernelEventFlag_CmdOut);
            switch(handle_event)
            {
            case KernelEventFlag_UartIn:
                debug_printf("\nEvent handled by Task0\n");
                break;
            case KernelEventFlag_CmdOut:
                debug_printf("\nCmdOut Event by Task0\n");
                break;
            default:
                pendingEvent = false;
                break;
            }
        }
        Kernel_yield();
    }
```

이벤트를 처리하는 switch-case 구문이 또 다른 while loop 안에 있고 내부 while loop는 pendingEvent라는 플래그 변수로 제어됩니다. 처리할 이벤트가 남아 있는 한 pendingEvent 변수는 계속 true이고 더 이상 처리할 이벤트가 없 으면 pendingEvent는 false로 되어 내부 while loop가 종료됩니다. 그러면 이제 Kernel_yield()가 호출되어 다른 태스크로 컨텍스트를 넘기게 됩니다.

이렇게 수정하고 나면 결과가 어떻게 될까요?

```
X
Event handled by Task0

CmdOut Event by Task0

Event handled by Task1
```

위 결과처럼 Task0의 이벤트가 모두 처리되고, 다음에 Task1의 이벤트가 처리됩 니다. 어느 쪽이 더 좋다고 할 수는 없습니다. RTOS가 동작하는 임베디드 시스 템의 요구사항에 따라서 코드를 다르게 작성해야 할 뿐입니다.

이벤트는 어떤 태스크를 어떤 상황에서 골라서 동작시켜야 할지를 제어하는 아주 유용한 수단입니다. 윈도우나 리눅스 같은 범용 운영체제에서도 폭넓게 사 용하고 있는 개념이기도 하고 RTOS가 없는 펌웨어에서도 비슷한 개념으로 많 이 사용합니다. RTOS에서 태스크의 제어로 이벤트를 사용하는 예제는 이 책에서 설명하는 내용 정도만 이해하면 실무에서도 활용할 수 있을 것입니다.

11.5 요약

이 장에서는 이벤트 기능을 만들어 보았습니다. 이벤트 플래그를 비트맵으로 만들어서 각 태스크가 이벤트를 보내고 받도록 했습니다. 이벤트는 태스크 간 정보 전달뿐 아니라 인터럽트 핸들러에서 태스크로 정보를 전달할 때도 유용하게 쓸 수 있습니다. 이벤트로는 매우 단편적인 정보만 전달할 수 있습니다. 다량의 데이터를 전달할 수 있는 메시징 기능을 만들어 보겠습니다.

12장

메시징

이제 인터럽트 핸들러에서 태스크로 혹은 태스크에서 태스크로 이벤트를 보낼 수 있습니다. 그러나 아직 충분하지 않습니다. 이벤트 이상의 더 많은 정보를 보낼 수 없기 때문입니다. 예를 들어 앞 장에서 UART로 문자를 입력했다는 이벤트를 받았지만 어떤 문자인지는 아직 모릅니다. 문자 자체를 전달할 방법을 만들어야 합니다. 그래서 메시징 기능을 만들어 보겠습니다. 메시징은 임의의 데이터를 메시지라는 이름으로 전송하는 기능입니다. 그럼 이 기능을 구현하기 위해서는 어떤 요소가 필요할까요?

실생활에 비유해 보면 이벤트는 일종의 벨입니다. 알릴 것이 있으면 그저 벨이 땡! 하고 울릴 뿐이죠. 왜 울리는지 어떤 내용을 전달하고 싶은지 알 수 없습니다. 메시징은 사서함 같은 것입니다. 우체국의 사서함처럼 정해진 공간이 있고 그 공간에 편지가 쌓입니다. 그리고 사서함의 주인이 필요할 때 사서함에 쌓인 편지를 가져가는 것입니다. 일반적으로 사서함의 주인이 우체국에 사는 것이 아닌 이상 주인은 사서함에 편지가 언제 도착했는지 알 수 없습니다. 찾아 가서 쌓여 있는 편지를 가져올 뿐이지요. 그렇다면 만약 우체국에서 사서함 주인의 집으로 연결된 벨이 있어서 사서함에 편지가 도착할 때마다 우체국에서 벨을 울려준다면 어떨까요? 벨이 울리면 사서함 주인은 우체국으로 가서 편지를 바로 가져올 수 있겠지요.

이벤트와 메시징을 섞어서 사용하면 이와 같은 원리로 데이터를 다룰 수 있습니다. 예를 들어 인터럽트 핸들러에서 이벤트 외에 별도 데이터를 더 보내고 싶으면 메시징 기능을 이용해서 데이터를 보내고 이벤트를 보냅니다. 그러고 나면 태스크에서 이벤트를 처리할 때 이벤트 핸들러에서 메시지를 읽어와서 처리하는 것이지요. 이번 장에서 우리가 만들 목표는 바로 이것입니다. 이벤트와 메시징의 효과적인 활용입니다.

kernel 디렉터리 밑에 msg.h와 msg.c 파일을 만들겠습니다. 이 두 파일이 메시징 기능을 구현하는 파일입니다.

msg.h와 msg.c 파일을 추가하고 나면 우리의 나빌로스 소스 코드 디렉터리 구조는 다음과 같아집니다.

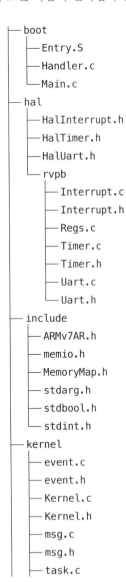

```
├── boot
│   ├── Entry.S
│   ├── Handler.c
│   └── Main.c
├── hal
│   ├── HalInterrupt.h
│   ├── HalTimer.h
│   ├── HalUart.h
│   └── rvpb
│       ├── Interrupt.c
│       ├── Interrupt.h
│       ├── Regs.c
│       ├── Timer.c
│       ├── Timer.h
│       ├── Uart.c
│       └── Uart.h
├── include
│   ├── ARMv7AR.h
│   ├── memio.h
│   ├── MemoryMap.h
│   ├── stdarg.h
│   ├── stdbool.h
│   └── stdint.h
├── kernel
│   ├── event.c
│   ├── event.h
│   ├── Kernel.c
│   ├── Kernel.h
│   ├── msg.c
│   ├── msg.h
│   ├── task.c
```

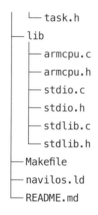

```
        └─ task.h
 ├─ lib
 │   ├─ armcpu.c
 │   ├─ armcpu.h
 │   ├─ stdio.c
 │   ├─ stdio.h
 │   ├─ stdlib.c
 │   └─ stdlib.h
 ├─ Makefile
 ├─ navilos.ld
 └─ README.md
```

 이 장의 소스 코드는 다음 명령을 이용해서 다운로드할 수 있습니다. 자세한 내용은 1.6절을 참고해 주세요.

· 12장: $ **wget https://github.com/navilera/Navilos/archive/157d1da.zip**

12.1 메시지 큐

메시징 기능의 설계는 메시지를 어떻게 관리할 것이냐 하는 결정에서 시작합니다. 저는 큐(Queue)로 결정했습니다. 사실 제가 아니라 다른 누가 결정하더라도 매우 특별한 이유가 있지 않는 한 큐를 사용할 것입니다. 가장 일반적이고 또한 효율적이기 때문입니다. 그래서 메시지를 큐로 관리한다고 하여 메시지 큐라고 부릅니다.

구현은 정말 일반적이고 기본적인 큐의 구현을 그대로 따릅니다. 큐는 FIFO (First In First Out) 혹은 선입선출이라고 불리는 데이터 구조입니다. 먼저 들어간 자료가 먼저 나온다는 것이지요. 예를 들어 큐에 3, 2, 1 순서로 데이터가 들어가면 데이터를 읽을 때도 3, 2, 1 순서로 읽는다는 말입니다.

큐를 구현하는 방법에는 여러 가지가 있습니다. 링크드 리스트를 사용하는 방법도 있고 배열을 이용하는 방법도 있습니다. 링크드 리스트로 구현하는 방법이 유연하고 장점도 많으나 메모리 동적 할당을 해야 합니다. 임베디드 시스템에서는 동적 할당을 피하기 위해서 배열을 주로 이용합니다. 배열을 이용해서 큐를 구현할 때는 데이터가 들어갈 위치를 알고 있는 배열 인덱스 변수와 큐의 밖으로 나갈 데이터의 위치를 알고 있는 인덱스 변수 두 개가 필요합니다. 흔히 front와 rear라고 부르는 두 변수입니다. 코드 12.1을 보면서 두 변수를 살펴보겠습니다.

코드 12.1 메시지 큐 선언 msg.h

```
1   #ifndef KERNEL_MSG_H_
2   #define KERNEL_MSG_H_
3
4   #define MSG_Q_SIZE_BYTE      512
5
6   typedef enum KernelMsgQ_t
7   {
8       KernelMsgQ_Task0,
9       KernelMsgQ_Task1,
10      KernelMsgQ_Task2,
11
12      KernelMsgQ_Num
13  } KernelMsgQ_t;
14
15  typedef struct KernelCirQ_t
16  {
17      uint32_t front;
18      uint32_t rear;
19      uint8_t  Queue[MSG_Q_SIZE_BYTE];
20  } KernelCirQ_t;
21
22  void Kernel_msgQ_init(void);
23  bool Kernel_msgQ_is_empty(KernelMsgQ_t Qname);
24  bool Kernel_msgQ_is_full(KernelMsgQ_t Qname);
25  bool Kernel_msgQ_enqueue(KernelMsgQ_t Qname, uint8_t data);
26  bool Kernel_msgQ_dequeue(KernelMsgQ_t Qname, uint8_t* out_data);
27
28  #endif /* KERNEL_MSG_H_ */
```

코드 12.1의 17번째와 18번째 줄에 선언한 변수가 각각 front와 rear 변수입니다. 이름 그대로 front는 앞이고 rear는 뒤입니다. 큐의 정의에 따라 뒤에 데이터를 넣고 앞에서 데이터를 빼겠습니다. 따라서 배열을 큐로 활용하려면 데이터를 넣을 때 rear 변수의 값에 해당하는 인덱스에 데이터가 들어가고 데이터를 뺄 때는 front 변수의 값에 해당하는 인덱스에서 값을 읽습니다. 19번째 줄의 배열이 실제 데이터가 저장되는 메모리 공간을 잡고 있습니다. 배열의 크기는 MSG_Q_SIZE_BYTE라는 이름으로 4번째 줄에 정의했습니다. 512바이트군요.

　기본값으로 메시지 큐를 세 개 준비했습니다. 512바이트짜리 메시지 큐 세 개인 거죠. 이 개수는 시스템의 요구사항에 따라 변경될 수 있습니다. 메시지 큐가 많이 필요한 시스템이 있을 수 있고, 메시지 큐가 한 개만 있어도 충분한 시스템이 있는가 하면, 어떤 시스템은 메시지 큐가 아예 필요 없을 수도 있습니다. 저는 일단 태스크당 한 개씩의 메시지 큐를 배정하기로 결정했습니다. 태스크당 한 개씩 배정한 메시지 큐의 지시를 쉽게 하기 위해서 6~13번째 줄의 코드에 나온 것처럼 enum 형을 선언했습니다.

22~26번째 줄이 메시지 큐를 관리하는 함수들입니다. 이름만 봐도 무슨 역할을 하는 함수인지 쉽게 알 수 있습니다. 자세한 내용은 이어서 구현하면서 설명하겠습니다.

코드 12.2에 나빌로스의 메시지 큐의 전체 소스가 다 있습니다. 긴 것 같아도 100줄도 안 됩니다. 한 줄씩 읽어도 얼마 걸리지 않는 매우 간단한 코드입니다.

코드 12.2 메시지 큐 구현 msg.c

```
1   #include "stdint.h"
2   #include "stdbool.h"
3   #include "stdlib.h"
4
5   #include "msg.h"
6
7   static KernelCirQ_t sMsgQ[KernelMsgQ_Num];
8
9   void Kernel_msgQ_init(void)
10  {
11      for (uint32_t i = 0 ; i < KernelMsgQ_Num ; i++)
12      {
13          sMsgQ[i].front = 0;
14          sMsgQ[i].rear = 0;
15          memclr(sMsgQ[i].Queue, MSG_Q_SIZE_BYTE);
16      }
17  }
18
19  bool Kernel_msgQ_is_empty(KernelMsgQ_t Qname)
20  {
21      if (Qname >= KernelMsgQ_Num)
22      {
23          return false;
24      }
25
26      if (sMsgQ[Qname].front == sMsgQ[Qname].rear)
27      {
28          return true;
29      }
30
31      return false;
32  }
33
34  bool Kernel_msgQ_is_full(KernelMsgQ_t Qname)
```

```
35 {
36     if (Qname >= KernelMsgQ_Num)
37     {
38         return false;
39     }
40
41     if (((sMsgQ[Qname].rear + 1) % MSG_Q_SIZE_BYTE) == sMsgQ[Qname].front)
42     {
43         return true;
44     }
45
46     return false;
47 }
48
49 bool Kernel_msgQ_enqueue(KernelMsgQ_t Qname, uint8_t data)
50 {
51     if (Qname >= KernelMsgQ_Num)
52     {
53         return false;
54     }
55
56     if (Kernel_msgQ_is_full(Qname))
57     {
58         return false;
59     }
60     sMsgQ[Qname].rear++;
61     sMsgQ[Qname].rear %= MSG_Q_SIZE_BYTE;
62
63     uint32_t idx = sMsgQ[Qname].rear;
64     sMsgQ[Qname].Queue[idx] = data;
65
66     return true;
67 }
68
69 bool Kernel_msgQ_dequeue(KernelMsgQ_t Qname, uint8_t* out_data)
70 {
71     if (Qname >= KernelMsgQ_Num)
72     {
73         return false;
74     }
75
76     if (Kernel_msgQ_is_empty(Qname))
77     {
78         return false;
79     }
80
81     sMsgQ[Qname].front++;
82     sMsgQ[Qname].front %= MSG_Q_SIZE_BYTE;
83
```

```
84    uint32_t idx = sMsgQ[Qname].front;
85    *out_data = sMsgQ[Qname].Queue[idx];
86
87    return true;
88 }
```

먼저 7번째 줄의 sMsgQ 배열이 실제 메시지 큐를 메모리에 할당한 변수입니다. KernelMsgQ_Num은 msg.h에서 enum 형으로 선언한 값으로 항상 전체 메시지 큐의 개수를 표시하는 값입니다. 지금은 3이겠네요. 따라서 sMsgQ는 3개짜리 배열이 됩니다.

9~17번째 줄의 Kernel_msgQ_init() 함수는 sMsgQ를 0으로 초기화하는 함수입니다. 각 메시지 큐의 front 변수와 rear 변수를 0으로 만들고 실제 데이터가 저장되는 Queue 배열도 0으로 초기화합니다.

19번째 줄부터 32번째 줄까지 구현한 Kernel_msgQ_is_empty() 함수는 메시지 큐가 비었는지를 확인하는 함수입니다. 큐가 비어 있으면 true를 리턴하고 비어 있지 않으면 false를 리턴합니다. 반대로 34~47번째 줄에 구현한 Kernel_msgQ_is_full() 함수는 메시지 큐가 꽉 차 있는지를 확인하는 함수입니다. 큐가 꽉 차 있으면 true를 리턴하고, 꽉 차 있지 않으면 false를 리턴합니다. 메시지 큐가 비었는지는 26번째 줄을 보면 알 수 있습니다. front 변수의 값과 rear 변수의 값이 같으면 비어 있는 것이지요. 큐에 데이터가 들어갈 때마다 rear 변수의 값이 증가하고 데이터를 뺄 때마다 front 변수의 값이 증가합니다. 만약 데이터를 큐에 넣지는 않고 계속 빼기만 한다면 rear 변수의 값은 그대로이고 front 변수의 값이 계속 증가하겠지요. 그러다가 어느 순간 front 변수의 값이 rear 변수의 값과 같아지는 시점이 옵니다. 이때가 바로 큐가 비어 있는 상태입니다. 그럼 큐에서 데이터를 빼지는 않고 계속 넣기만 한다면 front 변수의 값은 그대로이고 rear 변수의 값이 계속 증가합니다. 계속 증가하다가 rear 변수의 값이 front 변수의 값 바로 직전 인덱스까지 커지면 더 이상 데이터를 넣을 공간이 없다는 뜻이 됩니다. 이때가 큐가 꽉 차 있는 상태인 것이지요. 41번째 줄의 코드가 큐가 꽉 차 있는 것을 확인하는 코드입니다.

49~67번째 줄에 있는 Kernel_msgQ_enqueue() 함수는 메시지 큐에 데이터를 넣는 함수입니다. 큐에 데이터를 넣는 것을 enqueue라고 부릅니다. 데이터를 넣기 전에 큐가 꽉 차 있는지 우선 확인합니다. 큐가 꽉 차 있으면 데이터를 넣을 공간이 없으니까요. 그것을 확인하는 코드가 56~59번째 줄 코드입니다. 앞에서

작성한 Kernel_msgQ_is_full() 함수를 호출하는 것뿐입니다. 그리고 rear 변수의 값을 하나 증가시킵니다. 증가시킨 값에 **MSG_Q_SIZE_BYTE**를 나머지 연산하여 인덱스 크기가 배열의 크기를 넘지 않도록 합니다. 태스크 스케줄러를 만들 때 라운드 로빈 스케줄링 알고리즘 구현에서도 본 코딩 패턴이니 배열의 크기로 나머지 연산을 하는 것이 어떤 의미인지 잘 알고 있을 것이리라 믿습니다. 그렇게 조정된 rear 변수의 값을 인덱스로 해서 63번째와 64번째 줄에 데이터를 메시지 큐에 넣는 코드가 나옵니다.

69~88번째 줄은 배열에서 데이터를 빼는 Kernel_msgQ_dequeue() 함수입니다. 큐에서 데이터를 빼는 것을 dequeue라고 부릅니다. 과정은 enqueue 함수와 반대입니다. rear 변수 대신 front 변수를 사용하고 front 변수의 값을 인덱스로 하여 배열에서 값을 읽어서 out_data 포인터에 값으로 넘겨 줍니다.

이렇게 해서 메시지 큐의 구현은 끝났습니다. 일반적인 큐의 구현과 다를바 없습니다. 앞서 태스크나 이벤트와 마찬가지로 커널 API로 조금 더 활용성 높게 만들어 보도록 하겠습니다. Kernel.c 파일을 수정합니다.

코드 12.3에 함수가 두 개 구현되어 있습니다. Kernel_send_msg()는 메시지를 보내는 함수고, Kernel_recv_msg()는 메시지를 받는 함수입니다. 당연히 Kernel_send_msg() 함수는 메시지 큐의 Kernel_msgQ_enqueue() 함수를 내부에서 사용하고, Kernel_recv_msg() 함수는 메시지 큐의 Kernel_msgQ_dequeue() 함수를 내부에서 사용합니다.

메시지 큐의 enqueue 함수와 dequeue 함수는 1바이트 크기의 데이터만 처리할 수 있도록 만든 것에 비해 커널 API는 count 크기만큼의 데이터를 한번에 처리할 수 있도록 설계했습니다. 그러다 보니 데이터를 넣거나 빼는 도중에 count 크기만큼 처리를 다 마치지 못했는데 메시지 큐가 꽉 차거나 비어 버리는 상황이 생길 수 있습니다.

코드 12.3 메시지 보내기 및 받기 API 추가 Kernel.c

```
1    bool Kernel_send_msg(KernelMsgQ_t Qname, void* data, uint32_t count)
2    {
3        uint8_t* d = (uint8_t*)data;
4
5        for (uint32_t i = 0 ; i < count ; i++)
6        {
7            if (false == Kernel_msgQ_enqueue(Qname, *d))
8            {
```

```
9                   for (uint32_t j = 0 ; j < i ; j++)
10                  {
11                      uint8_t rollback;
12                      Kernel_msgQ_dequeue(Qname, &rollback);
13                  }
14                  return false;
15              }
16          d++;
17      }
18
19      return true;
20 }
21
22 uint32_t Kernel_recv_msg(KernelMsgQ_t Qname, void* out_data, uint32_t count)
23 {
24      uint8_t* d = (uint8_t*)out_data;
25
26      for (uint32_t i = 0 ; i < count ; i++)
27      {
28          if (false == Kernel_msgQ_dequeue(Qname, d))
29          {
30              return i;
31          }
32          d++;
33      }
34
35      return count;
36 }
```

7~14번째 줄은 데이터를 메시지 큐에 넣는 도중에 큐가 꽉 차버리는 상황에 대한 에러를 처리하는 코드입니다. Kernel_msgQ_enqueue() 함수가 false를 리턴하면 그 순간부터 큐가 꽉 찼다는 뜻이면서 사용자가 원하는 데이터가 일부는 메시지 큐에 들어가 있고 일부는 들어가지 못했다는 것을 의미합니다. 따라서 이미 메시지 큐에 들어가 있는 불완전한 데이터를 다시 빼내는 작업을 해야만 메시지 큐의 무결성을 보장할 수 있습니다. 내부에 for loop를 하나 더 만들어서 데이터를 다시 빼내 에러를 처리합니다.

28~31번째 줄은 데이터를 메시지 큐에서 읽는 도중에 메시지 큐에 더 읽을 것이 없을 경우 에러를 처리하는 코드입니다. 예를 들어 10바이트를 읽으리라 기대하고 count에 10을 넣어 호출했는데 7바이트 정도 읽고 메시지 큐가 비어버린 것이지요. 이때는 그냥 현재까지 읽은 바이트 수만 리턴하고 호출하는 쪽에서 알아서 처리하도록 합니다. 즉, count에 10을 넣어서 호출했는데 리턴 값이 7이

면 기다렸다가 한 번 더 호출해서 나머지 3바이트를 읽는 것이지요.

여기까지 해서 커널의 메시징 관련 기능을 모두 구현하였습니다. 어렵지 않습니다. 가장 간단한 형태로 메시지 큐를 구현했으니까요. 이 메시지 큐로 메시지 보내기 및 받기를 하는 커널 API를 추가했습니다.

12.2 태스크 간 데이터 전달

이 절에서는 앞 절에서 만든 메시징 기능을 이용해서 적당한 예제를 만들어 보겠습니다. 이벤트를 구현할 때 만들었던 예제를 확장하겠습니다. UART 인터럽트 핸들러에서 이벤트와 함께 UART를 통해서 들어온 키보드 입력 값을 메시지 큐로 보내겠습니다.

코드 12.4처럼 인터럽트 핸들러를 수정해서 키보드 입력을 메시지로 보내고 입력이 들어왔다는 소식을 이벤트로 보내겠습니다.

코드 12.4 UART 인터럽트 핸들러 수정 Uart.c

```
1   static void interrupt_handler(void)
2   {
3       uint8_t ch = Hal_uart_get_char();
4       Hal_uart_put_char(ch);
5
6       Kernel_send_msg(KernelMsgQ_Task0, &ch, 1);
7       Kernel_send_events(KernelEventFlag_UartIn);
8   }
```

6번째 줄에서 Task0용으로 만든 메시지 큐에 UART 입력으로 받은 값을 전달합니다. 그리고 바로 UartIn 이벤트를 보냅니다. 이러면 Task0은 UartIn 이벤트를 기다리고 있다가 이벤트가 발생하면 메시지 큐에서 1바이트 값을 읽습니다.

Task0은 UART 인터럽트 핸들러에서 이벤트가 오면 메시지 큐에서 1바이트를 읽어서 내부 버퍼에 읽은 값을 계속 쌓아둡니다. 그러다가 엔터 키가 입력되면 지금까지 버퍼에 쌓아 두었던 값을 Task1의 메시지 큐에 넣고 CmdIn 이벤트를 보냅니다. 코드 12.5에 구현이 있습니다.

코드 12.5 Task0에서 메시지 처리 Main.c

```
1   void User_task0(void)
2   {
3       uint32_t local = 0;
4       debug_printf("User Task #0 SP=0x%x\n", &local);
```

```
5
6       uint8_t  cmdBuf[16];
7       uint32_t cmdBufIdx = 0;
8       uint8_t  uartch = 0;
9
10      while(true)
11      {
12          KernelEventFlag_t handle_event = Kernel_wait_events(
                KernelEventFlag_UartIn|KernelEventFlag_CmdOut);
13          switch(handle_event)
14          {
15          case KernelEventFlag_UartIn:
16              Kernel_recv_msg(KernelMsgQ_Task0, &uartch, 1);
17              if (uartch == '\r')
18              {
19                  cmdBuf[cmdBufIdx] = '\0';
20
21                  Kernel_send_msg(KernelMsgQ_Task1, &cmdBufIdx, 1);
22                  Kernel_send_msg(KernelMsgQ_Task1, cmdBuf, cmdBufIdx);
23                  Kernel_send_events(KernelEventFlag_CmdIn);
24
25                  cmdBufIdx = 0;
26              }
27              else
28              {
29                  cmdBuf[cmdBufIdx] = uartch;
30                  cmdBufIdx++;
31                  cmdBufIdx %= 16;
32              }
33              break;
34          case KernelEventFlag_CmdOut:
35              debug_printf("\nCmdOut Event by Task0\n");
36              break;
37          }
38          Kernel_yield();
39      }
40  }
```

15~33번째 줄이 UartIn의 이벤트 핸들러 코드입니다. 이벤트 핸들러에 들어가
자마자 16번째 줄을 보면 메시지 큐에서 1바이트 읽어 uartch 변수에 넣습니다.
그런 다음 17번째 줄에서 uartch 변수의 값이 엔터 키인지 확인하죠. 엔터 키
가 아니라면 29번째, 30번째, 31번째 줄이 실행됩니다. 이 세 줄은 uartch로 받
은 UART 입력 값을 cmdBuf라는 16바이트짜리 로컬 배열에 순서대로 쌓아놓는
일을 합니다. 배열이 오버플로되면 안 되니까 마찬가지로 16으로 인덱스를 나
머지 연산하여 오버플로를 방지합니다. 그러다가 UART를 통해서 엔터 키가 입

력되면 17번째 줄에서 엔터 키를 확인해서 19~25번째 줄의 코드를 실행합니다. cmdBufIdx 변수의 값은 현재 cmdBuf 배열에 저장되어 있는 UART에서 받은 입력 값의 길이입니다. 그래서 그것을 먼저 Task1로 메시지를 통해 보냅니다. Task1 과의 약속입니다. 메시지의 길이를 먼저 보내고 이어서 메시지 데이터를 보낸다고 Task0와 Task1이 약속한 것입니다. 길이를 보냈으니까 이어서 cmdBuf에 저장된 UART 입력 값을 Task1로 보냅니다. 메시지 보내기를 다 하고 나면 CmdIn 이벤트를 발생시킵니다. CmdIn 이벤트는 Task1이 받아서 처리하는 것을 기대하고 있지요.

잠깐 Task1의 코드를 보기 전에 짚고 넘어가야 할 부분이 있습니다. 21번째, 22번째, 23번째 줄은 사실 잠재적인 버그가 있습니다. 뭐냐하면 에러 처리를 전혀 하지 않고 있다는 점입니다. 만약 메시지를 보내는 도중에 Kernel_send_msg() 함수에서 false가 리턴되면 적절하게 처리해 주어야 합니다. 그렇지 않으면 Task1이 의도하지 않은 메시지를 받아서 전체 동작이 꼬일 수도 있습니다. 지금 예제도 잘 동작합니다만 보다 확실하게 처리하는 코드의 형태를 보고 가는 것도 나쁘지 않지요.

확실한 에러 처리 코드의 형태는 다음과 같습니다.

```
while(true)
{
    Kernel_send_events(KernelEventFlag_CmdIn);
    if (false == Kernel_send_msg(KernelMsgQ_Task1, &cmdBufIdx, 1))
    {
        Kernel_yield();
    }
    else if (false == Kernel_send_msg(KernelMsgQ_Task1, cmdBuf, cmdBufIdx))
    {
        uint8_t rollback;
        Kernel_recv_msg(KernelMsgQ_Task1, &rollback, 1);
        Kernel_yield();
    }
    else
    {
        break;
    }
}
```

먼저 이벤트를 보내는 함수와 메시지를 보내는 함수를 while loop로 다시 한번 감싸서 break를 만날 때까지 계속 시도합니다. 즉, 성공할 때까지 재시도한다는 것이지요. 그런 다음 두 가지 상황을 처리합니다. 처음에 1바이트로 cmdBuf의 길이를 보낼 때 실패하는 상황과 cmdBuf 자체를 보낼 때 실패하는 상황입니다.

cmdBuf의 길이를 보낼 때 실패하는 상황은 크게 복잡하지 않습니다. 아직 데이터 본체를 보낸 것이 아니므로 그냥 Kernel_yield() 함수를 호출해서 Task1이 메시지 큐를 비워주길 기다린 다음에 다시 스케줄링되었을 때 보내기를 재시도하면 됩니다. cmdBuf 자체를 보낼 때 실패하는 상황은 조금 더 복잡합니다. cmdBuf 자체는 Kernel_send_msg() 커널 API가 데이터를 다시 빼는 작업을 하므로 신경 쓰지 않아도 됩니다. 다만 직전에 1바이트짜리 길이를 보내는 작업은 성공했으므로 Task1이 본체 없이 길이만 읽는 상황을 방지해야 합니다. Task1의 메시지 큐에서 직전에 보낸 길이 데이터를 빼면 됩니다. 그래서 Kernel_recv_msg() 커널 API를 호출해서 1바이트를 읽어 rollback 변수에 넣습니다. 이렇게 하면 Task1의 메시지 큐가 문제가 생기기 직전 상태로 돌아갑니다. 그런 다음 Kernel_yield() 함수를 호출해서 Task1이 메시지 큐를 비워주길 기다리고 while loop로 반복해서 같은 작업을 전체적으로 재시도합니다. Kernel_send_msg()가 두 번 모두 성공해야 if-else if-else 구문의 else 블록에 있는 break가 실행되면서 while loop를 빠져나갈 수 있게 됩니다.

그러면 미뤄뒀던 Task1의 이벤트 핸들러 코드를 보겠습니다. 코드 12.6처럼 User_task1 코드를 수정해서 Task0에서 보낸 메시지와 이벤트를 받습니다.

코드 12.6 Task1에서 메시지 처리 Main.c

```
1    void User_task1(void)
2    {
3        uint32_t local = 0;
4
5        debug_printf("User Task #1 SP=0x%x\n", &local);
6
7        uint8_t cmdlen = 0;
8        uint8_t cmd[16] = {0};
9
10       while(true)
11       {
12           KernelEventFlag_t handle_event = Kernel_wait_events(
                   KernelEventFlag_CmdIn);
13           switch(handle_event)
14           {
15           case KernelEventFlag_CmdIn:
16               memclr(cmd, 16);
17               Kernel_recv_msg(KernelMsgQ_Task1, &cmdlen, 1);
```

```
18              Kernel_recv_msg(KernelMsgQ_Task1, cmd, cmdlen);
19              debug_printf("\nRecv Cmd: %s\n", cmd);
20              break;
21          }
22          Kernel_yield();
23      }
24 }
```

Task0에서 데이터의 길이를 먼저 보내고 그다음에 데이터를 보냈습니다. 메시지 큐는 FIFO이므로 보낸 순서 그대로 받으면 됩니다. 그래서 17번째 줄에서 cmdlen 변수에 길이를 읽습니다. 그런 다음 18번째 줄에서 cmdlen 변수의 값 길이만큼 메시지를 읽어서 cmd 로컬 배열에 저장합니다. 마지막으로 cmd 로컬 배열의 내용을 debug_printf() 함수로 출력합니다.

이렇게 UART 인터럽트 핸들러와 Task0이 연결되고 Task0과 Task1을 이벤트와 메시징을 이용해서 연결했습니다. 그렇다면 동작은 어떻게 될까요? QEMU를 실행하고 사용자가 키보드를 누르면 UART 인터럽트 핸들러에서는 입력된 키보드 값을 일단 그대로 화면에 출력할 것입니다. 그런 다음 그 값을 Task0으로 보냅니다. Task0은 UART 인터럽트 핸들러에서 받은 키보드 입력을 1바이트씩 버퍼에 쌓아둡니다. 그러다가 엔터 키가 입력되면 Task1로 모아둔 입력 값을 한번에 보냅니다. Task1은 이것을 받아서 "Recv Cmd:"로 표시해서 화면에 출력할 것입니다. 예상한 대로 동작하는지 볼까요?

```
$ qemu-system-arm -M realview-pb-a8 -kernel build/navilos.axf -nographic
pulseaudio: set_sink_input_volume() failed
pulseaudio: Reason: Invalid argument
pulseaudio: set_sink_input_mute() failed
pulseaudio: Reason: Invalid argument
NNNNNNNNNNNNNNNNNNNNNNNNNNNNNNNNNNNNNNNNNNNNNNNN
NNNNNNNNNNNNNNNNNNNNNNNNNNNNNNNNNNNNNNNNNNNNNNNNNNNNN
Hello World!
Hello printf
output string pointer: printf pointer test
(null) is null pointer, 10 number
5 = 5
dec=255 hex=FF
print zero 0
SYSCTRL0 0
current count : 0
current count : 1000
current count : 2000
current count : 3000
```

```
current count : 4000
User Task #0 SP=0x8FFFEC
User Task #1 SP=0x9FFFEC
User Task #2 SP=0xAFFFF0
abc
Recv Cmd: abc
def
Recv Cmd: def
```

"abc"라고 입력하고 엔터 키를 누르면 "Recv Cmd: abc"라고 나옵니다. 바로 이어서 "def"라고 입력하고 엔터 키를 누르면 "Recv Cmd: def"라고 나옵니다. 우리가 의도했던 그대로 동작하는군요. "abc"와 "def"라고 출력되는 것은 UART 인터럽트 핸들러에서 출력하는 것이고, "Recv Cmd: abc"와 "Recv Cmd: def"라고 출력되는 것은 Task0과 Task1의 합작품입니다.

이 과정을 그림으로 그리면 그림 12.1 정도로 표현할 수 있습니다.

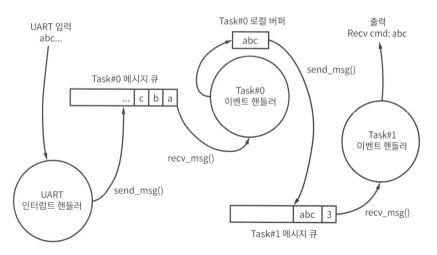

그림 12.1 UART 인터럽트와 태스크 메시지 처리 관계

왼쪽부터 화살표의 흐름을 따라서 그림을 해석하면 이번 장에서 작업한 내용의 전체 흐름을 이해할 수 있습니다. UART로 a, b, c가 순서대로 들어오면 UART 인터럽트 핸들러는 Task0의 메시지 큐로 한 글자씩 메시지를 보냅니다. Task0은 메시지를 한 글자씩 받아서 로컬 버퍼에 저장합니다. 로컬 버퍼는 "abc"라는 문자열을 저장합니다. 그러다가 엔터 키가 입력되면 Task1의 메시지 큐에 "abc" 문자열의 길이인 3과 함께 "abc"를 보냅니다. Task1은 일단 1바이트를 읽습니다. 데이터 1바이트 값은 3입니다. 메시지 큐에 대기 중인 데이터가 3바이트라는 뜻

이죠. 그래서 3바이트를 읽습니다. 읽은 값은 "abc"입니다. 그러면 화면에 "Recv Cmd: abc"라고 출력하는 것이지요.

12.3 요약

이 장에서는 메시징 기능을 만들었습니다. 메시지 큐 형태로 만들었는데요. 태스크나 인터럽트 간에 데이터를 전달하고 싶을 때는 큐에 데이터를 넣기만 하면 됩니다. 또한 데이터를 받을 때는 큐에서 데이터를 꺼내기만 하면 됩니다. 이벤트와 조합해서 필요한 정보를 어떤 태스크가 보내고 받는지를 제어합니다. 실무에서도 매우 유용한 기능이니 개념을 잘 이해해 두기 바랍니다. 다음 장에서는 멀티코어 환경을 가정하고 태스크 간 동기화를 어떻게 해야 하는지 설명하겠습니다.

13장

동기화

나빌로스는 비선점형 스케줄링인데다가 태스크가 명시적으로 Kernel_yield()를 호출해야만 다른 태스크로 컨텍스트가 넘어가므로 싱글코어 환경에서는 동기화 문제가 발생하지 않습니다. 그래서 나빌로스 프로젝트만 보면 동기화를 다루지 않아도 됩니다만 동기화라는 주제가 운영체제에서 매우 중요한 한 부분이므로 꼭 알고 넘어가는 것이 좋습니다.

동기화(synchronization)라는 용어는 운영체제에서 어떤 작업을 아토믹 오퍼레이션(atomic operation)으로 만들어 준다는 의미입니다. 아토믹 오퍼레이션이란 억지로 번역을 하면 '단일 작업' 혹은 '원자 작업' 정도가 되는데, 번역이 실제 의미를 제대로 전달하지 못한다는 생각이 듭니다. 그래서 그냥 아토믹 오퍼레이션 혹은 아토믹 동작이라는 용어를 사용하겠습니다. 어떤 작업이 아토믹하다는 것을 쉽게 표현하면 해당 작업이 끝날 때까지 컨텍스트 스위칭이 발생하지 않는다는 말입니다. 멀티코어 환경에서는 아토믹 동작이 진행 중일 때, 컨텍스트 스위칭뿐만 아니라 다른 코어가 해당 동작에 끼어들지 못하게 하는 것을 의미합니다. 즉, 해당 작업을 원자처럼 더 이상 쪼갤 수 없다는 의미를 살리기 위해 아토믹이라는 이름이 붙은 것입니다.

어떤 작업이 아토믹하게 구현되어야만 한다면 해당 작업을 크리티컬 섹션(critical section)이라고 부릅니다.

용어를 사용해서 다시 정리하겠습니다. 동기화란 어떤 작업이 크리티컬 섹션이라고 판단되었을 경우, 해당 크리티컬 섹션을 아토믹 오퍼레이션으로 만들어 주는 것을 말합니다.

동기화를 구현하는 알고리즘에는 여러 종류가 있습니다. 그중에서 가장 많이 쓰는 세 가지를 이 책에서 구현해 보고자 합니다. 첫 번째는 가장 많이 쓰는 세 마포어(semaphore)고, 두 번째는 뮤텍스(mutex), 세 번째는 스핀락(spin lock) 입니다.

 이 장의 소스 코드는 다음 명령을 이용해서 다운로드할 수 있습니다. 자세한 내용은 1.6절 을 참고해 주세요.

· 13.1절: $ **wget https://github.com/navilera/Navilos/archive/49dcd06.zip**
· 13.2절: $ **wget https://github.com/navilera/Navilos/archive/f680418.zip**

13.1 세마포어

세마포어는 동기화 알고리즘 중에서 가장 유명한 알고리즘 중 하나이면서 가장 많이 쓰이는 알고리즘이기도 합니다. 게다가 개발된 지도 오래된 알고리즘입니다. 자료를 찾아보니 대략 1962년에서 1963년 사이에 네덜란드의 컴퓨터 과학 자 에즈허르 데이크스트라(Edsger Dijkstra)가 발표한 논문에 개념이 소개되었다 고 나오네요. 나온 지 50년도 넘은 알고리즘이 아직까지 쓰인다는 것은 그 오랜 세월이 흐르는 동안 이보다 더 좋은 동기화 알고리즘이 없었다는 뜻이기도 하 지요. 사실 이보다 더 좋은 것을 생각해 낼 수 없을 만큼 간단하고 직관적이면서 쉽기도 합니다.

그럼 먼저 간단히 세마포어의 개념을 보도록 하지요. 세마포어의 개념은 긴 설명보다 의사 코드(pseudo code)를 보면 됩니다. 세마포어의 의사 코드는 다 음과 같습니다.

```
Test(S)
{
    while S <= 0 ; // 대기
    S--;
}

Release(S)
{
    S++;
}
```

원래 논문에 나온 함수 이름은 네덜란드어인데, 그냥 이해하기 쉽게 영어로 바꿔서 옮겼습니다. 세마포어는 아주 간단한 함수 딱 두 개로 구현됩니다. 하나는 Test() 함수고 다른 하나는 Release() 함수입니다. Test() 함수는 이름 그대로 크리티컬 섹션에 진입 가능한지를 확인해 보는 함수입니다. 다른 의미로는 세마포어를 잠글(lock) 수 있는지 확인한다는 의미도 가지고 있습니다. 그리고 Release() 함수는 크리티컬 섹션을 나갈 때 호출해서 세마포어를 놓아주는 (release) 혹은 세마포어의 잠금을 푸는(unlock) 역할을 합니다.

여기서 동기화를 구현하는 두 가지 중요한 개념이 나옵니다. 바로 잠금과 잠금의 해제입니다. 크리티컬 섹션에 들어갈 때 잠그고 크리티컬 섹션을 나올 때 잠금을 푸는 것입니다. 잠겨 있는 도중에는 컨텍스트 스위칭도 발생하지 않고 다른 코어가 끼어들지도 못합니다. 잠겨 있으니까요.

동기화 첫 번째로 세마포어를 구현해 보도록 하겠습니다. 동기화 관련 코드를 넣기 위해 파일을 두 개 만들겠습니다. kernel 디렉터리 밑에 synch.h 파일과 synch.c 파일 두 개를 만듭니다. 그러면 나빌로스의 소스 코드 구조는 다음과 같아집니다.

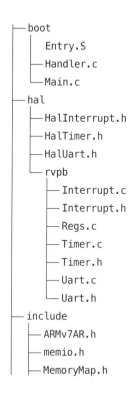

```
├── boot
│   ├── Entry.S
│   ├── Handler.c
│   └── Main.c
├── hal
│   ├── HalInterrupt.h
│   ├── HalTimer.h
│   ├── HalUart.h
│   └── rvpb
│       ├── Interrupt.c
│       ├── Interrupt.h
│       ├── Regs.c
│       ├── Timer.c
│       ├── Timer.h
│       ├── Uart.c
│       └── Uart.h
├── include
│   ├── ARMv7AR.h
│   ├── memio.h
│   ├── MemoryMap.h
```

```
          ├─ stdarg.h
          ├─ stdbool.h
          └─ stdint.h
      ├─ kernel
          ├─ event.c
          ├─ event.h
          ├─ Kernel.c
          ├─ Kernel.h
          ├─ msg.c
          ├─ msg.h
          ├─ synch.c
          ├─ synch.h
          ├─ task.c
          └─ task.h
      ├─ lib
          ├─ armcpu.c
          ├─ armcpu.h
          ├─ stdio.c
          ├─ stdio.h
          ├─ stdlib.c
          └─ stdlib.h
      ├─ Makefile
      ├─ navilos.ld
      └─ README.md
```

그냥 소스 파일의 목록만 나열해도 한 페이지가 넘어갈 정도로 파일이 많아졌군
요. 이 책을 처음 시작할 때만 해도 파일이 하나도 없었는데 한 개씩 만들어가다
보니 이렇게 많아졌습니다. 그만큼 여러분의 지식도 늘었다고 생각해 보세요.
기분이 좋아질 겁니다.

코드 13.1에 나빌로스의 실제 세마포어 구현 전체가 다 있습니다.

코드 13.1 세마포어 구현 synch.c

```
1   #define DEF_SEM_MAX 8
2
3   static int32_t sSemMax;
4   static int32_t sSem;
5
6   void Kernel_sem_init(int32_t max)
7   {
8       sSemMax = (max <= 0) ? DEF_SEM_MAX : max;
```

```
9        sSemMax = (max >= DEF_SEM_MAX) ? DEF_SEM_MAX : max;
10
11       sSem = sSemMax;
12   }
13
14   bool Kernel_sem_test(void)
15   {
16       if (sSem <= 0)
17       {
18           return false;
19       }
20
21       sSem--;
22
23       return true;
24   }
25
26   void Kernel_sem_release(void)
27   {
28       sSem++;
29
30       if (sSem >= sSemMax)
31       {
32           sSem = sSemMax;
33       }
34   }
```

의사 코드와 거의 같지요? 조금 다른 점이라면 에러 처리 코드가 포함되어 있다는 것이고, Kernel_sem_test() 함수에서 18번째 줄에 세마포어를 잠글 수 없을 때 대기하는 대신 그냥 false를 리턴합니다. 코드 13.2에서 커널 API를 구현할 때 사용하려고 이렇게 작업했습니다. Kernel_sem_release() 함수는 세마포어 변수가 증가하는 함수입니다. 정해놓은 최댓값을 넘지 않도록 조정하는 코드가 추가된 것 외에는 의사 코드와 같은 구현입니다. Kernel_sem_init() 함수는 세마포어의 초기화 함수인데, max 파라미터로 세마포어의 최댓값을 받습니다. 예를 들어 max 값이 1이면 크리티컬 섹션에는 컨텍스트가 딱 한 개만 진입할 수 있습니다. 이런 세마포어를 바이너리 세마포어(binary semaphore)라고 부릅니다. 당연히 이 값이 2면 컨텍스트 두 개까지, 3이면 컨텍스트 세 개까지 진입 가능합니다. 1번째 줄에 DEF_SEM_MAX를 8로 정의했고 8번째 줄에서 max 파라미터에 0이 들어오면 그냥 최댓값인 8로 지정합니다. 그리고 반대로 max 파라미터가 8보다 크면 그냥 8로 지정하는 코드가 9번째 줄에 있습니다. 따라서 나빌로스는 1부터 8까지를 세마포어의 값으로 지정할 수 있습니다. 그 외의 값은 지정할 수 없습니다.

세마포어는 커널 API를 통해서 사용합니다. 그래서 kernel/Kernel.c 파일을 수정해서 세마포어용 커널 API를 구현합니다.

간단하죠? 코드 13.2에 세마포어의 커널 API 두 개가 있습니다.

코드 13.2 세마포어용 커널 API Kernel.c

```
1   void Kernel_lock_sem(void)
2   {
3       while(false == Kernel_sem_test())
4       {
5           Kernel_yield();
6       }
7   }
8
9   void Kernel_unlock_sem(void)
10  {
11      Kernel_sem_release();
12  }
```

좀 더 이해하기 쉽게 이름을 lock과 unlock으로 바꾸었습니다. 중요한 코드는 5 번째 줄입니다. 세마포어의 의사 코드에서 while 무한 루프로 대기하는 기능을 나빌로스에서는 Kernel_yield() 함수를 호출해서 스케줄링을 하는 것으로 구현 했습니다. 이렇게 해야만 해당 크리티컬 섹션의 잠금을 소유하고 있는 다른 태 스크로 컨텍스트가 넘어가서 세마포어의 잠금을 풀어줄 수 있기 때문입니다. 간 단해 보이지만 멀티태스킹에서 대기(waiting)를 어떻게 구현하는지 보여주는 코 드입니다.

여기까지 해서 세마포어의 기능 구현은 모두 끝났습니다. 이걸로 정말 끝인 가 하겠지만, 정말 이걸로 끝 맞습니다. 더 이상 추가적 구현은 필요하지 않습 니다. 이제 제대로 동작하는지 확인할 테스트 코드를 작성해야 하는데, QEMU 의 RealViewPB는 싱글코어 에뮬레이터입니다. 게다가 나빌로스는 비선점형 스 케줄러인데다가 커널이 강제로 스케줄링을 하는 것이 아니라 태스크가 Kernel_ yield() 함수를 호출해야만 스케줄링이 동작하므로 동기화 문제가 발생하는 코 드를 만드는 것이 더 어렵습니다. 억지로 이상한 코드를 작성해서 상황을 만들 어야만 하지요. 그래서 억지로 이상한 코드를 작성해 보도록 하겠습니다.

먼저 코드 13.3과 같이 Uart.c 파일의 UART 인터럽트 핸들러 코드를 수정합 니다.

코드 13.3 X 키를 누를 때 CmdOut 이벤트 발생 Uart.c

```
1    static void interrupt_handler(void)
2    {
3        uint8_t ch = Hal_uart_get_char();
4
5        if (ch != 'X')
6        {
7            Hal_uart_put_char(ch);
8            Kernel_send_msg(KernelMsgQ_Task0, &ch, 1);
9            Kernel_send_events(KernelEventFlag_UartIn);
10       }
11       else
12       {
13           Kernel_send_events(KernelEventFlag_CmdOut);
14       }
15   }
```

기존 코드는 계속 살려두고 조건을 추가해서 키보드에서 대문자 X를 입력했을
때 다른 동작을 하도록 코드를 수정했습니다. 대문자 X를 입력하면 13번째 줄의
코드가 실행되면서 KernelEventFlag_CmdOut 이벤트가 발생합니다. 이 이벤트는
어디서 받을까요? Task0입니다. 그러면 Task0의 코드를 수정해야겠지요?

코드 13.4가 동기화 테스트를 위해 억지로 만든 코드입니다.

코드 13.4 억지로 만든 동기화 테스트 코드 Main.c

```
1    중략
2    ⋮
3    static uint32_t shared_value;
4    static void Test_critical_section(uint32_t p, uint32_t taskId)
5    {
6        debug_printf("User Task #%u Send=%u\n", taskId, p);
7        shared_value = p;
8        Kernel_yield();
9        delay(1000);
10       debug_printf("User Task #%u Shared Value=%u\n", taskId, shared_value);
11   }
12
13   void User_task0(void)
14   {
15       uint32_t local = 0;
16       debug_printf("User Task #0 SP=0x%x\n", &local);
17
18       uint8_t  cmdBuf[16];
19       uint32_t cmdBufIdx = 0;
20       uint8_t  uartch = 0;
21
```

```
22      while(true)
23      {
24          KernelEventFlag_t handle_event = Kernel_wait_events(
                KernelEventFlag_UartIn|KernelEventFlag_CmdOut);
25          switch(handle_event)
26          {
27          case KernelEventFlag_UartIn:
28              Kernel_recv_msg(KernelMsgQ_Task0, &uartch, 1);
29              if (uartch == '\r')
30              {
31                  cmdBuf[cmdBufIdx] = '\0';
32
33                  Kernel_send_msg(KernelMsgQ_Task1, &cmdBufIdx, 1);
34                  Kernel_send_msg(KernelMsgQ_Task1, cmdBuf, cmdBufIdx);
35                  Kernel_send_events(KernelEventFlag_CmdIn);
36
37                  cmdBufIdx = 0;
38              }
39              else
40              {
41                  cmdBuf[cmdBufIdx] = uartch;
42                  cmdBufIdx++;
43                  cmdBufIdx %= 16;
44              }
45              break;
46          case KernelEventFlag_CmdOut:
47              Test_critical_section(5, 0);
48              break;
49          }
50          Kernel_yield();
51      }
52  }
```

3~11번째 줄에 Test_critical_section()이라는 이름으로 테스트용 크리티컬 섹션 함수를 작성했습니다. 함수의 동작은 매우 단순합니다. 크리티컬 섹션을 만들려면 여러 태스크 혹은 여러 코어가 공유하는 공유 자원이 있어야 합니다. 이 공유 자원 역할을 하는 것이 3번째 줄의 shared_value라는 로컬 전역 변수입니다. 그리고 4번째 줄을 보면 Test_critical_section() 함수는 파라미터 두 개를 받습니다. 첫 번째 파라미터는 공유 자원의 값을 바꿀 입력 값이고, 두 번째 파라미터는 함수를 호출한 태스크의 번호입니다. 함수가 호출되면 6번째 줄에서 태스크의 번호와 어떤 입력을 넘겼는지를 출력하고 7번째 줄에서 공유 변수의 값을 바꿉니다. 그리고 8번째 줄에서 Kernel_yield() 함수를 호출해서 억지로 스케줄링을 합니다. 공유 자원 문제를 만들기 위해 삽입한 억지스러운 코드입니

다. 9번째 줄은 테스트를 쉽게 하려고 1초 딜레이를 준 것입니다. 그리고 마지막으로 10번째 줄에서 태스크 번호와 공유 변수의 값을 출력합니다.

크리티컬 섹션의 코드는 이렇고 UART 인터럽트 핸들러가 보낸 `CmdOut` 이벤트는 `Task0`의 46번째 줄에서 받습니다. 그러면 47번째 줄이 실행되면서 크리티컬 섹션에 5를 보냅니다. 이대로 코드를 수정하고 QEMU를 실행하면 다음과 같은 결과가 나옵니다.

```
$ qemu-system-arm -M realview-pb-a8 -kernel build/navilos.axf -nographic
pulseaudio: set_sink_input_volume() failed
pulseaudio: Reason: Invalid argument
pulseaudio: set_sink_input_mute() failed
pulseaudio: Reason: Invalid argument
NNNNNNNNNNNNNNNNNNNNNNNNNNNNNNNNNNNNNNNNN
NNNNNNNNNNNNNNNNNNNNNNNNNNNNNNNNNNNNNNNNNNNNNNNNNNNNNN
Hello World!
Hello printf
output string pointer: printf pointer test
(null) is null pointer, 10 number
5 = 5
dec=255 hex=FF
print zero 0
SYSCTRL0 0
current count : 0
current count : 1000
current count : 2000
current count : 3000
current count : 4000
User Task #0 SP=0x8FFFEC
User Task #1 SP=0x9FFFEC
User Task #2 SP=0xAFFFF0
User Task #0 Send=5
User Task #0 Shared Value=5
User Task #0 Send=5
User Task #0 Shared Value=5
User Task #0 Send=5
User Task #0 Shared Value=5
User Task #0 Send=5
User Task #0 Shared Value=5
```

X 키를 누를 때마다 `Task0`이 숫자 5를 `shared_value` 변수에 전달했다는 것을 디버그 메시지로 출력합니다. 정리하면 다음과 같은 의미입니다.

```
User Task #0 Send=5           -> Task0이 숫자 5를 전달했다.
User Task #0 Shared Value=5   -> Task0에서 출력한 공유 변수의 값은 5다.
```

Test_critical_section() 함수는 반드시 입력으로 전달한 값과 공유 변수의 값이 같아야만 제 역할을 했다고 볼 수 있습니다. 그런데 만약 같은 Test_critical_section() 함수를 Task2에서 동시에 (정확하게 동시는 아니지만 동시라고 보는 것이 이해하기 더 쉽습니다.) 호출한다면 어떤 일이 생길까요?

코드 13.5처럼 User_task2 코드를 수정해서 크리티컬 섹션에 동시에 접근하는 코드를 만듭니다.

코드 13.5 Task2를 수정 Main.c

```
1    void User_task2(void)
2    {
3        uint32_t local = 0;
4
5        debug_printf("User Task #2 SP=0x%x\n", &local);
6
7        while(true)
8        {
9            Test_critical_section(3, 2);
10           Kernel_yield();
11       }
12   }
```

Task2의 코드를 9번째 줄처럼 수정합니다. Task2는 Test_critical_section() 함수에 3을 전달합니다. 이 상태에서 QEMU를 실행하면 Task2의 출력이 계속 나옵니다. 이 상태에서 키보드의 대문자 X를 누릅니다.

```
$ qemu-system-arm -M realview-pb-a8 -kernel build/navilos.axf -nographic
pulseaudio: set_sink_input_volume() failed
pulseaudio: Reason: Invalid argument
pulseaudio: set_sink_input_mute() failed
pulseaudio: Reason: Invalid argument
NNNNNNNNNNNNNNNNNNNNNNNNNNNNNNNNNNNNNNNNN
NNNNNNNNNNNNNNNNNNNNNNNNNNNNNNNNNNNNNNNNNNNNNNNNNNNNNN
Hello World!
Hello printf
output string pointer: printf pointer test
(null) is null pointer, 10 number
5 = 5
dec=255 hex=FF
print zero 0
SYSCTRL0 0
current count : 0
current count : 1000
current count : 2000
```

```
current count : 3000
current count : 4000
User Task #2 Send=3
User Task #0 Shared Value=3
User Task #2 Shared Value=3
User Task #2 Send=3
User Task #2 Shared Value=3
User Task #2 Send=3
User Task #2 Shared Value=3
User Task #2 Send=3
User Task #2 Shared Value=3
User Task #2 Send=3
User Task #2 Shared Value=3
User Task #0 Send=5
User Task #2 Send=3
User Task #0 Shared Value=3
User Task #2 Shared Value=3
User Task #2 Send=3
User Task #2 Shared Value=3
User Task #0 Send=5
User Task #2 Send=3
User Task #0 Shared Value=3
```

이러면 Task2가 Task0이 shared_value에 5를 넣는 동작을 방해하는 형태가 됩니다. 동시성 문제를 억지로 만든 것이지요. 그래서 shared_value의 값을 출력하는 시점에서 다음과 같이 Task0에서 호출한 디버그 출력이 shared_value의 값을 3으로 출력하는 결과가 중간중간 보입니다.

```
User Task #0 Shared Value=3
```

Task0은 5를 보냈으므로 위와 같은 출력이 나오는 것은 분명히 잘못된 결과입니다. 왜 이런 일이 생기냐 하면 Test_critical_section() 함수의 중간에 억지로 호출한 Kernel_yield() 함수 때문입니다. Task0이 바꾼 shared_value의 값을 바꾸고 컨텍스트 스위칭을 하면 shared_value의 값을 Task2가 다시 바꿔 버립니다. 다시 Task0이 스케줄링을 받았을 때는 이미 shared_value의 값이 3으로 바뀐 다음이기 때문에 3이 디버그 출력으로 보이는 것입니다.

약간 억지스럽긴 했지만 멀티코어 환경에서 크리티컬 섹션에 이와 비슷한 성격의 공유 자원 문제는 매우 자주 발생합니다. 여러 코어가 공유하는 자원에 대한 값을 바꾸고 사용하는 코드라면 개발자가 판단해서 이것을 크리티컬 섹션으로 식별하고 반드시 동기화 처리를 해야만 합니다.

그럼 바이너리 세마포어를 만들어서 크리티컬 섹션에 동기화 처리를 해 보도록 하겠습니다. 먼저 바이너리 세마포어를 만들도록 하겠습니다. 코드 13.6과 같이 Main.c 파일의 Kernel_init() 함수를 수정합니다.

코드 13.6 바이너리 세마포어 초기화

```
1   static void Kernel_init(void)
2   {
3       uint32_t taskId;
4
5       Kernel_task_init();
6       Kernel_event_flag_init();
7       Kernel_msgQ_init();
8       Kernel_sem_init(1);
9
10      taskId = Kernel_task_create(User_task0);
11      if (NOT_ENOUGH_TASK_NUM == taskId)
12      {
13          putstr("Task0 creation fail\n");
14      }
15
16      taskId = Kernel_task_create(User_task1);
17      if (NOT_ENOUGH_TASK_NUM == taskId)
18      {
19          putstr("Task1 creation fail\n");
20      }
21
22      taskId = Kernel_task_create(User_task2);
23      if (NOT_ENOUGH_TASK_NUM == taskId)
24      {
25          putstr("Task2 creation fail\n");
26      }
27
28      Kernel_start();
29  }
```

8번째 줄에 Kernel_sem_init() 함수에 1을 전달한 코드가 있습니다. 이러면 세마포어의 잠금 개수를 1로 한다는 것을 의미하고 이것이 바이너리 세마포어입니다.

이제 세마포어를 사용합니다. 다시 Test_critical_section() 함수의 구현으로 돌아와서 코드 13.7과 같이 수정합니다.

코드 13.7 세마포어로 크리티컬 섹션 지정

```
1   static uint32_t shared_value;
2   static void Test_critical_section(uint32_t p, uint32_t taskId)
3   {
```

```
4       Kernel_lock_sem();
5
6       debug_printf("User Task #%u Send=%u\n", taskId, p);
7       shared_value = p;
8       Kernel_yield();
9       delay(1000);
10      debug_printf("User Task #%u Shared Value=%u\n", taskId, shared_value);
11
12      Kernel_unlock_sem();
13  }
```

4번째와 12번째 줄과 같이 크리티컬 섹션에 진입할 때 Kernel_lock_sem() 커널 API를 사용해서 세마포어를 잠그고 크리티컬 섹션이 끝나면 Kernel_unlock_sem() 커널 API를 사용해서 세마포어의 잠금을 풀어 줍니다. 크리티컬 섹션으로 식별된 Test_critical_section() 함수의 동작을 아토믹 오퍼레이션으로 만든 것입니다. 이제 다시 QEMU를 실행해서 동작을 확인해 보겠습니다.

```
$ qemu-system-arm -M realview-pb-a8 -kernel build/navilos.axf -nographic
pulseaudio: set_sink_input_volume() failed
pulseaudio: Reason: Invalid argument
pulseaudio: set_sink_input_mute() failed
pulseaudio: Reason: Invalid argument
NNNNNNNNNNNNNNNNNNNNNNNNNNNNNNNNNNNNNNNNNNNNNNNNNNNNNNNNNNNNNNNNNNNN
NNNNNNNNNNNNNNNNNNNNNNNNNNNNNNNN
Hello World!
Hello printf
output string pointer: printf pointer test
(null) is null pointer, 10 number
5 = 5
dec=255 hex=FF
print zero 0
SYSCTRL0 0
current count : 0
current count : 1000
current count : 2000
current count : 3000
current count : 4000
User Task #0 SP=0x8FFFEC
User Task #1 SP=0x9FFFEC
User Task #2 SP=0xAFFFF0
User Task #2 Send=3
User Task #2 Shared Value=3
User Task #2 Send=3
User Task #2 Shared Value=3
User Task #2 Send=3
User Task #2 Shared Value=3
```

```
User Task #2 Send=3
User Task #2 Shared Value=3
User Task #0 Send=5
User Task #0 Shared Value=5
User Task #2 Send=3
User Task #2 Shared Value=3
User Task #2 Send=3
User Task #2 Shared Value=3
User Task #0 Send=5
User Task #0 Shared Value=5
User Task #2 Send=3
User Task #2 Shared Value=3
User Task #0 Send=5
User Task #0 Shared Value=5
User Task #2 Send=3
User Task #2 Shared Value=3
```

Task2의 결과가 계속 출력되는 동안 키보드의 대문자 X 키를 계속 타이핑해서 Task0의 결과가 섞이도록 했습니다. 그런데도 세마포어를 쓰기 전처럼 Task2의 입력값이 Task0에 출력되는 현상이 생기지 않습니다. Task0일 때는 shared_value의 값이 항상 5이고 Task2일 때는 shared_value의 값이 항상 3입니다. 다른 태스크가 동작을 방해하지 않습니다. 목표하는 동작을 확인했습니다. 이것으로 세마포어가 제대로 동작하는 것을 확인할 수 있습니다.

13.2 뮤텍스

또 다른 동기화 알고리즘으로 뮤텍스(mutex)가 있습니다. 뮤텍스는 바이너리 세마포어의 일종입니다. 여기에 특별한 점이 있는데, 그것은 소유의 개념입니다. 세마포어는 잠금에 대한 소유 개념이 없으므로 누가 잠근 세마포어이든 간에 누구나 잠금을 풀 수 있습니다. 그러나 뮤텍스는 소유의 개념이 있습니다. 소유의 개념이 있다는 것이 무슨 뜻이냐면 뮤텍스를 잠근 태스크만이 뮤텍스의 잠금을 풀 수 있다는 말입니다. 다시 말해 뮤텍스는 바이너리 세마포어에 소유의 개념을 더한 동기화 알고리즘이라고 볼 수 있습니다.

예를 들어, 세마포어는 잠금 장치가 없는 화장실입니다. 변기(크리티컬 섹션)는 화장실 문을 열고 들어와 닫은 (세마포어를 잠근) 사람만 사용할 수 있지만, 화장실 문에 잠금 장치가 없기 때문에 누구나 화장실 문을 열고 (세마포어의 잠금 해제) 안에서 볼일 보고 있는 사람을 나가라고 할 수 있지요. 그러나 뮤텍스는 잠금 장치가 있는 화장실입니다. 화장실에 들어갈 때 화장실 문을 잠그면 밖에 있는 사람은 문을 열지 못하고 똑똑 노크만 할 수 있을 뿐이지요.

뮤텍스는 새로 파일을 만들지 않고 세마포어를 만들었던 synch.c 파일과 synch.h 파일에 추가해서 구현합니다.

코드 13.8에 뮤텍스 관련 자료 구조와 함수 프로토타입을 선언했습니다.

코드 13.8 뮤텍스 함수 선언 추가 synch.h

```
1   #ifndef KERNEL_SYNCH_H_
2   #define KERNEL_SYNCH_H_
3
4   typedef struct KernelMutex_t
5   {
6       uint32_t owner;
7       bool lock;
8   } KernelMutext_t;
9
10  void Kernel_sem_init(int32_t max);
11  bool Kernel_sem_test(void);
12  void Kernel_sem_release(void);
13
14  void Kernel_mutex_init(void);
15  bool Kernel_mutex_lock(uint32_t owner);
16  bool Kernel_mutex_unlock(uint32_t owner);
17
18  #endif /* KERNEL_SYNCH_H_ */
```

14번째, 15번째, 16번째 줄의 함수는 각각 초기화, 잠금, 해제 함수입니다. 세마포어와 같죠. 다만 다른 점은 파라미터로 소유자(owner)를 받는다는 것입니다. 이것에 대해서는 잠시 후에 설명하겠습니다. 중요한 부분은 뮤텍스는 세마포어와 달리 별도의 자료 구조가 필요하다는 것입니다. 4~8번째 줄에 선언한 KernelMutex_t 구조체입니다. 구조체의 내용을 보면 owner와 lock 변수 두 개가 선언되어 있습니다. 뮤텍스의 소유자와 잠김을 표시하는 변수를 추상화한 구조체입니다.

코드 13.9는 뮤텍스를 구현하는 코드입니다.

코드 13.9 뮤텍스 구현 코드 synch.c

```
1   static KernelMutex_t sMutex;
2       ⋮
3   중략
4       ⋮
```

```
5   void Kernel_mutex_init(void)
6   {
7       sMutex.owner = 0;
8       sMutex.lock = false;
9   }
10
11  bool Kernel_mutex_lock(uint32_t owner)
12  {
13      if (sMutex.lock)
14      {
15          return false;
16      }
17
18      sMutex.owner = owner;
19      sMutex.lock = true;
20      return true;
21  }
22
23  bool Kernel_mutex_unlock(uint32_t owner)
24  {
25      if (owner == sMutex.owner)
26      {
27          sMutex.lock = false;
28          return true;
29      }
30      return false;
31  }
```

1번째 줄에 뮤텍스 자료 구조를 전역 변수로 만들어 놨습니다. 이 전역 변수로 커널 뮤텍스를 제어하는 것이지요. 구현을 단순하게 하기 위해서 그냥 변수로 선언했는데, 필요에 따라서 배열로 만들어 뮤텍스를 여러 개 사용할 수도 있습니다. Kernel_mutex_init() 함수는 전역 변수 sMutex를 0으로 초기화하는 함수입니다. 커널을 초기화할 때 한 번 호출하는 함수지요. 나중에 Main.c에 호출하는 코드를 추가할 것입니다. 11~21번째 줄은 뮤텍스를 잠그는 Kernel_mutex_lock() 함수입니다. 뮤텍스 자료 구조의 lock 멤버 변수는 true일 때가 잠김입니다. 그러므로 13번째 줄에서 sMutex.lock 변수의 값을 검사해서 true이면 false를 리턴하고 함수를 끝냅니다. 뮤텍스가 잠겨있지 않다면 소유자를 뮤텍스 전역 변수에 등록하고 lock 멤버 변수를 true로 만들어서 뮤텍스를 잠그고 true를 리턴하면서 끝냅니다. 23~31번째 줄의 Kernel_mutex_unlock() 함수는 뮤텍스의 잠금을 푸는 함수입니다. 세마포어와 다른 점이 여기서 확실히 보입니다. 25번째 줄에 파라미터로 넘어온 owner의 값과 뮤텍스 전역 변수에 저장되어 있는

owner의 값을 비교하는 코드가 있습니다. 이 비교 코드를 통과해야 뮤텍스의
잠금을 풀 수 있습니다. 소유자를 확인하고 뮤텍스를 잠갔던 소유자일 때만 뮤
텍스의 잠금 해제를 허용하는 것이지요. 뮤텍스의 소유자가 아닌 태스크에서 뮤
텍스의 잠금 해제를 요청하면 무시하고 false를 리턴합니다.

뮤텍스 자체에 대한 기능 구현은 이것으로 끝입니다. 이제 뮤텍스를 커널 API
로 제어할 수 있도록 커널 API를 만들어 보도록 하겠습니다. 커널 API는 모두
Kernel.c에 구현했습니다.

코드 13.10처럼 Kernel.c에 Kernel_lock_mutex() 함수와 Kernel_unlock_
mutex() 함수를 추가합니다.

코드 13.10 뮤텍스 커널 API Kernel.c

```
1   void Kernel_lock_mutex(void)
2   {
3       while(true)
4       {
5           uint32_t current_task_id = Kernel_task_get_current_task_id();
6           if (false == Kernel_mutex_lock(current_task_id))
7           {
8               Kernel_yield();
9           }
10          else
11          {
12              break;
13          }
14      }
15  }
16
17  void Kernel_unlock_mutex(void)
18  {
19      uint32_t current_task_id = Kernel_task_get_current_task_id();
20      if (false == Kernel_mutex_unlock(current_task_id))
21      {
22          Kernel_yield();
23      }
24  }
```

뮤텍스의 커널 API는 뮤텍스 함수가 false를 리턴할 때 Kernel_yield() 함수를
호출하는 것 외에 다른 작업을 해 줍니다. 바로 뮤텍스의 소유자를 뮤텍스 함
수에 알려주는 작업이죠. 코드 13.10의 5번째 줄과 19번째 줄에 있는 Kernel_
task_get_current_task_id() 함수를 호출하는 부분입니다. Kernel_task_get_

current_task_id() 함수는 현재 동작 중인 태스크의 태스크 ID를 리턴하는 함수입니다. 그런 함수를 본 적이 없다고요? 당연하죠. 이제 만들 거니까요.

태스크에 관련한 함수를 추가할 것이므로 task.c 파일을 수정합니다. task.h 파일에 프로토타입을 선언하는 것은 기본이니까 따로 코드를 책에 넣지는 않겠습니다.

Kernel_task_get_current_task_id() 함수의 구현은 매우 간단합니다. 코드 13.11에 전체 코드가 나와 있습니다. 딱 한 줄입니다.

코드 13.11 현재 동작 중인 태스크 ID를 받는 함수 task.c

```
1    uint32_t Kernel_task_get_current_task_id(void)
2    {
3        return sCurrent_tcb_index;
4    }
```

재료가 다 준비되었으니 이제 뮤텍스가 제대로 동작하는지 예제를 만들어서 테스트해 볼 순서입니다. 그 전에 세마포어와의 확실한 차이를 확인해 볼까요? 재미있는 예제를 만들어 보도록 하죠. 세마포어는 소유권이 없다는 특징을 살려서 예제를 만들어 보겠습니다. 세마포어를 Task0에서 잠그고 Task1에서 잠금을 푸는 것입니다. 그러면 어떤 일이 벌어질까요?

새로운 이벤트를 하나 추가하겠습니다. 코드 13.12와 같이 event.h 파일을 수정합니다.

코드 13.12 Unlock 이벤트 추가 event.h

```
1    typedef enum KernelEventFlag_t
2    {
3        KernelEventFlag_UartIn      = 0x00000001,
4        KernelEventFlag_CmdIn       = 0x00000002,
5        KernelEventFlag_CmdOut      = 0x00000004,
6        KernelEventFlag_Unlock      = 0x00000008,
7        KernelEventFlag_Reserved04  = 0x00000010,
8        KernelEventFlag_Reserved05  = 0x00000020,
9        KernelEventFlag_Reserved06  = 0x00000040,
10       KernelEventFlag_Reserved07  = 0x00000080,
11       KernelEventFlag_Reserved08  = 0x00000100,
12       KernelEventFlag_Reserved09  = 0x00000200,
13           ⋮
14       중략
```

6번째 줄에 Unlock이라는 이름으로 이벤트를 새로 만들었습니다. 이 이벤트를

UART 인터럽트 핸들러에서 보낼 것입니다.

UART 인터럽트 핸들러를 다시 수정합니다. 코드 13.13과 같이 코드를 수정합니다.

코드 13.13 Unlock 이벤트를 보내는 UART 인터럽트 핸들러 Uart.c

```
1   static void interrupt_handler(void)
2   {
3       uint8_t ch = Hal_uart_get_char();
4
5       if (ch == 'U')
6       {
7           Kernel_send_events(KernelEventFlag_Unlock);
8           return;
9       }
10
11      if (ch == 'X')
12      {
13          Kernel_send_events(KernelEventFlag_CmdOut);
14          return;
15      }
16
17      Hal_uart_put_char(ch);
18      Kernel_send_msg(KernelMsgQ_Task0, &ch, 1);
19      Kernel_send_events(KernelEventFlag_UartIn);
20  }
```

7번째 줄에 보면 대문자 U키를 입력했을 때 Unlock 이벤트를 보냅니다. 나머지 코드는 기존과 동일합니다. Unlock 이벤트는 Task1에서 받아서 처리하도록 하겠습니다.

코드 13.14는 Task1의 코드입니다.

코드 13.14 Unlock 이벤트를 처리하는 Task1

```
1   void User_task1(void)
2   {
3       uint32_t local = 0;
4
5       debug_printf("User Task #1 SP=0x%x\n", &local);
6
7       uint8_t cmdlen = 0;
8       uint8_t cmd[16] = {0};
9
10      while(true)
11      {
```

```
12        KernelEventFlag_t handle_event = Kernel_wait_events(
              KernelEventFlag_CmdIn|KernelEventFlag_Unlock);
13        switch(handle_event)
14        {
15        case KernelEventFlag_CmdIn:
16            memclr(cmd, 16);
17            Kernel_recv_msg(KernelMsgQ_Task1, &cmdlen, 1);
18            Kernel_recv_msg(KernelMsgQ_Task1, cmd, cmdlen);
19            debug_printf("\nRecv Cmd: %s\n", cmd);
20            break;
21        case KernelEventFlag_Unlock:
22            Kernel_unlock_sem();
23            break;
24        }
25        Kernel_yield();
26    }
27 }
```

12번째 줄에서 비트 OR 연산으로 Unlock 이벤트도 기다릴 수 있도록 Kernel_wait_events() 커널 API에 보내는 파라미터를 수정했습니다. 그리고 21번째 줄과 22번째 줄에 이벤트 핸들러를 작성했습니다. 중요한 코드는 22번째 줄입니다. 이벤트를 처리할 때 다른 것은 하지 않고 그냥 세마포어를 해제하는 Kernel_unlock_sem() 커널 API만 호출합니다. 즉, 우리가 QEMU를 실행하고 키보드에서 대문자 U를 입력하면 Task1은 그냥 다짜고짜 세마포어를 해제한다는 것이지요. 그러면 크리티컬 섹션 함수에도 뭔가 변화를 줘야겠지요?

코드 13.15는 세마포어의 특징을 설명하려고 수정한 코드입니다.

코드 13.15 크리티컬 섹션 함수 변경 Main.c

```
1  static uint32_t shared_value;
2  static void Test_critical_section(uint32_t p, uint32_t taskId)
3  {
4      Kernel_lock_sem();
5
6      debug_printf("User Task #%u Send=%u\n", taskId, p);
7      shared_value = p;
8      Kernel_yield();
9      delay(1000);
10     debug_printf("User Task #%u Shared Value=%u\n", taskId, shared_value);
11
12     // Kernel_unlock_sem() 함수를 호출하는 코드를 제거..
13 }
```

크리티컬 섹션 함수에서는 12번째 줄과 같이 세마포어를 해제하는 Kernel_unlock_sem() 함수 호출 코드를 지웠습니다. 코드 13.15와 같이 크리티컬 섹션에 진입하면서 세마포어를 잠그기만 하고 해제는 하지 않습니다. 그러면 동작이 어떻게 변할까요? QEMU를 실행해 보죠.

```
..중략..
User Task #0 SP=0x8FFFEC
User Task #1 SP=0x9FFFEC
User Task #2 SP=0xAFFFF0
User Task #2 Send=3
User Task #2 Shared Value=3
                    <-------- 여기서 멈춤. U 키를 누르면...
User Task #2 Send=3
User Task #2 Shared Value=3
                    <-------- 여기서 멈춤. U 키를 누르면...
User Task #2 Send=3
User Task #2 Shared Value=3
                    <-------- 여기서 멈춤. U 키를 누르면...
User Task #2 Send=3
User Task #2 Shared Value=3
                    <-------- 여기서 멈춤.
```

위와 같이 동작합니다. Task2가 크리티컬 섹션에 진입해서 출력을 하긴 합니다. 그러나 세마포어의 잠금을 해제하지 않았습니다. 다시 스케줄링을 받아서 크리티컬 섹션에 진입했을 때, Task2 자신이 잠갔던 세마포어에 걸려서 크리티컬 섹션에 진입하질 못합니다. 그래서 QEMU의 출력으로 보면 그냥 멈춰있는 것처럼 보입니다. 이 상태에서 키보드의 대문자 U를 입력하면 Task1이 세마포어를 풉니다. 세마포어가 풀렸으므로 Task2가 크리티컬 섹션을 한 번 실행하고 다시 또 멈춥니다. 이후로 이 과정을 반복합니다.

이처럼 세마포어는 Task2에서 세마포어를 잠그고 Task1에서 세마포어를 해제할 수 있습니다. 잠그는 주체와 푸는 주체가 달라도 상관이 없는 것이지요. 아무나 잠그고 아무나 풀 수 있습니다. 잠그고 푸는 횟수와 순서만 맞으면 됩니다. 뮤텍스는 소유자라는 개념이 추가되었으므로 아마도 다르게 동작할 것 같다는 예상을 할 수 있습니다. 그럼 코드 13.14와 13.15의 세마포어 커널 API를 뮤텍스 커널 API로 바꿔서 테스트해 볼까요?

코드 13.16은 뮤텍스의 특징을 설명하려고 수정한 코드입니다.

코드 13.16 다른 태스크에서 뮤텍스 해제

```
1    static uint32_t shared_value;
2    static void Test_critical_section(uint32_t p, uint32_t taskId)
3    {
4        Kernel_lock_mutex();
5
6        debug_printf("User Task #%u Send=%u\n", taskId, p);
7        shared_value = p;
8        Kernel_yield();
9        delay(1000);
10       debug_printf("User Task #%u Shared Value=%u\n", taskId, shared_value);
11   }
12       :
13   중략
14       :
15   void User_task1(void)
16   {
17       :
18   중략
19       :
20           case KernelEventFlag_Unlock:
21               Kernel_unlock_mutex();
22               break;
23           }
24           Kernel_yield();
25       }
26   }
```

4번째 줄과 21번째 줄처럼 Kernel_lock_mutex()와 Kernel_unlock_mutex() 커널 API를 호출하는 코드로 예제 코드를 수정했습니다. 이렇게 수정하고 QEMU를 다시 실행하면 다음과 같이 동작합니다.

```
..중략..
User Task #0 SP=0x8FFFEC
User Task #1 SP=0x9FFFEC
User Task #2 SP=0xAFFFF0
User Task #2 Send=3
User Task #2 Shared Value=3
                         <--- 출력 없음
```

위와 같이 크리티컬 섹션의 내용이 한 번 출력되고 반응이 없습니다. 아무리 U 키를 눌러도 직전 예제처럼 동작하지 않습니다. 왜냐하면 뮤텍스를 잠근 태스크 는 Task2이므로 Task1에서 아무리 Kernel_unlock_mutex() 커널 API를 호출해 봤자 뮤텍스는 풀리지 않기 때문입니다.

재미있는 실험은 여기서 마치도록 하고, 뮤텍스의 잠금과 해제를 다시 원래
목적에 맞게 크리티컬 섹션의 들어오는 지점과 나가는 지점에 코딩해서 호출하
겠습니다.

코드 13.17 뮤텍스를 제자리로 옮긴 크리티컬 섹션

```
1   static uint32_t shared_value;
2   static void Test_critical_section(uint32_t p, uint32_t taskId)
3   {
4       Kernel_lock_mutex();
5
6       debug_printf("User Task #%u Send=%u\n", taskId, p);
7       shared_value = p;
8       Kernel_yield();
9       delay(1000);
10      debug_printf("User Task #%u Shared Value=%u\n", taskId, shared_value);
11
12      Kernel_unlock_mutex();
13  }
```

코드 13.17과 같이 수정하고 QEMU를 다시 실행하면 앞 장에서 세마포어를 테
스트했던 결과와 같은 결과가 나옵니다.

```
..중략..
User Task #0 Send=5
User Task #0 Shared Value=5
User Task #2 Send=3
User Task #2 Shared Value=3
User Task #0 Send=5
User Task #0 Shared Value=5
User Task #2 Send=3
User Task #2 Shared Value=3
User Task #0 Send=5
User Task #0 Shared Value=5
User Task #2 Send=3
User Task #2 Shared Value=3
..중략..
```

Task2의 출력이 계속되는 중간에 키보드의 대문자 X를 계속 입력하여 Task0이
크리티컬 섹션에 끼어들게 만들어 봅니다. 뮤텍스로 크리티컬 섹션을 보호하고
있으므로 Task2가 잠근 뮤텍스는 Task2가 풀고 나오고 Task0이 잠근 뮤텍스는
Task0이 풀고 나옵니다. 따라서 위와 같이 크리티컬 섹션의 결과가 의도한 대로
잘 나오는 것을 볼 수 있습니다.

13.3 스핀락

스핀락(spin lock)은 바쁜 대기(busy waiting) 개념의 크리티컬 섹션 보호 기능입니다. 바쁜 대기란 스케줄링을 하지 않고 CPU를 점유한 상태, 즉 CPU가 여전히 바쁜 상태에서 락이 풀리는 것을 대기한다는 말입니다. 스케줄링을 하지 않고 짧은 시간 동안 CPU를 점유하면서 잠금이 풀리는 것을 기다린다는 아이디어이므로 멀티코어 환경에서 유용하게 쓰이기도 합니다. 하지만 싱글코어 환경에서는 다른 태스크가 잠금을 풀려면 어차피 스케줄링을 해야 하므로 스핀락의 개념을 사용할 수가 없습니다. QEMU의 RealViewPB도 싱글코어로 에뮬레이팅되므로 스핀락을 사용할 수 없습니다. 그래서 예제를 만들어 돌려 볼 수는 없습니다. 대신 간단한 코드로 개념만 설명하겠습니다.

실제 스핀락 구현은 바쁜 대기 자체가 완전히 아토믹해야 하기 때문에 배타적 메모리 연산을 지원하는 어셈블리어 명령으로 구현됩니다만 이 책에서는 개념 설명이 우선이므로 C 언어 코드로 의사 코드를 작성하겠습니다. 코드를 이해할 때는 해당 함수가 아토믹하게 동작한다고 생각해 주기 바랍니다.

의사 코드로 표현한 스핀락의 기본적인 구현은 다음과 같습니다.

```
static bool sSpinLock = false;

void spin_lock(void)
{
    while (sSpinLock) ;   // 대기
    sSpinLock = true;     // 잠금
}

void spin_unlock(void)
{
    sSpinLock = false;    // 해제
}
```

얼개는 세마포어와 같죠. 다만 스핀락 변수가 불(boolean) 타입이라 바이너리 세마포어와 같은 동작을 하겠네요. 그리고 대기할 때 스케줄러를 호출하지 않고 그냥 while loop로 CPU를 점유한 채로 대기합니다. 멀티코어 환경이라면 아마 다른 코어에서 동작 중인 스핀락을 잠갔던 태스크가 spin_unlock() 함수를 호출해서 공유 변수인 sSpinLock 변수를 false로 바꿔 줄 것이므로 while loop에 바쁜 대기 중인 코어의 대기가 풀리면서 크리티컬 섹션에 진입할 수 있겠네요.

13.4 요약

이 장에서는 동기화 기능을 만들었습니다. 나빌로스의 설계상 싱글코어 환경에서는 동기화 문제가 발생하지 않습니다. 그래서 약간 코드를 이상하게 만들어서 실습을 했습니다. 중요한 것은 개념입니다. 동기화를 어떤 식으로 설계하고 구현하는지 개념을 이해하고 있으면 실제로 필요한 상황에 직면했을 때 문제를 쉽게 해결할 수 있을 것입니다.

14장

맺음말

14.1 프로젝트 종료

이제 나빌로스 프로젝트가 모두 끝났습니다. 아무것도 없는 상태에서 "MOV R0, R1"이라는 의미 없는 코드로 처음 프로젝트를 시작했습니다. 그리고 빌드 환경을 만들고 부트로더도 만들었습니다. 그리고 주변장치를 제어해서 화면에 글자를 출력하고 키보드 입력을 인터럽트로 처리했습니다. 타이머 하드웨어를 사용해서 시간도 다룰 수 있게 만들었습니다. 태스크와 스케줄러, 컨텍스트 스위칭을 만들어서 RTOS 다운 기능도 만들고, 메시지와 동기화 기능으로 멀티코어 환경에 필수적인 기능도 만들었습니다. 이렇게 한 단계씩 거치면서 RTOS를 만들었습니다.

　이 책에서 구현한 나빌로스는 실무에서 사용할 수 있는 수준입니다. 저는 이미 출시되어 시장에서 소비자에게 팔리고 있는 제품의 RTOS를 개발했었습니다. 그때 만든 RTOS와 비교해도 나빌로스 정도면 손색이 없습니다.

14.2 펌웨어

RTOS도 기본적으로 펌웨어이므로 이 책은 다르게 보면 아무것도 없는 상태에서 잘 동작하는 펌웨어를 만드는 과정을 설명한 책이기도 합니다. 펌웨어는 플랫폼과 하드웨어를 알아야 제대로 만들 수 있습니다. 그래서 저는 이 책의 부록에 ARM 아키텍처에 대해 반드시 알아두어야 할 내용을 수록해 놓았습니다. ARM 아키텍처 전체를 다루려면 이 책보다 더 두꺼운 책이 필요합니다. 하지만 이 책의 부록에 있는 내용 정도만 알아도 나빌로스 프로젝트를 진행하는 데는 충분합니다.

또한 하드웨어를 제어하려면 데이터시트에서 필요한 정보를 얻어야 합니다. 그래서 이 책의 부록에 UART, 인터럽트 컨트롤러, 타이머를 제어하는 코드를 작성할 때, 데이터시트를 어떻게 읽고 활용하는지에 대해서도 수록해 놓았습니다. 다른 더 복잡한 하드웨어도 근본적으로 다르지 않습니다. 이 책에서 다루는 범위만큼만이라도 완전히 이해한다면 앞으로 더 크고 어려운 프로젝트도 해낼 수 있을 것입니다.

14.3 RTOS

RTOS의 가장 기본적인 기능인 태스크 관련 기능도 만들어 보았습니다. 태스크 관리, 컨텍스트 스위칭, 메모리 관리 등의 기능을 구현하기 위해 자료 구조를 설계했습니다. 그리고 이 자료 구조를 활용하는 코드를 작성했습니다.

태스크가 가장 기본적인 기능이라면 독립된 태스크 간에 정보를 주고 받는 메시지와 이벤트 기능은 RTOS가 꼭 지원해야 하는 중요 기능입니다. 공유 메모리에 전역 변수를 이용하는 이 구현은 멀티코어 환경에서 코어 간 혹은 개별 코어에서 동작하는 태스크 간 코어를 가로질러 정보를 주고받는 중요한 기술입니다. 이 책에서 구현 방법에 대해 충분히 설명했습니다.

동기화 기능도 큰 틀에서 보면 메시지와 이벤트 기능을 구현하는 방법과 비슷합니다. 콘셉트와 방법이 비슷할 뿐 목적과 동작은 다릅니다. 이 작은 차이로 서로 다른 필요한 기능을 구현할 수 있습니다. 이 책을 통해서 문제의 패턴을 찾아 쉽고 간결하게 해결하는 방법을 배울 수 있길 바랍니다.

14.4 마치며

이제 긴 글을 마치겠습니다. 책의 처음에 저는 다음과 같이 몇 가지 기술을 나열했습니다.

- 개발 환경 설정
- 컴파일러에 대한 이해
- 링커에 대한 이해

- 부트로더에 대한 이해
- 레지스터 사용에 대한 이해
- 인터럽트 처리
- 메모리 관리
- 주변장치 제어
- 멀티코어 동기화
- 멀티코어 간 메시지 처리

이 책의 앞부속에 있는 "시작하기 전에"에서 위 목록을 보았을 때, '이걸 언제 다 하나?' 하는 생각이 들었을 텐데, 지금 다시 위 목록을 보니 어떤 생각이 드나요? 목록을 보면서 동시에 구현하는 순서와 방법 그리고 코드가 머릿속에서 빠르게 지나가지 않나요? 만약 그렇다면 축하합니다. 여러분은 위에 나열한 기술을 모두 익힌 것입니다.

저는 제가 설명하려고 했던 모든 내용을 이 책에 모두 풀어 냈습니다. 이 책을 통해서 많은 사람들이 펌웨어와 RTOS 개발에 대한 지식을 얻을 수 있기를 바랍니다.

부록 A

추가 자료

A.1 ARM 아키텍처 기초 지식

ARM 기반으로 펌웨어를 만들려면 당연히 ARM 아키텍처에 대해 알아야 합니다. 하지만 ARM 아키텍처는 알아야 할 내용이 매우 많습니다. 다 설명하려면 이 책보다 더 두꺼운 책을 써야 할지도 모릅니다. 따라서 여기서는 ARM 아키텍처에 대한 가장 기본적이고 반드시 알아두어야 할 내용만 정리하여 설명하도록 하겠습니다.

A.1.1 익셉션 벡터 테이블

전원이 켜지면 ARM은 익셉션 벡터 테이블의 리셋 벡터를 읽습니다. 익셉션 벡터 테이블의 위치를 조정할 수 있기는 하지만, 대부분은 바꾸지 않고 ARM이 정한 기본 위치인 0x00000000 메모리 주소에 익셉션 벡터 테이블을 배치합니다. 0x00000000 메모리 주소는 메모리 시작 위치입니다. 그래서 ARM은 전원이 켜지면 단순하게 메모리의 시작 위치부터 읽습니다.

익셉션 벡터 테이블은 표 A.1과 같이 구성되어 있습니다. 익셉션이 총 7개 있고 중간의 0x14 오프셋은 사용하지 않습니다. ARM은 익셉션 벡터 테이블에 정의된 상황이 발생하면 프로그램 카운터(PC)를 익셉션 벡터 테이블에 정의된 오프셋 주소로 강제 변환합니다. 그리고 익셉션 벡터 테이블에 있는 명령을 바로 실행합니다.

익셉션 벡터 테이블의 익셉션은 각각 4바이트씩 할당되어 있습니다. 32비트

오프셋	이름	설명
0x00	Reset	전원이 켜지면 실행됨
0x04	Undefined Instruction	잘못된 명령어를 실행했을 때
0x08	SVC(Supervisor Call)	SVC 명령으로 발생시키는 익셉션
0x0C	Prefetch Abort	명령어 메모리에서 명령어를 읽다가 문제가 생김
0x10	DataAbort	데이터 메모리에서 데이터를 읽다가 문제가 생김
0x14	Not used	사용하지 않음
0x18	IRQ interrupt	IRQ 인터럽트가 발생했을 때
0x1C	FIQ interrupt	FIQ 인터럽트가 발생했을 때

표 A.1 익셉션 벡터 테이블의 구성

머신이니까 한 익셉션에 명령어 한 개만 실행할 수 있습니다. 상식적으로 익셉션을 처리하려면 명령어가 꽤 많이 필요할 텐데 왜 딱 한 개만 넣을 수 있는 공간만 배정했을까요? 그것은 익셉션 처리에 필요한 코드가 개발자마다, 시스템마다, 펌웨어마다 다 다르기 때문입니다. 그래서 특정한 크기를 예약해 놓으면 어떤 사람은 그 크기가 부족하고 어떤 사람은 그 크기가 남아서 소중한 메모리 공간을 낭비하게 되는 문제가 생깁니다. 따라서 명령어를 쓸 수 있는 최소 크기(4바이트)를 배정하고 거기에 브랜치 명령어를 써 놔서 익셉션을 처리하는 코드로 점프하게 만드는 것입니다. 이 익셉션을 처리하는 코드를 익셉션 핸들러(exception handler)라고 부릅니다.

정리하면, 익셉션이 발생하면 ARM 코어는 프로그램 카운터를 익셉션 벡터 테이블의 익셉션 벡터 오프셋으로 변경합니다. 익셉션 벡터 오프셋의 크기는 명령어 한 개만 쓸 수 있는 크기입니다. 거기에 브랜치 명령을 쓰고 브랜치 명령에 따라 다시 점프하면 익셉션 핸들러로 진입하고, 이 익셉션 핸들러에서 익셉션을 처리합니다.

A.1.2 익셉션의 종류

익셉션(exception)이란 주변장치(peripheral) 등에서 발생한 신호를 처리하기 위해 순차적으로 진행하던 프로그램의 수행을 끊는 것을 말합니다. 프로그램의 수행을 끊는 것은 단순히 프로그램 카운터의 값을 바꾸는 것과는 조금 다른 의미입니다. 프로그램 카운터는 제어문이나 조건문을 만나지 않는 한 항상 값이 명령어 한 개의 크기만큼 증가합니다. 제어문이나 조건문을 만나면 값이 줄어들거나 명령어 한 개의 크기보다 더 크게 변할 수는 있지만, R0부터 R14까지의 레지스터 값은 실행 중인 코드에서 유효성을 유지해야 합니다. 유효성을 유지해야 한다는 말은 쉽게 말해 값이 깨지지 않아야 한다는 말입니다. 그런데 익셉션이 발생하면 진행 중인 프로그램 흐름(context)과 상관없이 익셉션 벡터를 거쳐 익셉션 핸들러로 무조건 들어갑니다. 따라서 모든 레지스터의 유효성이 깨집니다. 익셉션 핸들러에서 익셉션을 다 처리하고 나서는 원래 진행하던 위치로 복귀를 해야 합니다. 그런데 레지스터 값의 유효성이 익셉션 발생 시점에서 깨지므로 익셉션 핸들러 처리 후에 원래 위치로 복귀할 수 없는 상황이 생깁니다. 그래서 익셉션이 발생했을 때 익셉션 핸들러를 처리하고 나도 프로그램이 망가지지 않고 제대로 동작하도록 작업을 해 줘야 합니다.

익셉션이 발생하면 프로그램 흐름이 다시 원래 위치로 복귀할 수 있도록 ARM은 하드웨어 수준에서 최소한의 작업을 합니다. 그 작업이란 R14(LR)에 복귀할 주소를 자동으로 저장하는 것입니다. 예를 들어 USR 모드에서 프로그램이 수행되고 있다가 익셉션이 발생해서 IRQ 모드로 바뀐다면 ARM은 자동으로 R14_irq에 다음에 실행할 명령어 위치(PC+4)를 저장합니다. 개발자는 IRQ 모드의 익셉션 핸들러의 마지막에서 R14_irq에 저장된 값을 이용해서 USR 모드의 원래 흐름으로 복귀할 수 있습니다. 다만 ARM의 파이프라인 때문에 각 익셉션별로 정상 복귀를 하기 위해서는 R14 값에 각기 다른 연산을 해 줘야 합니다. 여기서 말하는 USR 모드, IRQ 모드, R14_irq와 같은 개념들은 A.1.5절에서 설명하겠습니다.

표 A.2는 ARM의 Cortex-A8 프로세서의 익셉션별 복귀 주소입니다.

익셉션	복귀 주소	동작 모드	
		ARM	Thumb
SVC	MOVS PC, R14 svc	PC+4	PC+2
SMC	MOVS PC, R14 mon	PC+4	-
UNDEF	MOVS PC, R14 und	PC+4	PC+2
PABT	SUBS PC, R14 abt, #4	PC+4	PC+4
FIQ	SUBS PC, R14 q, #4	PC+4	PC+4
IR	QSUBS PC, R14 irq, #4	PC+4	PC+4
DABT	SUBS PC, R14 abt, #8	PC+8	PC+8
RESET	-	-	-
BKPT	SUBS PC, R14 abt, #4	PC+4	PC+4

표 A.2 익셉션별로 다른 복귀 주소

ARM은 기본 아키텍처에서 종류별로 조금씩 다른 기능을 가지고 있으므로 SMC, BKPT 같은 앞서 설명하지 않은 익셉션의 이름도 보이는데, 이 책에서는 사용하지 않는 익셉션 모드이므로 신경 쓰지 않아도 됩니다.

익셉션이 발생했을 때 ARM이 자동으로 수행하는 동작을 순서대로 쓰면 다음과 같습니다.

1. ARM 모드일 때는 익셉션에 따라 PC+4 혹은 PC+8을 R14_x(x는 각 익셉션별 동작 모드)에 저장합니다. 만약 Thumb 모드라면 PC+2 또는 PC+4를 R14_x에 저장합니다.
2. CPSR을 익셉션별 동작 모드에 연결된 SPSR_x에 저장합니다.
3. CPSR의 동작 모드 비트와 I, T 비트의 값을 각 익셉션과 동작 모드에 맞게 변경합니다.
4. SCTLR(System Control Register)의 EE 비트 값에 따라 E 비트를 설정합니다.
5. SCTLR의 TE 비트 값에 따라 T 비트를 설정합니다.
6. PC의 값을 익셉션 벡터 위치로 강제 변경합니다.

익셉션 핸들러가 끝나기 전에 표 A.2에 정리된 것처럼 R14_x로 정해진 연산을 수행한 후에 PC에 그 값을 넣으면 직전에 흐름이 끊겼던 위치로 자연스럽게 연결됩니다.

이번 절에서는 동작 모드, CPSR 등의 용어들을 사전 설명 없이 썼습니다. 용어의 의미는 이어지는 절에서 설명할 것입니다. 설명 없이 용어를 쓴 이유는 그 용어를 설명하려면 이번 절에서 설명한 익셉션의 개념을 사용해야 하므로 어차피 둘 중 하나는 설명 없이 용어를 써야 하기에 쉬운 개념인 익셉션을 먼저 설명했습니다.

A.1.3 인터럽트

인터럽트는 이름 그대로 프로그램의 흐름을 누군가 가로채는 것을 말합니다. ARM에서는 인터럽트와 익셉션이 차이 없이 동작합니다. ARM에서는 인터럽트가 발생했을 때 이를 처리하는 인터럽트 핸들러나 익셉션 핸들러를 같은 개념으로 생각해도 됩니다. 이번 절은 인터럽트를 설명하는 절이므로 익셉션 핸들러 대신 인터럽트 핸들러라는 용어를 사용하겠습니다.

인터럽트와 익셉션을 의미적으로 구분하면 인터럽트는 외부 요인에 의해서 발생하는 것입니다. 예를 들어 버튼이 눌렸다거나 스마트폰의 액정 화면을 터치했다든가 하는 행동들이 인터럽트를 발생시킵니다. 사용자의 행동뿐만 아니라 시간의 흐름에 의해서도 인터럽트는 발생합니다. 1ms마다 인터럽트가 발생하도록 설정해 놓으면 하드웨어에서 시간을 재면서 1ms마다 인터럽트를 계속 발생시킵니다. 그뿐만이 아닙니다. 지금 이 순간 제가 쓰고 있는 이 원고를 저의 SSD에 저장하려고 저장 버튼을 누르는 순간 운영체제는 SSD로 데이터를 보냅니다. SSD의 펌웨어 입장에서는 호스트에서 데이터 전송에 해당하는 인터럽트를 전달받게 됩니다.

인터럽트는 필연적으로 인터럽트 지연(latency)을 발생시킵니다. 인터럽트 지연이란 하드웨어가 인터럽트를 감지해서 ARM에 인터럽트 신호가 입력되는 순간부터 펌웨어에서 인터럽트 핸들러가 수행되기 직전까지 걸리는 시간을 말합니다. 거의 찰나에 가까운 매우 짧은 시간이긴 하지만 임베디드 시스템의 목적에 따라서 이 시간이 문제가 되기도 합니다. 그래서 벡터 인터럽트 컨트롤러(Vectored Interrupt Controller, VIC) 등의 별도 하드웨어로 인터럽트 지연을 최대한 줄이려는 여러 가지 시도를 합니다.

ARM은 두 종류의 인터럽트를 제공합니다. 하나는 IRQ이고 하나는 FIQ입니다. FIQ의 F는 Fast입니다. 이름만 봐도 IRQ보다 FIQ가 더 빠른 처리를 목적으로 설계되었다는 것을 알 수 있습니다. 인터럽트가 발생하면 익셉션 처리에 해당하는 동작을 수행하고 IRQ 익셉션 혹은 FIQ 익셉션 벡터로 PC가 변경됩니다.

여기서는 인터럽트에 대한 것들 중 다음 다섯 가지 개념에 대해서 설명할 것입니다.

- Interrupt Request(IRQ)
- Fast Interrupt Request(FIQ)
- Non-Maskable Fast Interrupt(NMFI)
- Low Interrupt Latency(LIL)
- Interrupt Controller(IC)

IRQ는 Interrupt Request의 약자입니다. IRQ는 FIQ보다 우선순위가 낮으므로 만약 IRQ와 FIQ가 동시에 발생하면 ARM은 FIQ에 대한 처리 요청을 펌웨어에 먼저 보냅니다. CPSR의 I 비트를 1로 설정하면 IRQ 익셉션을 비활성화합니다. IRQ 익셉션을 비활성화하면 자동으로 IRQ에 해당하는 모든 인터럽트 요청도 펌웨어로 처리되지 않습니다.

FIQ는 Fast Interrupt Request의 약자입니다. 동작 특성은 IRQ와 동일합니다. 그런데도 FIQ가 IRQ보다 빠른 이유는 FIQ 익셉션 동작 모드는 별도로 R8에서 R12까지의 레지스터를 가지고 있기 때문입니다. 펌웨어에서 인터럽트 처리를 할 때 R8에서 R12까지만 사용하도록 코드를 작성하면 레지스터를 백업하고 복구하는 시간을 사용하지 않아도 됩니다. 그만큼 빨라진다는 뜻이죠. 이것을 컨텍스트 스위칭 오버헤드를 줄인다고 표현합니다.

Non-Maskable Fast Interrupt는 줄여서 NMFI라고 씁니다. NMFI를 켜면 FIQ를 비활성화 할 수 없습니다. 이름에서 설명하는 그대로입니다. FIQ는 마스크할 수 없는 인터럽트라는 의미입니다. NMFI를 켜면 하드웨어가 자동으로 CPSR의 F 비트를 0으로 클리어합니다. NMFI를 켰을 때 CPSR의 F 비트가 1이 되는 경우는 FIQ 익셉션이 발생했거나 리셋 익셉션이 발생했을 경우뿐입니다. 이것도 펌웨어가 하는 것이 아니라 하드웨어가 자동으로 처리하는 것입니다.

Low Interrupt Latency는 인터럽트 지연을 줄이기 위한 기능 중 하나로 ARM의 기본 설정 기능입니다. SCTLR의 21번째 비트인 FI 비트로 동작 여부를 알 수 있으며, 항상 1로 설정되어 있습니다. LIL은 인터럽트가 발생했을 때 현재 수행 중인 명령의 실행이 아직 끝나지 않았다 하더라도 실행 중인 명령어를 취소해 버리고 인터럽트를 먼저 처리합니다. 실행이 끝나지 않은 명령어는 인터럽트 핸들러의 처리가 모두 끝난 다음에 원래 프로그램의 진행 흐름으로 복귀할 때 SUBS PC, r14, #4로 인터럽트가 발생했던 시점에서 한 명령어 뒤로 다시 돌아가도록 해서 처리합니다. 이 말은 인터럽트 처리를 위해서 같은 명령어를 두 번 실행한다는 뜻이지만 인터럽트의 지연을 줄이고 그 시간을 인터럽트 처리 후에 보상한다는 개념으로 이해할 수 있습니다.

ARM은 메모리 타입을 strongly ordered로 설정할 수 있습니다. Strongly ordered로 설정된 메모리나 장치는 읽기, 쓰기 동작을 수행한 순서와 횟수를 보장해야 합니다. 따라서 strongly ordered로 설정된 메모리나 장치는 메모리 접근을 시작한 이후에는 수행이 끝날 때까지 중간에 실행을 멈출 수 없습니다. 그리고 AXI로 연결된 주변장치도 이와 동일하게 동작합니다. 그래서 인터럽트 지연 시간을 최소화하기 위해서는 strongly ordered로 설정된 메모리나 장치 그리고 AXI 인터페이스에 연결된 주변장치에 대해서는 멀티워드(multiword) 로드/스토어(load/store) 명령을 되도록 사용하지 않는 것이 좋습니다.

VIC(Vectored Interrupt Controller)를 포함하는 Interrupt Controller는 인터럽트 처리를 전담하는 일종의 주변장치입니다. ARM에는 인터럽트를 감지하는 핀이 IRQ와 FIQ 딱 두 개입니다. 따라서 인터럽트가 발생했다는 것만 알 수 있지 어떤 인터럽트가 어떤 하드웨어에서 발생했는지를 알 수 없습니다. 그것을 알려면 인터럽트 컨트롤러에 물어봐야 합니다. 일반적으로 인터럽트 컨트롤러는 다음과 같은 기능을 합니다.

- 인터럽트가 발생했을 때 해당 인터럽트의 종류를 레지스터에 기록합니다.
- 인터럽트가 발생했을 때 ARM의 IRQ 혹은 FIQ에 맞춰서 인터럽트 신호를 줍니다.
- 특정 인터럽트를 골라서 마스킹할 수 있습니다. 마스킹된 인터럽트는 비활성화됩니다. 인터럽트 컨트롤러의 종류에 따라서 마스킹이 인터럽트를 켜는 것을 의미할 수도 있습니다. 인터럽트 컨트롤러의 매뉴얼을 보고 맞춰서 사용해야 합니다.
- 여러 인터럽트 간에 우선순위를 설정할 수 있습니다.

인터럽트가 발생하면 일반적으로 펌웨어가 다음 세 단계를 처리해서 인터럽트 서비스 루틴으로 진입합니다. 인터럽트 서비스 루틴은 인터럽트 핸들러의 하위 개념으로 인터럽트 핸들러에서 인터럽트의 종류를 판별한 다음 해당 인터럽트만 전담으로 처리하는 코드로 이동합니다. 이 해당 인터럽트만 전담하는 코드가 인터럽트 서비스 루틴입니다. 예를 들어 타이머 인터럽트나 버튼 인터럽트는 둘 다 인터럽트 핸들러로 진입하지만 인터럽트 핸들러에서 인터럽트 컨트롤러의 값을 읽어서 이 인터럽트가 타이머인지 버튼인지를 구분합니다. 그리고 개별적으로 타이머 인터럽트 서비스 루틴이나 버튼 인터럽트 서비스 루틴으로 다시 분기합니다.

1. 인터럽트 컨트롤러에서 인터럽트 소스가 어떤 것인지를 판별합니다.
2. 인터럽트 소스에 따라 실행해야 할 인터럽트 서비스 루틴을 선택합니다.
3. 해당 인터럽트 소스를 비활성화하고 인터럽트 서비스 루틴으로 진입합니다.

VIC를 사용한다면 위의 세 단계를 하드웨어가 모두 처리한 다음 곧바로 펌웨어의 인터럽트 서비스 루틴으로 진입합니다. VIC는 인터럽트에 대해서 인터럽트 서비스 루틴의 시작 메모리 주소를 직접 저장합니다. 물론 주소는 펌웨어가 지정합니다. 함수 포인터를 하드웨어가 직접 가지고 있다고 생각하면 됩니다. 인터럽트가 발생하면 VIC에 의해서 인터럽트 서비스 루틴으로 PC 값이 바로 바뀝니다.

A.1.4 Abort[1]

Abort에 대한 일반적인 정의는 어디서 문제가 일어났는지 보고하지 않고 프로그램의 동작이 더 이상 진행되지 않도록 하는 것입니다. ARM에서 abort는 인터럽트와 함께 익셉션의 한 종류로 정의되어 있습니다. 인터럽트가 데이터 처리를 위해서 정상적인 프로그램의 흐름을 끊는 익셉션이라면 abort는 비정상적인 동작으로 인해 정상적인 프로그램의 진행을 더 이상 진행할 수 없을 때 발생하는 익셉션입니다. ARM에서는 다음 세 가지 경우에 abort가 발생합니다.

- MPU(Memory Protection Unit)로 보호되는 메모리 영역에 접근 권한 없이 접근했을 때
- AMBA[2] 메모리 버스가 에러를 응답했을 때
- ECC[3] 로직에서 에러가 발생했을 때

주로 메모리와 관련된 익셉션임을 알 수 있습니다. ARM이 메모리에서 어떤 정보를 읽는 경우는 딱 두 가지입니다. 명령어를 읽는 것과 데이터를 읽는 것입니다. 명령어를 읽을 때 abort가 발생하면 prefetch abort 익셉션으로 진행하고, 데이터를 읽을 때 abort가 발생하면 data abort 익셉션으로 진행합니다.

메모리나 다른 것들이 모두 정상인데 정작 읽어온 명령어가 ARM이 모르는 명령어인 경우도 있습니다. 이럴 때 발생하는 익셉션이 undefined instruction 익셉션입니다. 이것도 일종의 abort입니다. 이 익셉션은 오류이기도 하지만 익셉션 핸들러로 진입했을 때 익셉션 핸들러를 통해서 ARM에서 지원하지 않는 명령어를 처리할 수도 있습니다. 이런 식으로 소프트웨어적으로 기능을 확장할 수도 있습니다. 소프트웨어적으로 기능을 만들어서 처리할 수도 있고 코프로세서

---

1 Abort는 중단이라는 용어로 번역하는 것이 가장 자연스럽지만 ARM에서 사용하는 data abort라는 용어를 '데이터 중단'으로 번역하는 것이 어색하게 느껴져서 그냥 abort라는 용어를 그대로 쓰도록 하겠습니다. 그런데 이걸 또 어보트라고 쓰자니 한국어 문장 속에서 자연스러운 느낌이 없습니다. 그래서 abort라는 영어 단어를 그대로 쓰겠습니다.

2 AMBA는 SoC(System on Chip)의 주변장치 연결 및 관리를 위한 공개 표준입니다. AMBA 표준 스펙은 SoC 설계에서 표준 인터페이스를 제공하여 IP 재사용성을 높입니다.

3 ECC(Error Correcting Code)는 데이터의 전송 혹은 교환 과정에서 데이터의 오류를 제어하는 데 사용됩니다. 여기서 제어란 데이터의 오류를 수정하거나 오류의 발생 여부를 감지(detection)하는 것을 의미합니다.

(co-processor)라는 보조 프로세서 하드웨어를 연결하여 기능을 확장할 수도 있습니다. 어떤 식이냐면 undefined instruction 익셉션 핸들러에서 디코딩하지 못한 명령어를 코프로세서로 보내고 코프로세서가 처리 결과를 리턴하면 해당 결과를 펌웨어가 이용하는 식입니다.

A.1.5 동작 모드와 뱅크드 레지스터

ARM에는 익셉션과 관련하여 동작 모드(operating mode)라는 개념이 있습니다. 특정 익셉션이 특정 동작 모드에 연결되어 있기도 하고 익셉션과 상관없이 존재하는 동작 모드도 있습니다. 동작 모드는 다음과 같이 모두 7개입니다.

- User 모드(USR): 일반적으로 사용하는 모드로 ARM 상태와 Thumb 상태로 동작합니다. 만약 운영체제를 사용한다면 사용자 프로그램은 일반적으로 USR 모드에서 동작합니다.

- Fast Interrupt 모드(FIQ): FIQ 익셉션이 발생하면 FIQ 모드로 전환됩니다. FIQ 모드는 ARM 상태일 때만 동작합니다. 빠른 처리를 위해서 별도로 레지스터를 몇 개 더 가지고 있습니다. 이러한 별도의 레지스터를 뱅크드 레지스터(banked register)라고 합니다. 뱅크드 레지스터에 대해서는 바로 이어서 설명하도록 하겠습니다.

- Interrupt 모드(IRQ): IRQ 익셉션이 발생하면 IRQ 모드로 전환됩니다. IRQ 모드는 ARM 상태일 때와 Thumb 상태일 때 모두 동작 가능합니다.

- Supervisor 모드(SVC): 운영체제 등에서 시스템 코드를 수행하기 위한 보호 모드입니다. 보통 운영체제에서 시스템 콜(system call)을 호출하면 SVC 익셉션을 발생시켜 SVC 모드로 전환한 후에 커널 동작을 수행합니다. SVC 익셉션은 메모리나 하드웨어에 상관없이 순수하게 소프트웨어에 의해서 발생하는 익셉션입니다.

- Abort 모드(ABT): Data abort나 Prefetch abort가 발생했을 때 전환되는 동작 모드입니다.

- System 모드(SYS): 운영체제 등에서 사용자 프로세스가 임시로 커널 모드를 획득해야 하는 경우가 있는데, 이때 SYS 모드를 사용합니다. 혹은 사용자 모드와 커널 모드를 구분하는 운영체제가 아닌 운영체제라면 SYS 모드가 기본 동작 모드인 경우가 많습니다. 그래서 SYS 모드는 익셉션과 연관되어 있지

않고 소프트웨어로 모드 전환을 하여 진입할 수 있습니다.

- Undefined 모드(UND): Undefined instruction이 발생했을 때 진입하는 동작
  모드입니다.

각 동작 모드에 따라 ARM은 각기 다른 레지스터를 가지고 있기도 하고 동작 모드들이 같은 레지스터를 공유하기도 합니다. ARM은 작업 레지스터를 모두 37개 가지고 있습니다. 32비트 범용 레지스터 31개와 상태 레지스터 6개입니다. 레지스터가 37개나 되지만 항상 동시에 37개를 모두 사용하는 것은 아닙니다. 동작 모드에 따라 사용할 수 있는 레지스터가 다릅니다.

동작 모드별로 사용할 수 있는 레지스터의 최대 개수는 정해져 있습니다. 범용 레지스터 16개와 상태 레지스터 2개입니다. 그런데 동작 모드는 7개이므로 모든 동작 모드가 각기 다른 범용 레지스터를 가지고 있다고 한다면 범용 레지스터는 총 112개가 있어야 합니다. 그런데 ARM은 범용 레지스터를 31개만 가지고 있으므로 일부 레지스터는 여러 동작 모드가 공유해서 사용해야 합니다. 또한 상태 레지스터도 동작 모드별로 각각 가지고 있어야 한다면 14개가 있어야 하지만 실제로는 6개만 가지고 있으므로 마찬가지로 여러 동작 모드가 상태 레지스터를 공유해야 합니다.

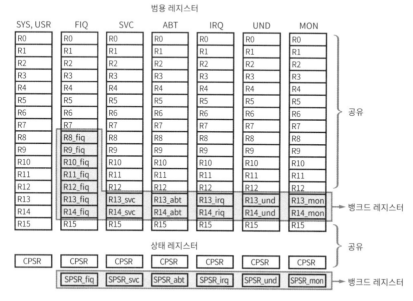

그림 A.1 공유 레지스터와 뱅크드 레지스터

공유하는 레지스터를 포함해서 각 동작 모드별로 직접 접근 가능한 레지스터로 R0부터 R15까지와 CPSR이 있습니다. R0부터 R12까지는 범용 레지스터(general purpose register)라고 부릅니다. 이름이 뜻하는 것 그대로 펌웨어가 데이터를 일반적으로 처리할 때 사용하는 레지스터입니다. 그리고 R13, R14, R15는 특수 목적으로 사용하는 레지스터입니다.

R13은 스택 포인터(Stack Pointer, SP) 레지스터라고 합니다. 정말 특이하게 동작하는 소프트웨어가 아닌 이상 대부분의 소프트웨어는 스택을 기반으로 동작합니다. 그래서 소프트웨어는 항상 스택의 위치를 알아야 합니다. 이 스택의 위치를 추적하고 있는 레지스터가 SP입니다. 스택에 데이터를 넣거나(push) 가져올(pop) 때 스택 포인터 값만 알고 있으면 그 값을 증가시키거나 감소시키면서 관리할 수 있습니다.

R14는 링크 레지스터(Link Register, LR)라고 합니다. 마찬가지로 대부분 소프트웨어는 서브 루틴 호출 혹은 함수 호출로 구성되어 있습니다. C 언어를 예로 들면 프로그램은 함수로 구성되어 있고 함수가 함수를 호출하고 리턴하는 것을 반복하면서 기능을 수행합니다. 예를 들어 함수 funcA()에서 함수 funcB()를 호출하는 상황을 가정하겠습니다. 함수 funcB()가 수행을 마치고 리턴했을 때, funcA()의 호출 지점으로 무사히 되돌아 가야 합니다. 그 지점을 리턴 어드레스 (return address)라고 부릅니다. 이 리턴 어드레스를 저장하는 레지스터가 LR입니다. ARM은 여러 종류의 분기 명령어를 가지고 있습니다. BL, BLX 같은 분기 명령어를 통해 서브 루틴으로 점프합니다. 점프할 때 ARM은 하드웨어가 자동으로 LR에 리턴 어드레스를 넣어 줍니다.

R15는 프로그램 카운터(Program Counter, PC)라고 합니다. 프로그램은 메모리에서 명령어를 읽어서 실행하고 그다음 명령어를 읽어서 수행하는 작업의 반복입니다. 현재 명령어를 실행하고 그다음 명령어를 읽으려면 그다음 명령어가 있는 메모리 주소를 저장하고 있어야 합니다. 분기 명령어가 처리되면 PC는 분기로 점프하여 시작되는 서브 루틴의 시작 주소로 변경되고 변경되기 직전의 주소는 LR에 저장됩니다. ARM 모드일 때는 명령어 한 개가 처리되고 나면 PC는 4바이트 증가하고 Thumb 모드일 때는 2바이트 증가합니다.

FIQ 모드의 R8부터 R12까지는 FIQ 모드에서만 쓸 수 있게 배정되어 있습니다. 그래서 FIQ 모드에서 R8에서 R12까지는 이전 레지스터의 값을 백업할 필요가 없습니다. 이것이 FIQ가 fast라는 이름을 달고 있는 결정적인 이유이기도 합니다. 개별 동작 모드는 모두 SP와 LR을 뱅크드 레지스터로 가지고 있습니다. 그래야만 각 동작 모드가 독립된 스택 영역을 유지할 수 있고 각 동작 모드가 다른 동작 모드의 영향을 받지 않으면서 다른 동작 모드로 원활하게 복귀할 수 있습니다. 이렇게 각 동작 모드에서 공유하지 않고 전용으로 사용하는 레지스터는 같은 이름을 가지고 있지만, 실제로 독립된 공간에 데이터를 저장합니다. 이런 레지스터를 ARM에서는 뱅크드 레지스터(banked register)라고 부릅니다. 각 동작 모드별로 SP와 LR 그리고 SPSR이 뱅크드 레지스터입니다. SPSR은 프로그램 상태 레지스터로 A.1.7절에서 설명하겠습니다.

A.1.6 ARM 모드와 Thumb 모드

ARM은 두 종류의 명령어 집합을 가지고 있습니다. 하나는 32비트 명령어 집합으로 ARM 모드 명령어라고 합니다. 다른 하나는 16비트 명령어 집합으로 Thumb 모드 명령어라고 합니다. 그래서 동일한 C 언어 코드를 각각 ARM 모드로 컴파일해 보고 Thumb 모드로 컴파일해 보면, 결과로 생성되는 바이너리의 크기가 다릅니다. 직관적으로 생각해 보면 Thumb 모드의 명령어 크기가 ARM 모드의 반이므로 컴파일 결과로 생성되는 바이너리의 크기도 반이어야 할 것 같지만 실제로는 그렇지 않습니다. 일반적으로 Thumb 모드가 ARM 모드에 비해서 70% 작다고 합니다.

70% 정도만 되어도 엄청난 이득이라고 생각될지도 모르겠습니다만 펌웨어의 목적에 따라 바이너리의 크기보다 속도가 더 중요한 경우도 있습니다. 바이너리가 다소 크더라도 속도가 더 빠른 것을 우선한다는 것이지요. 물론 크기도 작고 속도도 빠르면 좋겠지만 그런 경우는 거의 없습니다. ARM은 ARM 모드와 Thumb 모드를 하나의 펌웨어에서 섞어 쓰는 것을 허용합니다. 이 말은 펌웨어가 제어해서 ARM 모드와 Thumb 모드를 런타임에 변경할 수 있고, ARM 컴파일러는 ARM 모드와 Thumb 모드의 명령어를 섞어서 최종 바이너리를 만들어 준다는 것입니다. 그래서 속도가 별로 중요하지 않은 부분은 Thumb 모드로 컴파일해서 링크하고, 속도가 중요한 부분은 ARM 모드로 컴파일해서 링크합니다.

ARM 모드와 Thumb 모드는 동작 모드가 전환될 때 자동으로 바뀌기도 합니다. 예를 들어 Thumb 모드로 동작 중이더라도 익셉션이 발생하여 동작 모드가 바뀌면서 익셉션 핸들러로 들어갈 때는 ARM 모드로 전환됩니다. 그래서 익셉션 핸들러로 사용될 코드는 ARM 모드로 컴파일되어야 합니다.

그리고 Thumb 모드에서는 R8 이상의 높은 번호 레지스터의 사용이 제한됩니다. SP, LR, PC만 사용할 수 있고 R8에서 R12까지의 범용 레지스터는 몇 가지 명령어에서만 사용이 허용됩니다.

A.1.7 프로그램 상태 레지스터

지금까지 ARM의 많은 상태에 대해 설명했습니다. 정리해 보면, 우선 동작 모드가 있습니다. 그리고 동작 모드에 연결되어 있는 익셉션들의 상태가 있습니다. 현재 ARM이 처리하는 명령어 모드도 있습니다. 이와 같은 프로세서의 상태 외에도 프로그램이 동작하면서 생기는 많은 상태가 있습니다. 예를 들면 계산 결과가 음수이거나 0일 때 이것을 상태로 가지고 있어야 수행할 수 있는 동작들이 있습니다. 이런 상태들을 관리하는 레지스터를 프로그램 상태 레지스터(Program Status Register, PSR)라고 합니다. 현재 상태를 저장하는 레지스터는 CPSR(Current PSR)이라고 하고, 상태를 저장하는 레지스터는 SPSR(Saved PSR)이라고 합니다. 즉, SPSR은 CPSR의 백업이라는 것이죠. 그래서 CPSR과 SPSR은 그 구조가 똑같습니다. PSR은 ARM 아키텍처를 공유하는 프로세서들이 비슷하면서 조금씩 다릅니다. 일단은 지금 Cortex-A8의 PSR 구성을 보겠습니다.

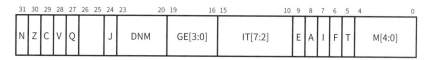

그림 A.2 PSR 구성

각 비트 항목의 의미는 다음과 같습니다.

- N: 계산 결과가 음수일 때 1로 변경됩니다.
- Z: 계산 결과가 0일 때 1로 변경됩니다.
- C: 계산 결과에 자리 내림(carry)이 발생하거나 나눗셈을 할 때 자리 빌림(borrow)이 발생하면 1로 변경됩니다.
- V: 계산 결과에 오버플로(overflow)가 발생하면 1로 변경됩니다.
- Q: 곱셈을 할 때 32비트가 넘어가면 올림수에 이용합니다.

- J: Cortex-A 이상 프로세서에서 Jazelle[4] 상태로 전환 시 1로 변경됩니다.
- DNM: Do Not Modify의 약자로, 확장을 위해서 비워 둡니다.
- GE[3:0]: SIMD(Single Instruction Multi Data) 명령을 사용해서 연산을 할 때 하프워드(half word) 단위로 크거나 같은지를 표시하는 비트입니다.
- IT[7:2]: ITSTATE로 Thumb-2에 포함된 IT(if-then) 명령을 처리할 때 참조하는 비트입니다. 원래 Thumb 모드 명령어는 조건부 실행이 안 되는데, 이 IT 비트 영역으로 Thumb 모드에서 조건부 실행이 가능하도록 만든 것입니다.
- E: 데이터의 엔디안을 표시하는 비트입니다.
- A: 예측 가능한 data abort만 발생하도록 합니다. 이 비트를 끄면 예측 불가능한 비동기 데이터 abort를 허용합니다.
- I: 이 비트가 1이면 IRQ가 비활성화됩니다.
- F: 이 비트가 1이면 FIQ가 비활성화됩니다.
- T: Thumb 모드일 때 1로 변경됩니다.
- M[4:0]: 모드 비트입니다. 각 동작 모드별로 비트 설정 값은 다음과 같습니다.
  - 10000: USR
  - 10001: FIQ
  - 10010: IRQ
  - 10011: SVC
  - 10111: ABT
  - 11011: UND
  - 11111: SYS

그림 A.2의 M[4:0]의 값을 변경하면 동작 모드가 변경됩니다. 익셉션이 발생했을 때는 하드웨어가 알아서 값을 변경합니다. 예를 들어 현재 동작 모드가 USR이면 CPSR의 M 영역 값은 0x10입니다. 이 값을 펌웨어에서 0x1F로 바꾸면 SYS 모드로 변경됩니다. 이러다가 하드웨어에서 IRQ가 발생하면 하드웨어가 이 값을 0x12로 바꾸고 익셉션 핸들러로 진입합니다.

---

4 Jazelle는 일부 ARM 프로세서에서 ARM 및 Thumb 모드와 함께 쓰는 세 번째 실행 상태입니다. 하드웨어에서 Java 바이트 코드를 실행할 수 있도록 하는 확장입니다.

A.2 ABI

ABI란 Application Binary Interface의 약자입니다. 이름을 해석해 보겠습니다. 이름에 인터페이스라는 단어가 들어가지요? 인터페이스는 어떤 것을 연결하는 것인데요. ABI도 마찬가지로 무언가를 연결하는 규약입니다. 그 무언가는 이름에 따르면 Application Binary입니다. 애플리케이션은 애플리케이션인데 바이너리가 붙었습니다. 바이너리 수준에서 애플리케이션이 호환 가능하도록 만든 인터페이스라는 뜻이지요. 바이너리 수준이란 쉽게 말해서 컴파일이 완료된 오브젝트 파일을 말합니다. 정리하면, 링커가 오브젝트 파일들을 링킹할 수 있도록 함수 호출 방법을 정의한 인터페이스라는 말입니다. 여기서 오브젝트 파일에는 라이브러리도 포함됩니다.

호출 방법이라는 매우 폭넓은 용어를 사용했는데요. 여기서 호출 방법은 실행 파일 형식, 자료형, 레지스터 사용, 스택 프레임 조직, 호출 규칙을 말합니다.

- **실행 파일 형식**: 컴파일러가 생성하는 바이너리 파일의 구조를 정의합니다.
- **자료형**: 프로그래밍 언어가 사용하는 자료형의 실제 크기를 정의합니다.
- **레지스터 사용**: 파라미터와 로컬 변수가 레지스터를 몇 개나 사용하는지에 대한 내용을 정의합니다.
- **스택 프레임 조직**: 스택을 어떻게 만들지를 정의합니다. 예를 들어 스택에 변수가 정의될 때 파라미터가 우선인지 로컬 변수가 우선인지와 같은 내용이 포함됩니다. 그리고 선언 순서대로 저장되는지 혹은 선언 순서의 반대로 저장되는지에 대한 내용이 정의되어 있습니다.
- **호출 규칙**: 함수의 인수가 전달되는 방식을 정의합니다. 예를 들어 모든 파라미터가 스택으로 전달되는지 또는 일부는 레지스터를 사용하는지에 대한 정의입니다.

이 책에서 우리가 사용하는 GCC의 파일명은 arm-none-eabi-gcc입니다. 파일명에 eabi라는 단어가 보입니다. 해당 GCC가 어떤 ABI로 결과물을 만드는지를 파일명에 보여 주는 것입니다. ABI는 이제 대충 알겠는데, 그럼 EABI는 뭘까요? 그것은 Embedded ABI입니다. 임베디드 환경에서 사용하는 ABI를 정해 놓은 것이지요. ABI는 운영체제에서 동작하는 실행 파일에 대한 폭넓은 정의까지도 모두 포함하고 있는 개념이므로 EABI라는 규약을 만들어 임베디드 환경에서의

ABI를 구분하고 있습니다.

EABI와 ABI의 가장 큰 차이점은 동적 링크의 지원 유무입니다. 윈도우 운영체제에서 확장자가 dll인 파일이나 리눅스 운영체제에서 확장자가 so인 동적 라이브러리가 EABI에서는 지원되지 않습니다. 무조건 정적 링크만 지원됩니다. 생각해 보면 당연합니다. 운영체제가 없는데 누가 동적 라이브러리를 관리하고 동적 링킹을 해 주나요? 펌웨어는 그 자체로 필요한 모든 기능을 다 포함하고 있는 바이너리여야 합니다.

A.3 실행 파일 형식

GCC 등의 컴파일러로 오브젝트 파일을 만들고 링커로 라이브러리를 링킹하고 나면 최종 결과물로 파일이 하나 나오죠. 우리는 이것을 실행 파일이라고 부르며, 이 파일들은 대부분 ELF 파일 형식으로 만들어집니다. 윈도우나 리눅스에서는 사용자가 실행이라는 동작(마우스 더블 클릭이나 터미널에서 실행 파일 이름을 입력)을 해서 프로그램을 시작합니다. 펌웨어 바이너리는 비록 운영체제도 없고 사용자가 실행하지도 않지만 타깃 시스템에 전원이 켜지면 자동으로 실행되는 파일 형식이므로 실행 파일 형식이라고 합니다. ELF는 Executable and Linkable Format의 약자입니다. 그러나 이 업계의 용어가 다 그렇듯, 아마도 톨킨의 소설에 나오는 그 엘프(Elf)에서 이름을 먼저 따오고 의미는 나중에 붙였을 거라 생각됩니다.

ELF 파일 형식은 크게 두 부분으로 구분됩니다. 첫 번째는 ELF 헤더고, 두 번째는 섹션입니다. ELF 헤더는 ELF 포맷이 지정하는 여러 정보를 담고 있는 자료구조입니다. 운영체제나 임베디드 시스템의 로더는 이 ELF 헤더를 읽은 후 필요한 데이터를 찾아서 메모리에 복사하고 CPU의 레지스터 값을 조정해서 파일을 실행하는 것이지요.

ELF 헤더에는 ELF를 표시하는 매직 넘버(magic number), ABI의 버전 및 종류, 해당 바이너리 파일의 타깃 시스템 아키텍처, ELF 포맷의 버전, 엔트리 포인트 주소 위치, 심벌 테이블 오프셋, 섹션 헤더 오프셋 등 매우 많은 정보가 들어 있습니다. 이것들을 다 알 필요는 없습니다. 사실 몰라도 됩니다. 중요한 것은 ELF 파일 포맷의 시작은 ELF 헤더라는 것과 섹션으로 나누어져 있다는 것입니다. 이것만 알아두고 있다가 나중에 필요할 때 찾아서 공부하고 사용하면 됩니다.

ELF 섹션에는 이름이 있습니다. 각각 .text, .rdata, .data, .bss, .symtab, .rel. text, .rel.data, .debug, .line, .strtab입니다. 단어마다 앞에 점(.)이 붙은 것은 오 타가 아닙니다. 섹션의 이름은 점으로 시작하는 단어입니다.

- **.text**: 컴파일러가 만든 기계어가 위치하는 섹션입니다. 컴파일러가 생성한 바이너리 파일을 역어셈블하면 어셈블리어가 나오죠? 그 어셈블리어가 바로 .text 섹션의 기계어를 어셈블리어로 바꾼 출력 결과입니다.

- **.rdata**: 읽기 전용(read only) 데이터를 말합니다. C 언어를 기준으로 const로 선언된 값이나 코드 안에 직접 숫자로 써 넣은 값이 여기에 위치합니다.

- **.data**: 초기화된 전역 변수가 위치합니다. 전역 변수를 선언할 때 초기화를 같 이 하면 해당 전역 변수는 이 위치에 정보가 기록됩니다.

- **.bss**: 초기화되지 않은 전역 변수가 위치합니다. 이 섹션에 위치한 전역 변수 들은 나중에 0으로 초기화됩니다. 나중에 0으로 초기화될 것이므로 이 섹션 에서 변수들은 자신의 크기만큼 자리를 차지하고 있지 않습니다. 크기 정보 만 가지고 있지요. 나중에 메모리에 올라갈 때 그 크기만큼 0으로 채워지게 됩니다.

- **.symtab**: 심벌 테이블(symbol table)입니다. 전역 변수와 함수에 대한 심벌을 저장합니다. 링커가 링킹을 할 때 다른 바이너리 파일의 rel.text와 rel.data에 있는 심벌 정보와 이 섹션에 있는 심벌 정보를 연결해서 메모리 오프셋을 지 정해 주는 것입니다.

- **.rel.text, .rel.data**: 다른 파일에 선언된 전역 변수나 함수를 호출할 때 컴파일 러는 소스 파일 내에서 해당 심벌을 찾을 수 없으므로 일단 비워두고 이 섹션 에 정보를 기록합니다. 그러면 나중에 링커가 이 섹션의 데이터를 읽어서 다 른 파일의 정보와 연결해 줍니다.

- **.debug**: 디버거로 디버깅할 때 바이너리 파일을 읽었는데도 신기하게 변 수 이름과 함수 이름이 보이지요? 해당 정보가 전역 변수나 함수 이름이면 .symtab에서 읽고 로컬 변수일 때는 이 섹션에서 읽어옵니다. GCC의 컴파일 옵션에서 –g 옵션을 주어야만 이 섹션이 생성됩니다.

- **.line**: 디버거로 디버깅할 때 C 언어 한 줄이 어셈블리어 여러 줄로 연결되 어서 보여집니다. 신기하죠? 이런 정보가 이 섹션에 기록되어 있습니다. .debug와 마찬가지로 GCC에서 –g 옵션을 주어야만 생성되는 섹션입니다.

- .strtab: ELF 파일 전체에 사용되는 문자열 정보가 이 섹션에 기록되어 있습니다. 문자열 정보는 정적 데이터이므로 이 섹션에 기록된 값을 그대로 사용합니다.

링커는 ELF 파일의 헤더와 섹션 정보를 읽어서 오브젝트 파일들을 하나로 묶은 다음 실행 가능한 최종 바이너리 파일을 만들어 냅니다. 최종 바이너리 파일 자체도 ELF 파일이죠. 그런데 각 섹션별로 메모리의 어느 주소에 위치해야 하는지에 대한 정보도 같이 가지고 있습니다. 이 메모리 위치에 대한 정보를 제공하는 파일이 링커에 입력으로 전달하는 스캐터 파일이죠. 모든 정보를 다 가지고 있는 실행 가능한 최종 바이너리 파일은 로더에 의해 조각 조각 분해되어 메모리에 복사됩니다. 윈도우나 리눅스라면 운영체제가 로더의 역할을 담당하고요. 임베디드 시스템에서는 아예 이 실행 가능한 최종 바이너리 파일을 로더가 필요 없게 만들거나 별도의 로더를 만들어서 먼저 실행시키고 로더가 펌웨어 바이너리 본체를 읽어서 메모리에 올리는 식으로 만듭니다. 형태가 보이지 않을 뿐 어떤 식으로든 로더의 역할을 하는 절차는 임베디드 시스템에서도 필요합니다.

A.4 ARM 인포센터에서 RealViewPB의 데이터시트 찾기

보통 개발 보드를 구입하면 pdf 파일 형태로든 두꺼운 책 형태로든 해당 보드에 사용한 여러 컨트롤러에 대한 데이터시트가 따라 옵니다. RealViewPB도 마찬가지로 실물이 존재하는 개발 보드이고 이것을 QEMU가 에뮬레이팅하고 있는 것이지요. 그러므로 RealViewPB에 대한 데이터시트도 구할 수 있습니다. 게다가 RealViewPB는 ARM이 파는 제품이므로 잘 정리된 데이터시트를 ARM 인포센터에서 아주 쉽게 찾을 수 있습니다.

ARM 인포센터의 주소는 다음과 같습니다.

http://infocenter.arm.com

위 주소를 웹 브라우저에 입력하고 접속하면 그림 A.3과 같은 화면이 나옵니다.

아주 오래된 전통적인 레이아웃으로 되어 있습니다. 왼쪽에 메뉴가 있고 이 메뉴를 클릭하면 오른쪽 넓은 공간을 차지하고 있는 영역에 내용이 나옵니다.

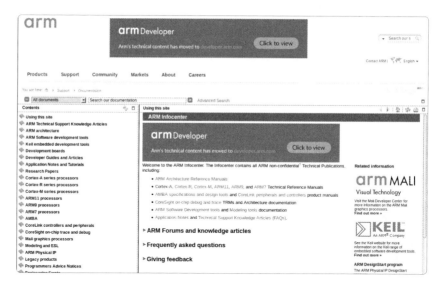

그림 A.3 ARM 인포센터의 첫 화면

그럼 RealViewPB의 데이터시트를 찾아봅시다. 왼쪽 메뉴에서 Development boards → RealView Versatile baseboards → RealView Platform Baseboard for Cortex-A8 User Guide 항목을 클릭하면 나옵니다.

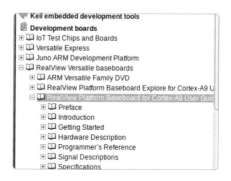

그림 A.4 ARM 인포센터에서의 RealViewPB 데이터시트 위치

RealViewPB에 탑재되어 있는 대부분의 하드웨어에 대한 내용은 그림 A.4의 데이터시트에서 찾을 수 있습니다. 그러나 몇몇 하드웨어는 RealViewPB에 탑재된 하드웨어의 이름만 표시되어 있고 내용이 없습니다. 대표적인 것이 우리가 이 책에서 가장 많이 사용한 UART지요.

4.21. UART

The PL011 PrimeCell UART is an AMBA compliant SoC peripheral that is developed, tested, and licensed by ARM Limited. The 24MHz reference clock to the UARTs is from the crystal oscillator that is part of OSC0.

Table 4.89. UART implementation

Property	Value
Location	Southbridge
Memory base address	• UART 0: 0x10009000
	• UART 1: 0x1000A000
	• UART 2: 0x1000B000
	• UART 3: 0x1000C000
	Note
	You must set **DMAPSR** = b01 in the SYS_DMAPSR register to select this peripheral for DMA access.
Release version	ARM UART PL011 r1p3
Platform Library support	_platform_uart_entry
	Handles all channel operations for the UART channels, reading characters, writing characters, and opening the channel.
Reference documentation	PrimeCell UART (PL011) Technical Reference Manual ARM DDI 0183

ARM DDI 0417D

그림 A.5 RealViewPB에서 UART의 데이터시트

그림 A.5는 RealVewPB에서 UART 항목의 데이터시트 화면입니다. 저 한 화면
이 전부입니다. UART 하드웨어의 베이스 메모리 주소, 인터럽트 번호 등만 나
와 있고 UART 하드웨어를 어떻게 다루어야 하는지에 대한 내용이 없습니다. 대
신에 아래쪽에 Reference documentation이라고 제목이 있고 PrimeCell UART
(PL011) Technical Reference Manual ARM DDI 0183을 참고하라는 문장이 있습
니다. 제가 말한 것은 이런 것입니다. RealViewPB의 데이터시트에 필요한 정보
가 다 있는 것은 아니고 이렇게 다른 문서를 참고하라고 나와 있는 것들이 있습
니다. 주로 ARM사에서 별도로 판매하는 주변장치들에 대해서 이런 식으로 문서
를 만들어 놨습니다. 그렇다면 PL011의 데이터시트는 어디에 있는지 찾아보죠.

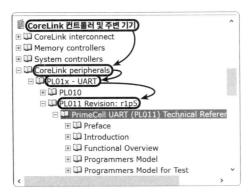

그림 A.6 UART 하드웨어인 PL011의 데이터시트 위치

ARM 인포센터의 왼쪽에 있는 수많은 메뉴 항목 중에 CoreLink 컨트롤러 및 주변 기기 → CoreLink peripherals → PL01x - UART → PL011 Revision: r1p5 → PrimeCell UART (PL011) Technical Reference를 순서대로 클릭해서 PL011의 데이터시트를 찾을 수 있습니다.

찾아보기